C. Ghezzi, M. Piantoni, R. Bozzone Costa

Contatto

2B Corso di italiano per stranieri

e bello doppo
il morire vivere
anchora...

LOESCHER EDITORE

Ristampe

7	6	5

2015

ISBN 9788820141417

Nonostante la passione e la competenza delle persone coinvolte nella
realizzazione di quest'opera, è possibile che in essa siano riscontrabili
errori o imprecisioni. Ce ne scusiamo fin d'ora con i lettori e ringraziamo
coloro che, contribuendo al miglioramento dell'opera stessa, vorranno
segnalarceli al seguente indirizzo:

Loescher Editore
Via Vittorio Amedeo II, 18
10121 Torino
Fax 011 5654200
clienti@loescher.it

Loescher Editore   opera con sistema qualità certificato CERMET n. 1679-A
secondo la norma UNI EN ISO 9001-2000

Coordinamento editoriale: Laura Cavaleri
Redazione: Fabio Tasso
Ricerca iconografica: Valentina Ratto, Giorgio Evangelisti
Disegni: Marco Francescato
Progetto grafico: Bussi & Gastaldi
Impaginazione: Giorcelli & C. - Torino
Fotolito: Graphic Center - Torino; Tecnolito - Caprino Bergamasco (BG)

Stampa: Sograte – Città di Castello (PG)

indice

○ Parte esercizi
● Dossier
R Ripasso

5 unità *Media* e dintorni

Tematiche socio-culturali

- televisione, radio e giornali
- immagine della donna nella TV
- programmi televisivi
- "dieta mediatica" degli italiani
- nuove tecnologie
- libri e lettura
- pubblicità
- informazione e politica
- giornalismo italiano
- *free press*
- politica e antipolitica

Abilità e funzioni

- riconoscere un genere televisivo
- parlare di libri
- esprimere rimpianto o disappunto
- esprimere incertezza rispetto a un fatto del passato
- riportare il discorso di altri (riferire di un'intervista)
- preparare un questionario
- convincere qualcuno a fare qualcosa
- scrivere uno slogan pubblicitario
- ○ individuare informazioni in una trasmissione radiofonica
- ○ consigliare la lettura di un libro
- ○ segnali discorsivi: esprimere dubbio, contrarietà

Lessico

- generi televisivi: *di intrattenimento, documentari, telefilm*
- televisione e programmi: *trasmissione, in onda, puntata*
- aggettivi per parlare di libri: *avvincente, sentimentale, banale*
- espressioni colloquiali enfatiche: *non si capisce un accidente, che casino*
- famiglia di parole: *condurre*
- ○ generi letterari: *giallo, saggio, autobiografia*
- ○ sinonimi di dire: *esclamare, annunciare, affermare*
- ○ i nomi composti (verbo + nome): *portaombrelli, parafulmine, schiaccianoci*

Grammatica

- condizionale passato: forme e funzioni; futuro nel passato (*sapevo che avresti finito tardi*)
- discorso indiretto
- ○ condizionale presente *vs.* passato
- ○ condizionale *vs.* futuro [R]
- ○ concordanza: la posteriorità
- ○ interrogative indirette [R]
- ○ verbi impersonali [R]: *occorre/ bisogna/volerci* + congiuntivo
- ○ preposizioni [R]
- ○ pronomi personali [R]
- ○ pronome *cui* con articoli (*il/la/i/le cui*) + nome
- ○ pronomi relativi [R]
- ○ connettivi: *perché* con valore finale/causale/interrogativo
- ○ punteggiatura: uso della virgola [R]

 **Informazione e politica**

---

6 unità Il patrimonio culturale

Tematiche socio-culturali

- contributo dell'Italia alla cultura mondiale
- festival letterari (modello Mantova)
- pagine di letteratura (R. Benigni recita la *Divina Commedia, La tregua* di P. Levi)
- cinema contemporaneo (G. Tornatore, S. Soldini, P. Virzì)
- musei italiani
- Michelangelo e la Cappella Sistina
- scavi di Pompei ed Ercolano
- Roma antica

Abilità e funzioni

- parlare d'amore e di storie d'amore
- sintetizzare le informazioni principali di ogni paragrafo
- presentare una relazione
- fare una ricerca in Internet su festival culturali
- scrivere il resoconto di un evento
- fare ipotesi reali, possibili e irreali
- ○ esprimere desideri e intensificare
- scrivere il finale di una storia
- inventare una storia partendo da un *incipit*
- fare un'intervista a un personaggio famoso del passato
- scrivere una poesia d'amore
- ○ scrivere la recensione di un film
- descrivere un'opera d'arte

Lessico

- periodi storico-culturali: *Impero romano, Rinascimento, Romanticismo*
- descrivere la *Divina Commedia*: *canto, regni ultraterreni, terzina*
- descrivere un festival: *rassegna, edizione, premio, critica*
- famiglia di parole: *lettera*
- descrivere un romanzo: *autobiografico, testimonianza storica, ambientazione*
- ○ recensire un film: *genere, colonna sonora, trama*
- ○ espressioni idiomatiche: *rimboccarsi le maniche, ricevere porte in faccia, due cuori e una capanna*

Grammatica

- congiuntivo trapassato
- ○ concordanza dei tempi del congiuntivo
- ○ concordanza: l'anteriorità (*credevo che si fosse salvato*)
- ○ congiuntivo imperfetto *vs.* trapassato
- ○ interrogative indirette dubitative con congiuntivo [R]
- ○ congiuntivo indipendente (*Magari ti sposassi! Sapessi che vitaccia!*)
- periodo ipotetico: della realtà, possibilità, irrealtà
- ○ condizionale passato [R]
- ○ gerundio passato *vs.* presente [R]
- ○ tempi e modi verbali [R]
- ○ connettivo *come se* + congiuntivo [R]
- ○ connettivi [R]
- ○ preposizioni [R]
- ○ punteggiatura [R]

Arte e musei

Sezione esercizi

Icone

Ripasso

Espansione

Attenzione

E2 ⟶ Rimando alla sezione Esercizi

S2 ⟶ Rimando alla sezione Sintesi grammaticale

Com'è fatto questo libro

Il volume del corso è articolato in **6 unità didattiche**, suddivise in 4 sezioni (Per cominciare, Per capire, Grammatica, Produzione libera).

Ogni **unità** si apre con una **sintesi degli obiettivi didattici**.

Per cominciare: presentazione dei temi dell'unità e di alcune parole chiave.

Nel box **Confronto tra culture** sono proposte delle riflessioni sulla cultura italiana attraverso un parallelo con il proprio Paese.

Grammatica: percorsi di riflessione ed esercizi sulle strutture grammaticali incontrate nei testi.

I **Dossier** cultura approfondiscono con documenti (scritti e orali) e immagini alcuni temi di cultura e attualità dell'Italia di oggi.

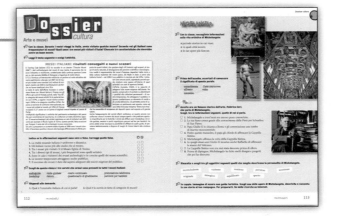

Per capire: ascolti e letture per la comprensione orale e scritta, con esercizi per l'ampliamento del lessico.

Produzione libera: attività orali e scritte per riutilizzare in modo libero e creativo ciò che si è imparato nell'unità.

Al fondo del volume, c'è una sezione di **Sintesi grammaticale**.

livello B2
Progresso

Un viaggio in Italia

*In questa unità impari a conoscere meglio l'Italia e gli italiani
e ad osservare il modo in cui gli stranieri
considerano questo Paese.*

● **In gruppo. Guardate queste statistiche. E voi, con che cosa identificate l'Italia?**

GLI STRANIERI E IL BELPAESE

37,4% degli stranieri identifica l'Italia con lo sport

17,8% con i luoghi di vacanza

37,4% associa l'Italia a mafia e delinquenza

9,2% a cibo e vini

4,1% a cultura e arte

148.000.000 i turisti stranieri che visitano ogni anno il nostro Paese

30% viene dalla Germania

8% dal Regno Unito

7% dagli Stati Uniti d'America

● **Leggi questo breve testo. Quali sono gli stereotipi sull'Italia che emergono? E nel tuo Paese, che cosa si pensa dell'Italia e degli italiani?**

"Sono salito sul TGV verso l'Italia e tutto stava filando liscio* come un orologio. Ma pochi minuti dopo aver lasciato la Francia l'aria condizionata si è bloccata, il vagone ristorante ha chiuso e ciò che era stata una veloce freccia gallica ha iniziato a mandare all'aria qualsiasi orario stampato. Alle gesticolanti famiglie nella mia vettura non importava molto. Perché avrebbero dovuto preoccuparsi? Erano italiani, semplicemente avevano più tempo per giocare con i loro bambini."

per capire

Gli italiani visti da fuori

CD t.1

1a Ascolta queste interviste a Luigi
e a Francesca, due italiani all'estero,
che parlano del modo in cui gli
stranieri vedono l'Italia e gli italiani.
Completa la tabella.

	LUIGI	FRANCESCA
1. dove vive / viveva	Negli USA	Spagna
2. da quando / per quanto tempo	dal 1998	9 mesi circa
3. come vedono all'estero l'Italia	con una visione romantica	e uomo it. e considerato seduttore, mammone e mascolista
4. aspetti piacevoli dell'Italia	Il cibo, le città, Spagna	il cinema, il cibo
5. italiani famosi	Sophia Loren, Benigni	Berlusconi, Prodi
6. come sono considerati gli italiani nel Paese	Al nord ragionevole e più freddo, al sud più caldo	extraídos, tirados

1b Leggi queste frasi tratte dalle interviste a Luigi e Francesca e abbina le espressioni
sottolineate al significato corrispondente.

1. Mi vengono in mente, ad esempio, personaggi
che hanno a che fare con il cinema.

2. Roberto Benigni ha decisamente
un posto speciale nella conoscenza
che gli statunitensi hanno dell'Italia.

3. Avrai avuto sicuramente modo di conoscere
gli spagnoli, mentre eri a Madrid.

4. Certe volte non hanno ben chiara qual è la
situazione effettiva.

5. La cosa che mi ha colpito di più è che l'uomo
italiano sia considerato bellissimo.

a. non conoscere molto bene

b. avere qualche rapporto

c. avere la possibilità

d. meravigliare/impressionare

e. avere un posto di primo piano

f. pensare (in modo imprevisto)
/ ricordare

1. _f_ ; _b_ 2. _c_ 3. _c_ 4. _a_ 5. _d_

1c In gruppo. Secondo te, che cosa è più rappresentativo dell'Italia? Perché? Costruisci
una classifica discutendo con due compagni. Ecco alcuni suggerimenti che puoi usare.

- calcio
- cibo
- città
- clima
- famiglia
- lingua
- paesaggio
- storia
- uomini
- donne
- arte
- moda

1. _____

2. _____

3. _____

4. _____

5. _____

1d In coppia. Usando i suggerimenti proposti nell'esercizio 1c, intervista un tuo compagno sugli aspetti più rappresentativi del suo Paese.

CD t.2

1e Riascolta l'intervista a Luigi e individua le espressioni che usa per costruire la conversazione e per legare tra loro diverse parti del testo.

segnali discorsivi per iniziare a parlare	segnali discorsivi per riprendere qualcosa che è già stato detto
1. _Senti; Beh;_	3. _Ci;_
2. _Dunque_	4. _Si;_

E2 →

Cappuccio e brioche

2a Il testo a p. 5 è tratto dal libro *Italiani* che Tim Parks, uno scrittore inglese trapiantato in Italia, scrive per raccontare la sua esperienza di "straniero" in un paesino del Veneto. Leggi velocemente il testo e scegli un titolo.

- ☐ **a.** *Il rito del caffè*
- ☐ **b.** *Gli italiani e i dolci*
- ☐ **c.** *La Pasticceria Grazia*
- ☐ **d.** *Belli dentro e sporchi fuori*
- ☐ **e.** *L'Italia: o si odia o si ama*

2b Rileggi il testo e scegli la frase che riassume meglio ciascun paragrafo.

Paragrafo 1

L'autore pensa che

- ☑ **1.** ogni luogo che si conosce bene abbia aspetti positivi e negativi.
- ☐ **2.** in Italia ci siano cose negative che non possono essere accettate.

Paragrafo 2

L'autore decide di cercare un bar perché crede che

- ☐ **1.** gli italiani facciano una buona colazione.
- ☑ **2.** sia un buon modo per conoscere meglio l'Italia.

Paragrafo 3

L'autore consiglia di non prendere un cappuccino dopo le 10.30 perché

- ☑ **1.** gli italiani vi riconoscerebbero subito come stranieri.
- ☐ **2.** gli italiani pensano che sia indigesto.

Paragrafo 4

L'autore crede che

- ☐ **1.** il caffè della Pasticceria Grazia sia il più buono al mondo.
- ☑ **2.** fare colazione alla Pasticceria Grazia sia una bella esperienza.

Paragrafo 5

L'autore descrive la Pasticceria Grazia come un posto

- ☐ **1.** disordinato, ma invitante.
- ☑ **2.** ordinato e accogliente.

Paragrafo 6

L'autore pensa che la Pasticceria Grazia rappresenti bene il fatto che gli italiani

- ☑ **1.** si curino molto degli ambienti interni e poco degli spazi pubblici.
- ☐ **2.** si curino molto dell'apparenza e poco della sostanza.

per capire

Par. 1 Come tutti i luoghi che ci diventano familiari, il mio amore per questa terra non è esente da sfumature di odio. E, ovviamente, non si possono scindere le cose che si amano da quelle che si odiano: non si può dire, andiamo a vivere nella terra del cappuccino, del vino, della pasta, delle pesche meravigliose, della bella gente sorridente

5 vestita con tanto gusto, della splendida architettura, della vita di provincia così ricca di amicizie, affetti, segreti, ma no, grazie, faremmo volentieri a meno dei poveri cani da caccia maltrattati che sentiamo guaire nei vicoli, né ci interessano i crocchi di ragazzotti indolenti appollaiati sui

10 motorini, né tantomeno le poste disastrate e l'afa. Non si può. O tutto o niente. Prendere o lasciare.

Par. 2 Ad ogni modo, la mattina successiva al nostro stressante arrivo ci siamo messi in strada alla ricerca del bar pasticceria del paese per fare una piccola ricognizione e saggiare il

15 terreno. È questa un'abitudine che raccomando caldamente a tutti gli stranieri che pensano di venire a vivere in Italia: frequentate il vostro bar, meglio se bar pasticceria; frequentatelo assiduamente, decorosamente, persino religiosamente.

Par. 3 Occhio però all'orologio. Come regola generale, se volete ordinare il cappuccino con la brioche, fareste bene ad arrivare prima delle 10.30. Certo, si possono ordinare le stesse cose

20 anche più tardi, ma sarebbe come sbandierare in pubblico il vostro passaporto straniero. E se agli italiani di solito piacciono gli stranieri, gli stranieri più graditi sono quelli che conoscono le regole, quelli che hanno capitolato ammettendo che il modo italiano di fare le cose è il migliore in assoluto. Perché questo è un popolo orgoglioso e profondamente tradizionalista, e potrete constatarlo voi stessi osservando attentamente come si ordina al bar. Ed è un popolo

25 profondamente omogeneo per certi aspetti. Come fanno gli italiani a sapere d'istinto, senza neppure uno sguardo all'orologio firmato, che è giunta l'ora di passare all'aperitivo? E quanti sorrisetti di sufficienza spuntano sui volti italiani quando, dopo pranzo, il tedesco e l'inglese ordinano il cappuccino invece del caffè, rovinando con quel latte il pasto appena consumato. Ed ecco un particolare curioso: l'espresso va bene 24 ore al giorno, e persino corretto con la

30 grappa, mentre il cappuccino ha un suo orario preciso e inderogabile: dalle 8 alle 10,30.

Par. 4 Non posso dire di aver viaggiato molto, sono vissuto a Londra, Cambridge, Boston, conosco la Svizzera e New York, ma non conosco alcun luogo al mondo dove l'esperienza di ordinare e consumare un caffè e una pasta è più piacevole

35 che alla Pasticceria Grazia, a Montalto.

Par. 5 Si entra attraverso una porta a vetri che viene lucidata ad ogni ora, le vetrine a entrambi i lati spumeggiano di delizie e di colori – gli italiani non sanno resistere alle confezioni più stravaganti, per quanto scarso il contenuto,

40 e sono sempre pronti a celebrare la loro eterna passione per carta lucida e cellophan, nastri, fiocchi e infiorature dorate e argentate. Di fronte a voi, mentre lo sguardo si adatta a una penombra piacevole, ma non eccessiva, ecco il bar con la sua curva sinuosa, il legno lucido sul davanti e il bancone di marmo rosa. Dietro e in

45 alto la tipica fila di bottiglie, soprattutto amari, digestivi, distillati di questo e di quello (carciofo, rabarbaro), cose di cui non avete mai sentito parlare e con ogni probabilità non imparerete mai ad apprezzare; a sinistra sei tavolini rotondi; a destra la grande vetrina illuminata con i suoi ripiani di paste, pasticcini, torte e biscotti.

Par. 6 Inutile dirlo, l'insieme offre subito all'occhio quella grazia, pulizia e buon gusto che

50 sarebbero impensabili in Inghilterra, ma senza il brivido antisettico del medesimo locale in Svizzera né l'ostentazione di qualunque cosa che non sia una catena di *fast-food* in America. Anche se vi sentite un po' tesi dopo aver attraversato la strada principale dove le strisce sono svanite da molti anni, depressi forse dalla vasca della fontana piena di sporcizia, non potete fare a meno di riflettere, la mano sulla porta a vetri, su questo popolo che infallibilmente

55 riproduce a ogni occasione due realtà diametralmente opposte: l'anarchia all'esterno, la cerimonia all'interno.

2c Rispondi alle domande.

1. Che cosa piace all'autore dell'Italia?

   _____

2. Che cosa non gli piace?

   _____

3. Perché pensa che gli italiani siano tradizionalisti, orgogliosi e omogenei?

   _____

4. Quale stranezza degli italiani non riesce a capire?

   _____

2d Secondo me gli italiani sono... Sei d'accordo con Tim Parks sul fatto che gli italiani siano tradizionalisti? Se sì, trova degli esempi. Se no, qual è la tua opinione sugli italiani?

2e Cosa significano queste espressioni del testo di p. 5? Abbinale ai sinonimi corrispondenti.

1. ... non si possono <u>scindere</u> le cose che si amano da quelle che si odiano ... (r. 2-3)
2. ... i <u>crocchi</u> di ragazzotti indolenti appollaiati sui motorini ... (r. 9-10)
3. ... ci siamo messi in strada per fare una piccola ricognizione e <u>saggiare il terreno</u>. (r. 13-15)
4. <u>Occhio</u> però all'orologio. (r. 18)
5. ... ma sarebbe come <u>sbandierare</u> in pubblico il vostro passaporto straniero. (r. 20)
6. ... quelli che <u>hanno capitolato</u> ... (r. 22)
7. ... quanti sorrisetti di <u>sufficienza</u> spuntano sui volti ... (r. 26-27)
8. ... l'espresso va bene, persino <u>corretto</u> con la grappa ... (r. 29-30)
9. ... il cappuccino ha un orario <u>inderogabile</u> ... (r. 30)
10. ... le vetrine <u>spumeggiano</u> di delizie ... (r. 37-38)
11. ... ecco il bar con la sua curva <u>sinuosa</u> ... (r. 43-44)

☐ **a.** aria di superiorità   ☐ **g.** separare
☐ **b.** con l'aggiunta di   ☐ **h.** arrendersi
☐ **c.** gruppi   ☐ **i.** a cui non si può mancare
☐ **d.** essere ricche   ☐ **j.** attenzione
☐ **e.** mettere in mostra   ☐ **k.** verificare la situazione
☐ **f.** ondulata

per capire

2f **Rifletti sul significato degli avverbi sottolineati. Quali hanno il significato di "in modo..." e quali invece intensificano il significato della parola a cui si riferiscono?**

1. Raccomando <u>caldamente</u> a tutti gli stranieri che vivono in Italia di frequentare un bar-pasticceria.
2. Frequentate il bar-pasticceria più vicino a voi <u>assiduamente</u>, <u>decorosamente</u>, <u>religiosamente</u>.
3. Gli italiani sono <u>decisamente</u> persone stravaganti.
4. E, <u>ovviamente</u>, non si possono scindere le cose che si amano da quelle che si odiano.
5. Gli italiani sono un popolo orgoglioso e <u>profondamente</u> tradizionalista.
6. Osservate <u>attentamente</u> come si ordina al bar.
7. Gli italiani sono un popolo che <u>infallibilmente</u> riproduce a ogni occasione due realtà <u>diametralmente</u> opposte.

E4→

2g **Osserva il significato dei suffissi in *-ante/-ente* o *-ato/-ito* e completa le frasi con il participio presente o passato dei verbi tra parentesi.**

> una storia **interessante** (da *interessare* → *che interessa* → *interess-**ante***)
> la bella gente **sorridente** (da *sorridere* → *che sorride* → *sorrid-**ente***)
> gli orologi **firmati** (da *firmare* → *che sono stati firmati* → *firm-**ati***)

1. Il giorno (*seguire*) _____ sono tornato al bar per la colazione, ma mi sono accorto che era chiuso.
2. Conosco diverse persone: alcune (*ignorare*) _____ e boriose, altre intelligenti e amabili.
3. La mia città italiana (*preferire*) _____ è certamente Firenze, per la bellezza dei luoghi e l'atmosfera delle strade.
4. Il mio amico più (*fidarsi*) _____ è Maurizio, un ragazzo che conosco dagli anni della scuola elementare.
5. È indubbio che ci siano donne italiane molto (*affascinare*) _____ , ma è anche vero il contrario.
6. Si dice che gli italiani siano persone poco (*educare*) _____ , ma non credo sia vero per tutti.
7. Il mio cane è davvero (*obbedire*) _____ : se lo chiami viene subito.
8. Il comportamento di alcune persone che sul treno chiacchierano continuamente al cellulare è davvero (*irritare*) _____ .
9. La situazione dell'economia italiana in alcuni momenti è stata davvero (*preoccupare*) _____
_____ .

E6→

2h **Completa le espressioni con le preposizioni adeguate e verifica nel testo di p. 5.**

Preposizioni

1. essere esente _____
2. fare volentieri _____ meno _____
3. mettersi _____ strada
4. mettersi _____ ricerca
5. far bene _____
6. sbandierare _____ pubblico

7. sapere _____ istinto
8. è giunta l'ora _____ passare _____
9. poter dire _____
10. non saper resistere _____
11. essere pronto _____
12. imparare _____

E16→

E1,3→

I verbi

I tempi passati

1ª Cosa conosci della città di Roma? Ci sei mai stato? Conosci i monumenti sulla piantina?

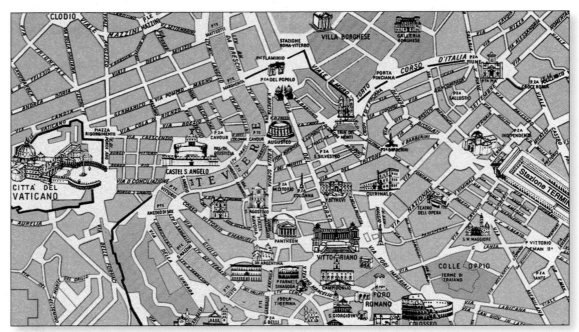

1ᵇ Leggi questo blog scritto da un turista americano in vacanza a Roma e rispondi.

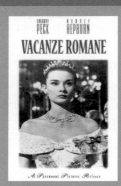

Le mie Vacanze romane

Vacanze romane è uno dei miei filmi preferiti e Roma è sempre stata una città da sogno. Per questo ho risparmiato qualche soldo, ho prenotato un Hotel ad un prezzo ragionevole e sono partito. Mi sono fermato a Roma per quasi due settimane. All'arrivo ho provato una certa delusione: avevo visto *Vacanze Romane* e avevo letto diverse guide turistiche, quindi avevo un sacco di preconcetti su come Roma sarebbe stata. Le guide e i film ti fanno vedere belle piazze e fantastiche chiese, ma Roma non era solo quello: la Stazione Termini, ad esempio, era caotica e quanto di più lontano ci possa essere dalle romantiche *Vacanze romane*. Le viuzze avevano un che di claustrofobico e infernale, tanto che mentre facevo il tragitto a piedi dalla stazione all'albergo sono quasi finito sotto una macchina. Sulle strade, che sembravano un canyon tra palazzi a tre o quattro piani, c'era posto solo per le macchine parcheggiate e per il passaggio di auto a folle velocità (nessun marciapiedi per i poveri pedoni!). D'altra parte "Quando sei a Roma, fai come i romani", quindi ho cercato una trattoria. In albergo mi avevano parlato di un certo "Vincenzo" a Trastevere e l'ho trovato davvero tipico; mentre mangiavo succedeva di tutto: i suonatori per strada suonavano la fisarmonica e le macchine mi passavano a due metri dal tavolo, perché naturalmente non c'erano i marciapiedi. In compenso il cibo non era male, anche se il servizio è stato inspiegabilmente lento.

Gli autobus sono stati fondamentali, ma mi ci sono voluti 4 giorni per capirne il "sistema". Hai bisogno dell'autobus per visitare Roma, perché la metropolitana ti porta solo a Piazza di Spagna, al Vaticano o al Colosseo e spesso gli ascensori che riportano in superficie sono rotti. Non sapevo mai dove comprare i biglietti, che venivano sempre venduti da qualche altra parte. Ho scoperto che devi sempre "obliterare" il biglietto in una macchinetta sull'autobus (anche se mi sembrava che raramente gli italiani lo facessero); se la macchinetta era rotta, l'autista ti diceva di scrivere la data e l'ora sul tuo biglietto. Sistema davvero singolare.

● In che cosa Roma è come il turista se l'aspettava?
● In che cosa l'ha invece deluso?

grammatica

1c **Rileggi il testo e sottolinea con tre colori diversi i verbi al passato prossimo, all'imperfetto e al trapassato prossimo.**

1d **In coppia. Riflettete sulle differenze d'uso tra passato prossimo, imperfetto e trapassato prossimo e completate la tabella con alcuni esempi dal testo.**

	passato prossimo	imperfetto	trapassato prossimo
raccontare eventi del passato			
raccontare fatti che avvengono in successione			
descrivere situazioni, stati fisici e psicologici			
raccontare fatti del passato delimitati nel tempo			
raccontare fatti passati che si ripetono con abitudine			
raccontare un fatto che si inserisce in una situazione descritta all'imperfetto			
esprimere un'azione già cominciata in cui si inserisce un'azione puntuale al passato			
esprimere azioni del passato che si stanno svolgendo in modo parallelo			
raccontare fatti passati rispetto ad un punto di osservazione passato			

1e **Completa il racconto di questo turista che descrive i monumenti visitati a Roma. Scegli tra il passato prossimo, l'imperfetto o il trapassato prossimo.**

La Fontana di Trevi. (*essere*) (1) _____ la mia prima meta: una grandissima fontana che (*uscire*) (2) _____ letteralmente da un palazzo. La piazza davanti alla fontana, però, (*essere*) (3) _____ davvero piena di gente (soprattutto turisti americani).

Il Pantheon. (*essere*) (4) _____ in assoluto il posto che (*apprezzare*) (5) _____ di più a Roma. Quella mattina (*partire*) (6) _____ a piedi e (*visitare*) (7) _____ una zona vicina con i palazzi della politica italiana come Montecitorio e Palazzo Chigi; all'improvviso sono sbucato in piazza del Pantheon, (*vedere*) (8) _____ la magnificenza di questa meraviglia e ci (*entrare*) (9) _____ : inutile dire che mi (*sembrare*) (10) _____ di aver viaggiato nel tempo e di essere in un'altra epoca. Ho capito allora perché questa costruzione (*avere*) (11) _____ un'influenza enorme sull'architettura di ogni luogo.

I Musei Vaticani. (*arrivare*) (12) _____ all'ora di apertura insieme a una dozzina di autobus pieni di turisti; anche se la coda (*essere*) (13) _____ abbastanza lunga, (*riuscire*) (14) _____ ad entrare velocemente. (*volere*) (15) _____ tanto vedere la cappella Sistina, ma (*dovere*) (16) _____ passare attraverso tutti i musei del Vaticano prima di riuscire ad entrarci. Dover passare attraverso tutte quelle stanze, devo dire, all'inizio mi (*pesare*) (17) _____ un po', ma poi (*cambiare*) (18) _____ idea e alla fine (*apprezzare*) (19) _____ molto la visita. Certo, quando (*arrivare*) (20) _____ alla cappella Sistina (*essere*) (21) _____ in estasi: più volte (*pensare*) (22) _____ "Ok, ho visto abbastanza", ma ogni volta non (*riuscire*) (23) _____ ad andarmene.

E8,9 →

1ᶠ Riscrivi la trama del film *Vacanze romane* usando il passato.

La principessa Anna, che si trova a Roma per una visita diplomatica, è molto stanca degli obblighi del suo ruolo e per questo decide di scappare e di visitare la città. Non conoscendola bene, si stanca e si addormenta su un muretto. Fortunatamente Joe Bradley, un giornalista americano che passa di lì per caso, la vede e la porta a casa sua. Il giorno successivo, leggendo il giornale, Joe, che non sa niente della ragazza, scopre la sua vera identità e insieme ad un amico fotografo decide di fare un servizio sulla faccenda. Anna, che nel frattempo si è svegliata, esce di casa e inizia a visitare Roma come una normale turista. Durante la sua passeggiata per Roma, Anna incontra Bradley che poi le mostra la città, mentre il fotografo, amico di Bradley, scatta ai due molte foto. La visita di Roma inaspettatamente fa nascere l'amore tra Anna e Bradley. Intanto la polizia sta cercando Anna: quando la trova, cerca di riportarla a palazzo, ma la principessa decide di scappare con Bradley. La mattina successiva, però, Bradley riaccompagna la principessa al suo palazzo. I due si rivedono qualche giorno dopo in una conferenza stampa, dove Bradley consegna alla principessa le foto delle sue "vacanze romane" e le dice addio per sempre.

1ᵍ Quale luogo che hai visto (in Italia o all'estero) ti ha colpito in modo particolare? Che cosa hai visitato? Con chi eri? Quali sono gli aspetti del modo di vivere che ti hanno colpito e quali invece ti hanno deluso? Anche tu avevi qualche aspettativa collegata ad un libro o ad un film che avevi letto o visto?

Il passivo

2ᵃ Leggi queste frasi e rifletti sull'uso del passivo.

1. L'immagine romantica dell'Italia generalmente <u>viene costruita</u> dai *media*.
2. Molti stereotipi sugli italiani di solito <u>sono proposti</u> dal cinema.
3. I biglietti <u>erano venduti</u> sempre da qualche altra parte.
4. Quello che non <u>veniva mostrato</u> nel film era la fila di turisti.
5. All'estero gli italiani <u>sono stati considerati</u> dei mafiosi per molti anni.
6. Il *cliché* del gondoliere di Venezia che canta <u>è stato creato</u> per i turisti.

L'ausiliare *venire* è usato prevalentemente con verbi che indicano azioni.

L'ausiliare *essere* è usato prevalentemente con verbi che indicano qualità o stati.

Rispondi.

1. Perché in queste frasi si usa la forma passiva e non quella attiva?

_____

2. Come si costruisce il passivo?

_____

3. È sempre possibile sostituire il verbo *venire* con l'ausiliare *essere*?

10 dieci

grammatica

2ᵇ Trasforma le seguenti frasi attive in frasi passive.

1. Molti dipingono l'Italia come un Paese pieno di sole e di bella gente.
2. Gli alberghi più lussuosi a Venezia offrono ai turisti gite in gondola.
3. In Italia gli automobilisti sempre di fretta rischiano di investire i pedoni.
4. Il Rinascimento ha lasciato molte tracce artistiche e storiche in tutta Italia.
5. Gli italiani considerano il turismo d'arte un'importante fonte di reddito.
6. Negli anni l'Italia ha sviluppato un rapporto particolare con la Chiesa cattolica.
7. Gli italiani fanno il caffè con pochissima acqua.

2ᶜ Trasforma queste frasi passive al tempo indicato tra parentesi.

1. Roma viene dipinta (*passato prossimo*) _____ come una città piena di bellissimi monumenti.
2. Qualche tempo fa in Italia è stato introdotto (*trapassato prossimo*) _____ il caffè lungo all'americana, ma non ha avuto successo.
3. La vita politica e le scelte quotidiane degli italiani vengono influenzate _____ (*imperfetto*) dalla Chiesa cattolica.
4. La mafia italiana è esportata (*passato prossimo*) _____ anche all'estero.
5. L'Italia era conosciuta (*presente*) _____ all'estero per la sua musica e il bel canto.
6. Solo in Italia la pasta viene cucinata (*imperfetto*) _____ bene.
7. La Chiesa veniva vissuta (*presente*) _____ più come un fatto politico e sociale che come una realtà spirituale.

E 10 →

2ᵈ Completa questo testo coniugando i verbi alla forma attiva o passiva.

ESSERE ITALIANI È UN LAVORO A TEMPO PIENO

Gli italiani non (*dimenticare*) (1) _____ mai chi sono e chi li guarda ne è confuso. Un viaggiatore americano (*scrivere*) (2) _____ : "l'Italia è la terra della natura umana". Prima però voi turisti (*dovere*) (3) _____ capire una cosa: la vostra *Italy* non è la nostra Italia. *Italy* è una droga leggera e (*spacciare*) (4) _____ in forme prevedibili: tramonto, olivi, vino, bei ragazzi. In Italia invece la gente (*vivere*) (5) _____ in un labirinto affascinante, ma complicato. I moderni resoconti di viaggio possono (*fare*) (6) _____ rientrare in due categorie: (*esserci*) (7) _____ le cronache di innamoramento e i diari di una disillusione. Di solito le prime (*scrivere*) (8) _____ da donne americane e (*mostrare*) (9) _____ un amore senza interesse: (*descrivere*) (10) _____ un paradiso stagionale dove il clima è buono e la gente è cordiale. I diari della disillusione (*tenere*) (11) _____ quasi sempre da uomini inglesi e (*rivelare*) (12) _____ un interesse senza amore: (*raccontare*) (13) _____ un luogo sconcertante che (*popolare*) (14) _____ da gente inaffidabile e che (*governare*) (15) _____ da meccanismi diabolici. Diciamo che l'Italia può (*vedere*) (16) _____ come un purgatorio insolito, pieno di orgogliose anime in pena, un posto capace di mandarci in bestia e in estasi nel giro di 100 metri, un laboratorio unico al mondo dove (*produrre*) (17) _____ Botticelli e Berlusconi.

E 11 →

◎ Il congiuntivo

3ᵃ **Leggi queste opinioni di giovani stranieri sugli italiani. Completa le frasi con il congiuntivo presente.**

Qual è l'immagine che hai o che è diffusa nel tuo Paese sugli italiani?

1. Non mi piace che gli italiani (*essere*) (1) _____ prepotenti e a volte anche maleducati.

2. Mi sembra che gli italiani (*avere*) (2) _____ un gran temperamento sanguigno, che (*bere*) (3) _____ e (*mangiare*) (4) _____ molto volentieri e bene.

3. Credo che gli italiani del Nord (*essere*) (5) _____ molto diversi da quelli del Sud. Temo che gli uomini del Sud (*essere*) (6) _____ più maschilisti, chiusi e tradizionalisti e che le donne del Sud (*accettare*) (7) _____ questo ruolo molto più delle donne del Nord.

4. Non sono mai stato in Italia, ma ho un cugino che abita a Firenze e spero che prima o poi mi (*invitare*) (8) _____. Quindi non conosco bene l'Italia, ma degli italiani penso quello che pensano tutti gli spagnoli e cioè che (*assomigliare*) (9) _____ molto a noi sia per il carattere che per il modo di vedere la vita.

Come pensi che gli italiani vedano se stessi e il loro Paese?

1. Credo che (*sentirsi*) (10) _____ molto orgogliosi di essere italiani.

2. Mi sembra che i ragazzi (*pensare*) (11) _____ di essere molto attraenti e dotati di un dono speciale per conquistare le ragazze solo per il fatto di essere italiani.

3. Spero che (*piacersi*) (12) _____ così come sono, che (*essere*) (13) _____ orgogliosi di essere italiani, perché penso che l'Italia (*essere*) (14) _____ un Paese bellissimo.

4. Conosco bene qualche italiano e sono contento che (*considerarsi*) (15) _____ dei "campioni", perché se lo meritano, anche se riescono ad essere abbastanza critici verso il loro Paese.

3ᵇ **Abbina i verbi dell'esercizio precedente all'uso corrispondente del congiuntivo.**

1. esprimere opinioni: _____

2. esprimere dubbio o incertezza: _____

3. esprimere sentimenti e stati d'animo: _____

4. esprimere desiderio o volontà: _____

E 12 →

grammatica

🌀 I pronomi

4ª Completa con i pronomi mancanti questo messaggio inviato da Kerstin, una ragazza svedese, in un forum *on line*.

glielo   mi   ne (3)   ci   te   lui   velo   li   l'   lo   gliene   gli (2)   ce la

| Forum on line | Directory | Eventi | Blog | Messaggi | Entra |

Prendo come spunto la domanda: *Ma questi maschi italiani come sono?* Cercherò di rispondere scusando (1) _____ in anticipo per le generalizzazioni – ma con questa domanda non (2) _____ posso fare a meno. Chiaramente (3) _____ posso parlare solo da fredda nordica straniera. Allora L'ITALIANO – visto con gli occhi di un NON italiano, che conosce il vostro meraviglioso Paese esclusivamente perché ogni tanto (4) _____ va per passare le vacanze, ecco (5) _____:

● il maschio italiano (6) _____ riconosci subito, perché è sempre vestito meglio di (7) _____: tu puoi spendere anche una fortuna in abiti, ma non (8) _____ puoi fare (anche con i jeans strappati, (9) _____ sarà sempre più chic);
● i maschi italiani sono animali da compagnia (10) _____ circondano sempre ALMENO due persone) – trovar (11) _____ uno solo è un caso raro;
● sono quasi sempre benestanti: hanno macchinone, cellulari, abitini o jeans firmati e se (12) _____ fai notare sono ben contenti;
● è difficile che un italiano abbia la fidanzata – di solito (13) _____ ha appena lasciata, ma apparentemente non (14) _____ importa niente;
● è molto latino con le donne: fa un sacco di complimenti, manda i fiori e non batte ciglio quando (15) _____ tocca pagare un conto stratosferico al ristorante (per la donna fa questo ed altro!);
● per ultimo – gli italiani fanno sempre all'amore! Eh sì, quando vai in Italia in ferie rimani stordita da tutti quei ragazzi che baciano le ragazze per strada e che (16) _____ fanno le coccole sulle panchine del parco…

E 13, 14 ⟶

4ᵇ Completa la continuazione del messaggio dell'esercizio precedente con i pronomi relativi corretti: *che*, preposizione + *cui*, *chi*.

Il maschio italiano però non è solo rose e fiori, soprattutto se vivi in Italia. Dal momento (1) _____ fai parte della popolazione locale, infatti, le cose cambiano:

● in effetti ha un gusto innato per le cose belle – questo è un punto (2) _____ non ci sono dubbi, ma nella casa dell'italiano medio regna indiscusso il finto Ottocento;
● è sempre circondato da altre persone, è vero, ma (3) _____ gli servono per avere delle conferme, perché è tremendamente IMMATURO. Non sopporta la solitudine;
● si diverte, ride ed è benestante per il semplice motivo che nel 99% dei casi non ha niente (4) _____ preoccuparsi, perché se non è sposato vive ancora con i genitori, (5) _____ delega qualsiasi cosa. La cara "mammina" certo non si sogna di chiedergli di partecipare alle spese di casa anche se il figliolo ha 25/30 anni;
● quando conosce una ragazza (6) _____ gli piace, non c'è alcuna attuale compagna (7) _____ preoccuparsi. È senza ombra di dubbio più *gentleman* di un uomo del nord, ma non perché ti consideri una donna eccezionale, degna di tutte quelle attenzioni – OH NO – sei una donna e basta, e come tale, territorio di caccia;
● ah – e poi – la delusione totale! La mancanza di una casa propria e la dipendenza da mamma e papà sono i motivi (8) _____ questo popolo – così amoroso e noncurante degli occhi indiscreti di (9) _____ passa, (10) _____ fa tanta invidia a noi nordici – amoreggia ancora per strada. Che delusione ragazzi!!!!!!

E 15 ⟶

1 Il Bel Paese.

In gruppo. Ecco cosa hanno detto dell'Italia alcuni personaggi famosi. Cosa ne pensate? Siete d'accordo oppure no? Perché?

L'Italia conta oltre 50 milioni di attori. I peggiori stanno sul palcoscenico. (Orson Welles)

Gli italiani si lamentano troppo, quindi stanno bene. (Wilhelm Mühs)

Gli italiani hanno solo due cose per la testa: l'altra sono gli spaghetti. (Catherine Deneuve)

Paradiso è un poliziotto inglese, un cuoco francese, un tecnico tedesco, un amante italiano; il tutto organizzato dagli svizzeri. L'Inferno è un cuoco inglese, un tecnico francese, un poliziotto tedesco, un amante svizzero; e l'organizzazione affidata agli italiani. (John Elliot)

Forse uno dei guai dell'Italia è proprio questo, di avere per capitale una città sproporzionata, per nome e per storia, alla modestia di un popolo che quando grida "forza Roma" allude solo ad una squadra di calcio. (Indro Montanelli)

2 Paese che vai...

In gruppo. Scegliete un Paese (che conoscete bene) e seguite le istruzioni dell'insegnante. Cercate di trovare il maggior numero di stereotipi.

ES.7 →

3 Fare una bella figura.

In coppia. Leggi questa citazione da un'intervista al giornalista Beppe Severgnini che parla di che cosa sia "fare una bella figura" per gli italiani. Che cosa significa per te "fare una bella o una brutta figura"? In quali situazioni diresti "ho fatto una bella/brutta figura"? Parlane ad un compagno.

"Fare una bella figura" è la quintessenza dell'italianità. È qualcosa di più del "lasciare una buona impressione", è l'importanza attribuita all'aspetto delle cose in ogni ambito. È la supremazia dell'estetica in ogni cosa che fai: è lasciare una buona idea sul tuo comportamento e su come ti vesti.

produzione libera

4 **Il blog di viaggio.**

Scrivi su un blog il racconto di un viaggio che hai fatto (in Italia o in un altro Paese). Che cosa hai visto? Chi hai incontrato? Quali impressioni hai ricevuto dai posti visitati?

_____

_____

_____

_____

_____

_____

_____

_____

E 17, 18, 19, 20 →

5 **Un luogo che…**

Prendendo spunto dal testo di Parks (Per capire, p. 5), descrivi l'atmosfera di un luogo (ad esempio un locale, un'abitazione, un museo, un negozio…) e/o di uno spazio all'aperto in città (ad esempio una strada, una piazza, un cortile, un parco) che ami in modo particolare e spiega il perché.

Dossier *cultura*

Il *Made in Italy*

Miti italiani

1ª In gruppo. Quali sono secondo voi gli oggetti più rappresentativi della cultura italiana? Fate una classifica con sei oggetti che nel vostro Paese vengono associati all'Italia e confrontatela con il resto della classe.

IL DESIGN ITALIANO

_____

_____

LA MODA ITALIANA

_____

_____

LA CUCINA ITALIANA

_____

_____

1ᵇ In coppia. Leggi uno dei due testi che forniscono informazioni sulla storia di oggetti rappresentativi della cultura italiana e preparati a parlarne al tuo compagno.

La pasta: architettura per la bocca

Non appena dici "spaghetti macaroni" pensi di aver detto tutto. In realtà non è così semplice, a partire, appunto, dalle origini: rispetto all'annosa questione se siano stati gli italiani ad inventare la pasta oppure i cinesi (e allora gli italiani l'hanno conosciuta grazie a Marco Polo), possiamo dire che si è trovata la risposta in una tomba etrusca a Cerveteri, in cui in alcuni bassorilievi sono rappresentati degli strumenti per la preparazione della
5 pasta. Per non dire che le lasagne sono menzionate da Cicerone e Apicio. Esiste persino un museo storico dedicato alla pasta: si trova a Pontedassio, in Liguria.
Nel XIX secolo una fabbrica di pasta di taglio medio produceva 220 tipi di pasta che portavano ciascuno un nome spesso pieno di fantasia. Sopravvivono oggi almeno un centinaio di tipi di pasta prodotti a livello industriale, tra cui i più recenti, le marille, sono stati creati dal designer torinese Giorgetto Giugiaro (che ha disegnato
10 anche le auto Fiat Panda e Fiat Uno).
Il mondo della pasta italiana non è meno complesso del mondo vegetale, così come è stato classificato da Linneo. I diversi tipi di pasta possono essere classificati per famiglie, generi, specie, zone regionali; le si può suddividere in paste fresche, asciutte, ripiene, all'uovo o senza uovo. Il catalogo delle paste italiane è estremamente seducente e i loro nomi si succedono come in una poesia: capelli d'angelo, vermicelli, penne rigate, maltagliati, bavet-
15 te, orecchiette, farfalle, lasagne, ravioli, cappelletti, agnolotti, pappardelle...

La Ferrari: un'automobile ruggente

Il mito costa caro. L'ultimo modello, prodotto in un numero limitato di esemplari, costa più di un appartamento lussuoso. Il feticismo che circonda il nome "Ferrari" non conosce limiti e, per coloro che non si possono permettere tali somme, esistono oggetti che, a un costo minore, ricordano più o meno esplicitamente il "cavallino rampante" o l'"ingegnere" Enzo Ferrari: libri, modellini, giochi.

5   Per l'ultimo modello, in scala reale, la lista d'attesa è aperta ed è stata data la priorità ai clienti di lunga data. Sembra che un americano, per essere ammesso nella lista, abbia acquistato dieci Ferrari d'epoca, diventando di punto in bianco collezionista ed acquisendo quindi automaticamente il diritto ad "entrare" nella lista. La cosa non stupisce se si pensa che in 50 anni di attività la Ferrari ha prodotto solo 50.000 esemplari in tutto.

Può essere che uno dei segreti del successo di questo oggetto rosso del desiderio risieda anche nel fatto che non è
10 mai stata autorizzata alcuna sua pubblicità, favorendo quindi l'idea che si tratti non di un prodotto, ma di un'opera d'arte. Se ci si pensa, la Ferrari incarna bene quanto proclamato da Marinetti nel suo manifesto futurista del 1909, quando parlava di una "bellezza nuova: la bellezza della velocità. Un'automobile da corsa col suo cofano adorno di grossi tubi simili a serpenti dall'alito esplosivo... un'automobile ruggente, che sembra correre sulla mitraglia".

1c Rileggi i due testi e scegli la risposta giusta.

Testo 1   Testo 2

1. Che la pasta sia stata inventata dagli italiani è una notizia
   - a. certa.
   - b. falsa.
   - c. incerta.
2. I diversi tipi di pasta che si mangiano in Italia
   - a. sono aumentati con il tempo.
   - b. sono rimasti uguali nel tempo.
   - c. sono diminuiti con il tempo.
3. Un nuovo tipo di pasta, le marille,
   - a. è stato disegnato dalla FIAT.
   - b. è stato creato da un designer.
   - c. è stato disegnato con la forma di un'auto.
4. I diversi tipi di pasta in Italia
   - a. sono moltissimi e hanno diversi tipi di classificazione.
   - b. sono classificati in modo preciso e condiviso.
   - c. sono troppi per riuscire a classificarli tutti.

5. Chi non può acquistare una Ferrari "vera" spesso compra
   - a. auto di media cilindrata.
   - b. oggetti che la ricordano.
   - c. modellini per bambini.
6. Possono comprare nuovi modelli Ferrari
   - a. solo clienti americani.
   - b. tutti gli amatori che hanno molti soldi.
   - c. solo clienti affezionati a cui viene data la priorità.
7. Forse la Ferrari ha così tanto successo
   - a. perché è considerata una vera e propria opera d'arte.
   - b. perché solo poche persone se la possono permettere.
   - c. perché è stata molto pubblicizzata.

1d Trova nel testo un sinonimo delle parole seguenti.

Testo 1	1. vecchia	r. 1-3	____
	2. citate	r. 3-6	____
	3. elenco	r. 11-13	____
	4. vengono uno dopo l'altro	r. 13-15	____
Testo 2	5. modelli/pezzi	r. 1-3	____
	6. vecchi/affezionati	r. 5-8	____
	7. stia	r. 9-11	____
	8. rappresenta	r. 11-13	____

1e Scegli un elemento tra quelli dell'esercizio 1a, cerca on line alcune informazioni e scrivine una descrizione (sul modello di quelle che hai letto nei testi dell'esercizio 1b).

Il mio palazzo delle idee

2ᵃ **In coppia.** Ascolterai un'intervista all'architetto Renzo Piano, che parla della sua ultima creazione a New York. Prima dell'ascolto consultati con un compagno e provate a rispondere alle domande.

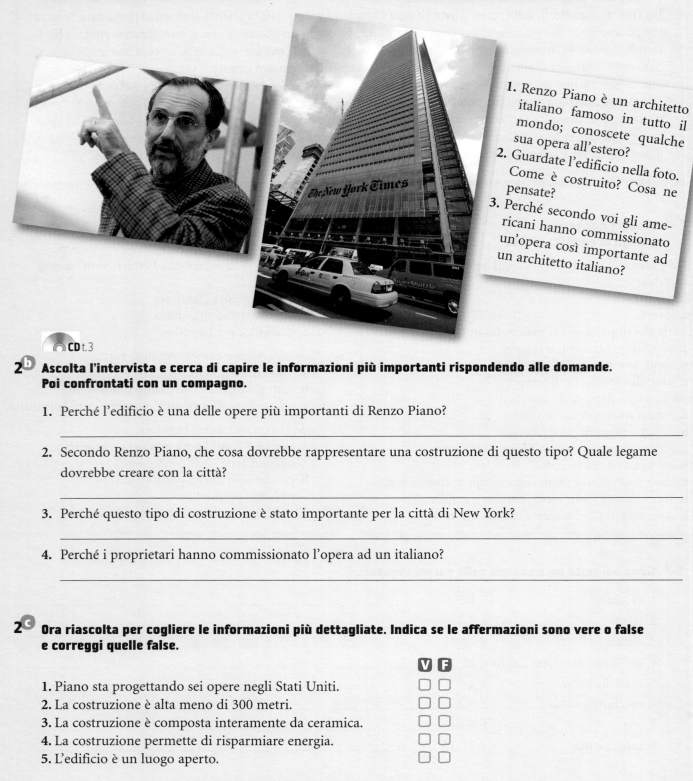

1. Renzo Piano è un architetto italiano famoso in tutto il mondo; conoscete qualche sua opera all'estero?
2. Guardate l'edificio nella foto. Come è costruito? Cosa ne pensate?
3. Perché secondo voi gli americani hanno commissionato un'opera così importante ad un architetto italiano?

CD t.3

2ᵇ Ascolta l'intervista e cerca di capire le informazioni più importanti rispondendo alle domande. Poi confrontati con un compagno.

1. Perché l'edificio è una delle opere più importanti di Renzo Piano?

_____

2. Secondo Renzo Piano, che cosa dovrebbe rappresentare una costruzione di questo tipo? Quale legame dovrebbe creare con la città?

_____

3. Perché questo tipo di costruzione è stato importante per la città di New York?

_____

4. Perché i proprietari hanno commissionato l'opera ad un italiano?

_____

2ᶜ Ora riascolta per cogliere le informazioni più dettagliate. Indica se le affermazioni sono vere o false e correggi quelle false.

	V	**F**
1. Piano sta progettando sei opere negli Stati Uniti.	☐	☐
2. La costruzione è alta meno di 300 metri.	☐	☐
3. La costruzione è composta interamente da ceramica.	☐	☐
4. La costruzione permette di risparmiare energia.	☐	☐
5. L'edificio è un luogo aperto.	☐	☐

2ᵈ **In coppia.** Quali edifici italiani sono più famosi nel tuo Paese? Perché? Parlane a un compagno.

Lo stile italiano

3ª Chi sono gli stilisti italiani più famosi nel tuo Paese? Quali sono le firme italiane più diffuse?

3ᵇ Leggi velocemente il testo. Quali tra le informazioni che seguono sono presenti?

Valentino superstar. Una favola al Lido
Documentario sullo stilista, folla e ovazioni.
«Il mio nuovo sogno? Creare abiti per il teatro»

Come Clooney, più di Clooney. Venezia ha salutato Valentino. Tutti in piedi a **spellarsi le mani**, gli occhi persino lucidi. Non che Valentino Clemente Ludovico Garavani, in arte Valentino e basta, non sia uso ad applausi e osanna. La sua lunga **militanza** nell'**Olimpo** della moda l'ha reso una divinità da venerare. Ma stavolta il fronte era diverso. **Sbarcare nell'arena** del cinema protagonista di un film che lo consacra *The last emperor*, beh, poteva essere un rischio. Eppure, dopo 96 minuti di lussi sfrenati, tra ville, yacht e castelli marchiati dalla fatale «V», in un pianeta dove tutti, persino i cani, sono belli, ricchi, famosi, invece di inveire, ecco critici di tutto il mondo unirsi in entusiasmi da grande evento. Forse perché le favole funzionano sempre. O forse perché il film di Matt Tyrnauer, pur non nascondendo la sua simpatia per lo stilista, riesce a non **trasformarlo** mai in un «**santino**». Conquistata la fiducia di Valentino e del suo socio, amico e compagno Giancarlo Giammetti grazie a un articolo su *Vanity Fair*, Tyrnauer li ha convinti a raccontarsi senza troppe censure e con un saggio tocco d'ironia. Ha raccolto l'ultimo atto di una lunga storia, d'amore e di lavoro, fondata su un unico, saldissimo, credo: la bellezza. «Amo le belle donne, i bei cani, i bei mobili» ammette Valentino. Ma più di tutto ama i bei vestiti. «Ero ragazzo quando vidi *Ziegfeld Follies**. Ne **fui folgorato**. Quelle creature meravigliose, avvolte in *chiffon* e *paillettes*... Voglio fare abiti così, dissi a mia madre. Abiti bellissimi per donne bellissime». Così è stato. L'apprendistato a Parigi, l'arrivo a Roma, l'incontro con Giammetti. «Eravamo due ragazzi, io sapevo fare i conti. E Valentino poteva esser libero di creare e basta» racconta Giancarlo. «Abbiamo costruito il nostro impero un passo alla volta, forse per questo è diventato così forte. Oggi i miti si creano in due minuti e in due minuti spesso spariscono». Un'azienda nata e rimasta artigianale. Con una **pattuglia** di sarte che cucivano tutto a mano. «Una volta ho portato in laboratorio una macchina da cucire – ricorda Giammetti. – Ma nessuno l'ha mai usata». Alla grande mostra all'*Ara Pacis*, dove vengono esposti 300 capolavori della «maison», Valentino sfoglia come fotografie file di abiti leggendari. «Per rifare questi ricami – spiega – oggi bisognerebbe vendere una banca». «Paragonati a noi, gli altri fanno solo stracci» gli sussurra Lagerfeld. Un *made in Italy* che ha conquistato le donne più **in vista**. Da Marella Agnelli a Jackie Bouvier, da Liz Taylor a Julia Roberts, a Sofia Loren. Un impero di bellezza, una vita di trionfi dove non sembra esserci posto per dolore o malinconia. Ma quando riceve la Legion d'onore e ringrazia l'amico di sempre, ecco che quel volto sfingeo, perennemente abbronzato, s'incrina. Le labbra sottili tremano, la voce si spezza. Che farà ora Valentino? «Ho un ultimo sogno: creare abiti per il teatro, per il balletto». Ieri sera, prima della festa in suo onore al Guggenheim, *The last emperor* ha avuto il suo gala tra gli ori della **Fenice**. Un buon posto per ripartire nella seconda giovinezza.

* *Ziegfeld Follies* è il nome di una serie di spettacoli teatrali andati in scena a Broadway dal 1907 al 1931, da cui è stato tratto nel 1944 il film omonimo interpretato da Fred Astaire e Cyd Charisse.

☐ 1. Valentino è una persona abituata ad essere celebrata.

☐ 2. Valentino è stato festeggiato insieme a George Clooney.

☐ 3. Il regista Tyrnauer e Valentino sono diventati grandi amici.

☐ 4. Tyrnauer e Valentino si sono incontrati per la prima volta durante un'intervista.

☐ 5. Secondo il regista tutta la vita di Valentino ha alla base la ricerca della bellezza.

☐ 6. Da giovane Valentino avrebbe voluto fare l'attore a Broadway.

☐ 7. Valentino ha iniziato la sua carriera da solo.

☐ 8. L'impero che Valentino ha creato è molto solido.

☐ 9. C'è stata una mostra a Roma sui 300 abiti più belli creati da Valentino.

☐ 10. Gli abiti più belli creati da Valentino saranno raccolti in un museo.

☐ 11. La moda di Valentino è conosciuta all'estero da molte persone importanti.

☐ 12. Valentino ora vorrebbe smettere di disegnare vestiti e dedicarsi alla sua vita privata.

3ᶜ Scrivi le espressioni presenti in neretto nel testo che hanno lo stesso significato delle definizioni seguenti.

1. Famoso/importante: _____

2. Battere vigorosamente le mani in segno di rispetto: _____

3. Famoso teatro di Venezia: _____

4. Luogo privilegiato/aristocrazia: _____

5. Impressionarsi vivamente, innamorarsi: _____

6. Trasformare in qualcosa di perfetto e poco umano, simile a un santo: _____

7. Partecipazione attiva: _____

8. Piccolo gruppo di persone fedeli: _____

9. Entrare in competizione: _____

S.O.S. ambiente

In questa unità impari a parlare dei problemi dell'ambiente come l'inquinamento, lo smaltimento dei rifiuti e i cambiamenti climatici; impari a fare ipotesi e ad esprimere la necessità o l'obbligo.

per cominciare

● **Quali sono secondo te i maggiori problemi dell'ambiente?**

● **Quali sono le principali fonti di inquinamento?**

● **Ci sono associazioni e partiti ambientalisti nel tuo paese?**

● **Conosci le associazioni ecologiste che hanno organizzato queste campagne per la difesa dell'ambiente?**

per capire

Domeniche a piedi

CD t. 4

1ª **Rosa e Giampaolo sono amici e colleghi di lavoro. Domani andranno insieme a vedere una mostra d'arte. Ascolta il dialogo e indica se le affermazioni che seguono sono vere o false. Poi confrontati con un compagno e correggete oralmente ogni affermazione falsa.**

V F

1. La domenica non si può circolare in macchina in città. ☐ ☐
2. Rosa pensa che il blocco del traffico serva a ridurre lo smog. ☐ ☐
3. Giampaolo pensa che le macchine non siano le principali responsabili dell'inquinamento. ☐ ☐
4. Rosa concorda sul fatto che i mezzi pubblici dovrebbero essere potenziati. ☐ ☐
5. Rosa ha dei figli grandi. ☐ ☐
6. Giampaolo ha un bambino che non cammina ancora. ☐ ☐
7. A Giampaolo hanno rubato la bicicletta. ☐ ☐
8. Rosa presterà la bicicletta a Giampaolo. ☐ ☐

1ᵇ **Riascolta il dialogo e completa la tabella annotando quali sono le ragioni di Giampaolo contro il blocco del traffico e che cosa ribatte Rosa.**

GIAMPAOLO

non si riduce lo smog per un giorno

ROSA

1ᶜ **Riascolta il dialogo e annota tutte le espressioni che ti sembrano appartenere all'italiano parlato colloquiale.**

1ᵈ **In coppia. A turno formate delle frasi come nell'esempio.**

gridare così forte / sordo) → *Ma perché gridi così forte? Mica sono sordo!*

1. tingere i capelli / bianchi
2. voler cambiare il cellulare / rotto
3. mettere quella scatola nella campana della carta / riciclabile
4. accendere i caloriferi / fa freddo
5. lavare di nuovo la macchina / sporca
6. prendere l'autobus per andare al lavoro / lontano
7. accendere la luce / è buio

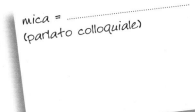

mica = ...
(parlato colloquiale)

CD t.5

1e Riascolta la prima parte del dialogo e annota le espressioni che mostrano i punti di vista indicati nella tabella. Se necessario, confronta le tue risposte con quelle dell'esercizio 2 di p. 15 (esercizi).

disaccordo e incredulità	parziale accordo, ma ...

E2,3 →

1f In coppia. Costruite dei minidialoghi come nell'esempio.

tu – essere stanco / hai finito di lavorare alle quattro
Ma come è possibile che tu sia stanco? Hai finito di lavorare alle quattro!
Sì, è vero, ho finito di lavorare alle quattro, ma questo non vuol dire che non sia stanco!

1. tu – avere fame / a pranzo abbiamo mangiato tantissimo!
2. loro – guadagnare poco / lavorano 10 ore al giorno!
3. lui – essere stressato / è appena tornato da un viaggio!
4. voi – non essere soddisfatti / siete riusciti a consegnare il lavoro in tempo!
5. tu – non piacere / vedi quel programma tutte le sere!

Muoversi in città

2a Leggi il titolo e l'occhiello dell'articolo di p. 23 e prova a fare delle ipotesi sull'argomento trattato e sul significato dell'espressione "mobilità sostenibile".

2b Ora leggi il testo e rispondi alle domande.

1. Il percorso di una *critical mass*
   - ☐ **a.** si svolge solo nel centro delle grandi città.
   - ☐ **b.** è accuratamente organizzato.
   - ☐ **c.** non viene programmato in modo preciso.

2. Alle *critical mass* partecipano
   - ☐ **a.** solo gli ecologisti militanti.
   - ☐ **b.** cittadini di tutti i tipi.
   - ☐ **c.** soprattutto gli studenti.

3. Negli ultimi anni la bicicletta è diventata popolare perché
   - ☐ **a.** permette di fare sport in città.
   - ☐ **b.** è il simbolo di uno stile di vita.
   - ☐ **c.** è molto più economica della macchina.

4. Le piste ciclabili in Italia
   - ☐ **a.** non favoriscono la mobilità urbana.
   - ☐ **b.** non sono adatte ai turisti.
   - ☐ **c.** sono accessibili solo fuori città.

5. L'interesse per la bicicletta cresce, ma
   - ☐ **a.** i provvedimenti per limitare il traffico sono troppo costosi.
   - ☐ **b.** è ancora scarso nei centri urbani.
   - ☐ **c.** i politici spesso non ne capiscono l'importanza.

IL POPOLO DELLE BICICLETTE CONTRO GLI AUTOSAURI
Mobilità sostenibile: il mezzo è il fine

Critical mass, ma non solo. Sempre più persone cercano un modello di sviluppo che rispetti il pianeta e chi lo abita, a partire dalle città ogni giorno più caotiche. Le due ruote come nuovo stile di vita.

5 Viste dall'alto di questi sellini, sembrano creature inadatte al territorio. Lente, goffe, invadenti, obsolete e puzzolenti.

Le chiamano "autosauri". Purtroppo non sono in via d'estinzione. Però, questa sera, stanno dietro, 10 aspettano impazienti il passaggio di un insolito traffico che, per una volta, non hanno contribuito a generare.

Milano, ore 23 di un qualsiasi giovedì, nel bel mezzo di una "massa": un lungo serpentone di bici- 15 clette invade tutta la carreggiata della circonvallazione. Dietro stanno le automobili.

Del fenomeno urbano delle *critical mass* si parla da tempo. Semplice ed efficace, è una "coincidenza organizzata": un numero imprecisato di ciclisti si 20 dà appuntamento e, in gruppo, gira per la città seguendo un itinerario casuale, di cui conosce l'inizio, forse la fine, mai il percorso. Se la massa è consistente (cioè "critica"), l'effetto è dirompente: strada occupata, velocità ridotta. Gli automobilisti 25 si stupiscono, molti si innervosiscono, mentre i ciclisti pedalano e chiacchierano, incuranti degli "autoinscatolati", e si godono una città tranquilla e inusuale.

Sono molte le città italiane dove si tiene con rego- 30 larità una *critical mass*: la prima italiana è stata a Milano, nel febbraio 2002, mentre l'ispirazione arriva da San Francisco, dove l'idea nasce nel 1992. Ma non si tratta di una trovata bizzarra, o semplicemente "estetica": "Massa critica è un nuovo mo- 35 do di vivere nelle nostre città inquinate" si legge nel loro manifesto. Una "locomozione della coscienza" che coinvolge studenti, impiegati, professori, gente comune. E in effetti è così: la 40 popolarità di cui gode l'utilizzo della bici negli ultimi anni non è legata solo al piacere di andare lenti, o di stare per strada, o di fare un po' di 45 sport. Oggi chi inforca una bici rivendica anche un modello di sviluppo che rispetti il pianeta e restituisca la città ai cittadini.

50 E lo fa con la coerenza di utilizzare un mezzo che non produce emissioni (gassose, luminose o sonore), né riduce le ri- sorse della Terra. Anzi, il mezzo più intelligente. È 55 il più veloce nei percorsi entro i 7 chilometri, che poi sono il 90% degli spostamenti urbani. Niente ingorghi, niente problemi di parcheggio, niente benzina o spese per assicurazione, manutenzione, tasse.

60 Ma a questo rinnovato interesse non corrispondono adeguate scelte politiche: le città a misura d'auto non lasciano spazio alla bici.

Le piste ciclabili, ad esempio: dove ci sono (e sono comunque insufficienti), sono spesso concepite in- 65 seguendo la logica del tempo libero, non quella della mobilità urbana, secondo la quale viene invece studiato il percorso di un autobus o di una linea metropolitana.

Scarsi anche i provvedimenti per la moderazione 70 del traffico (velocità massima di 30 km orari, dissuasori, isole pedonali), che sono previsti dal Codice della strada del 1992 ma quasi mai attuati, non tanto per mancanza di fondi quanto per miopia amministrativa. Anche l'intermodalità, cioè la 75 possibilità di portare la bici sui mezzi pubblici (ad es. sui treni), è sempre in fase sperimentale.

Ciononostante, per scelta o necessità, l'utilizzo della bicicletta aumenta. Non esistono stime ufficiali, ma laddove i governi locali ne capiscono 80 l'importanza, raggiunge livelli da record, come ad esempio a Ferrara.

Il mezzo è il fine, quindi. La (in)civiltà automobilistica si appropria dello spazio urbano, lo inquina, lo offende con gli incidenti, alimenta l'impero del 85 petrolio. Contro lo strapotere e l'aggressione ambientale e culturale di cui le automobili sono simbolo e strumento, si rispolverano le due ruote: la declinazione pratica del motto "Pensare globalmente, agire localmente".

(adattato da *AltrEconomia*, aprile 2004)

2ᶜ Rispondi alle domande.

1. Quali sono gli elementi che fanno della bicicletta un mezzo "intelligente"?

_____

2. Perché le automobili vengono chiamate "autosauri" (r. 8)? Con quali aggettivi vengono descritte?

_____

3. Perché la *critical mass* è una "coincidenza organizzata" (r. 18-19)?

_____

4. Chi sono gli "autoinscatolati" (r. 26-27)? Da quali parole è formato il termine e che cosa significa?

_____

2ᵈ Trova nella prima parte del testo (r. 1-28) un sinonimo delle parole seguenti:

1. bicicletta	r. 4	_____	5. percorso	r. 21	_____
2. vecchie	r. 6-7	_____	6. potente	r. 23	_____
3. cittadino (agg.)	r. 17	_____	7. indifferenti	r. 26	_____
4. utile	r. 18	_____	8. insolita	r. 28	_____

2ᵉ Completa le espressioni con le preposizioni adeguate e verifica nel testo di p. 23.

Preposizioni

1. in via _____ estinzione
2. contribuire _____
3. girare _____ la città
4. curarsi _____
5. godere _____

6. essere legato _____
7. il piacere _____ fare qualcosa
8. restituire qualcosa _____ a qualcuno
9. corrispondere _____
10. lasciare spazio _____

E 8, 10, 18 →

Confronto fra culture

Cittadini a pedali

Leggi il testo sull'uso della bicicletta come mezzo di trasporto e confronta la situazione con quella del tuo Paese.

- Quante persone usano la bicicletta per gli spostamenti quotidiani?
- Ci sono piste ciclabili o corsie preferenziali per i ciclisti?
- Ci sono iniziative per promuovere l'uso della bicicletta?

Non esistono statistiche certe sull'uso della bicicletta in Italia. Secondo alcuni studi ci sono 22 abitanti per ogni bicicletta, ma l'uso di questo mezzo è molto difforme: si va dalle percentuali nordeuropee di alcune città emiliane e del sud Tirolo allo zero quasi assoluto del sud (qualche eccezione in Puglia e in Sicilia sull'impulso del turismo).

Le città in cui è maggiormente diffuso l'uso della bicicletta negli spostamenti quotidiani sono Parma, Ferrara e Ravenna (tra il 21 e 27% degli spostamenti complessivi), insieme a Trento e Bolzano, che da vent'anni investe su chi pedala fino a innalzare la percentuale della due ruote dal 3-4% al 27%-28%. Meno ciclabili le grandi città: Roma è sotto il 5%, Torino, Firenze e Bologna tra il 6 e il 10%.

La raccolta differenziata

3ᵃ Fare la raccolta differenziata significa dividere i rifiuti in modo da poterli riciclare. Come vengono raccolti i rifiuti nella tua città? Tu, quali materiali separi?

3ᵇ Leggi i testi e inserisci negli spazi il nome del materiale a cui il testo si riferisce.

umido/organico

carta

plastica

alluminio

vetro

Rappresenta una parte importantissima dei rifiuti differenziati: la raccolta dell' _____ domestico e del verde è cresciuta infatti negli ultimi anni fino ad arrivare a rappresentare quasi un terzo del totale della raccolta differenziata. Attraverso il compostaggio domestico e industriale, il rifiuto _____ composto dagli scarti della cucina e dalla manutenzione di parchi e giardini torna a nutrire la terra, restituendole sostanze e componenti importanti per la vita delle piante.

È forse il meno considerato, ma il più incredibile da riutilizzare: ben il 48% dell' _____ circolante in Italia proviene dal riciclo. Risultato: un risparmio del 95% dell'energia necessaria per produrlo dalla bauxite. Per una corretta raccolta di questo materiale, sono indispensabili alcuni accorgimenti: le lattine vanno schiacciate e compresse, mentre le vaschette devono essere risciacquate.

Trasparente e colorato, il _____ raccolto viene tutto sterilizzato, fuso e riplasmato in altre forme, con una perdita di circa il 5% del peso. Come dire, da una bottiglia di recupero si possono ricavare 2 bottigliette nuove. Per facilitarne la raccolta, si devono togliere tappi e coperchi, e le bottiglie vanno accuratamente sciacquate. Nei contenitori non devono essere inseriti specchi, ceramiche e lampadine.

Il suo riciclo riduce lo smaltimento in discarica e l'utilizzo di materiali naturali; in più è biodegradabile e si inserisce facilmente nei cicli biologici degli ecosistemi. Attenzione, però: non tutta la _____ è uguale e non tutti gli imballaggi in _____ sono riciclabili. Nei cassonetti o nelle campane, contraddistinti dal colore bianco, non si devono mettere: _____ unta, sporca di colla o altre sostanze, _____ chimica dei fax o autocopiante.

Prima di tutto, attenzione allo spreco: gettare la _____ equivale a buttare via petrolio raffinato che, nelle discariche, produce gas serra. Da quella recuperata (ormai più di mille tonnellate all'anno) si può ottenere un infinito numero di nuovi oggetti: maglioni, moquettes, interni per auto, sedie e panchine, ma anche elettricità. Per il riciclo bisognerebbe distinguere i diversi tipi di _____ (PET, polietilene, ecc.), ma se non vengono raccolti separatamente, niente paura: dal contenitore (di solito giallo) verranno suddivisi e indirizzati al processo di recupero più adeguato.

3ᶜ A piccoli gruppi. Verificate di conoscere i nomi di questi contenitori dei rifiuti. Dovendo eliminare i vari oggetti, in quale contenitore li mettereste? Quali portereste alla stazione ecologica (foto n. 6)?

- ☐ imballaggi di cartone
- ☐ bicchieri
- ☐ vaso per fiori
- ☐ flacone del detersivo
- ☐ filtri del tè
- ☐ televisore
- ☐ fotocopie
- ☐ contenitore di polistirolo
- ☐ scatoletta del tonno
- ☐ pezzi di stoffa

- ☐ quaderni
- ☐ pennarelli
- ☐ vasetto della marmellata
- ☐ lattina dell'aranciata
- ☐ flacone dello shampoo
- ☐ cenere del camino
- ☐ pannolini
- ☐ piatto di ceramica
- ☐ frigorifero
- ☐ scarti di verdura

3ᵈ Trova il nome che indica l'azione espressa dal verbo.

1. riciclare _____
2. risparmiare _____
3. recuperare _____
4. raccogliere _____

5. smaltire _____
6. imballare _____
7. sprecare _____
8. inquinare _____

3ᵉ A piccoli gruppi. Avete a disposizione 5 minuti: trovate nei testi che avete letto (esercizi 3b e 3c) tutti i nomi di possibili contenitori.

Inquinamento e cambiamenti climatici

4a Da una decina d'anni circa si parla spesso dei problemi legati al surriscaldamento del pianeta. Che cosa sai di questo problema? Se ne discute nel tuo Paese?

4b Leggi e sintetizza nello schema cause e conseguenze dei cambiamenti climatici. Se conosci altri aspetti di questo fenomeno puoi aggiungere informazioni.

Secondo molti studiosi e ambientalisti, l'aumento della temperatura media del nostro pianeta, particolarmente significativo a partire dagli anni '90, è il segnale più forte dell'effetto dell'inquinamento.

L'utilizzo di petrolio e di gas naturale ha infatti causato un aumento dell'**anidride carbonica** (CO_2); inoltre, le **emissioni di gas** e **sostanze dannose** per lo **strato di ozono** intensificano il fenomeno naturale dell'**effetto serra**, creando un surriscaldamento dell'atmosfera e delle acque. Altre attività umane, come la **deforestazione** e l'**urbanizzazione selvaggia**, contribuiscono più in generale ad alterare l'**ecosistema** terrestre.

Il riscaldamento globale ha raggiunto effetti ben visibili sugli ecosistemi più sensibili: lo scioglimento dei ghiacciai è uno degli indicatori più significativi del cambiamento climatico in atto, ma sono evidenti anche i fenomeni di **desertificazione** e il lento **degrado** del delicato ecosistema della **barriera corallina**.

Ma quali sono le conseguenze dei cambiamenti climatici? I fenomeni forse più evidenti sono i sempre più frequenti eventi atmosferici estremi (**tornado, uragani, inondazioni**), ma anche gli incendi e le ondate di caldo; ci sono inoltre dei rischi sanitari, poiché, oltre ad un aumento delle **malattie cardio-respiratorie** è possibile che **epidemie** finora diffuse solo alle latitudini tropicali interessino in futuro anche le zone con un clima più temperato. I cambiamenti in atto potrebbero inoltre modificare significativamente alcuni *habitat* naturali, portando alla scomparsa di alcune specie animali.

Un primo tentativo di limitare l'influenza delle attività umane sul clima è stato il Protocollo di Kyôto del 1997, che, proponendosi l'obiettivo di una riduzione del 5,2% delle emissioni di **gas-serra**, costituisce, almeno nelle intenzioni, un passo importante nella condivisione planetaria delle responsabilità ambientali.

Surriscaldamento globale

cause: _____
_____
_____
_____

conseguenze: _____
_____
_____
_____

CD t.6

4 c In occasione della *Conferenza nazionale sui cambiamenti climatici*, è stata realizzata un'intervista all'ex ministro dell'ambiente Alfonso Pecoraro Scanio.
Ascolta la trasmissione radiofonica e rispondi.

1. Tra le conseguenze dei cambiamenti climatici, quali sono quelle citate dal ministro?
   - ☐ L'effetto serra.
   - ☐ La desertificazione.
   - ☐ L'innalzamento del livello del mare.
   - ☐ Il dissesto idrogeologico.
   - ☐ Lo scioglimento dei ghiacciai.
   - ☐ L'aumento degli uragani.

2. Quali sono, secondo il ministro, le priorità in Italia?
   - ☐ Organizzare incontri scientifici.
   - ☐ Partecipare a iniziative internazionali sul clima.
   - ☐ Raccogliere dati precisi sulla situazione nel Paese.
   - ☐ Verificare le condizioni del mare Adriatico.
   - ☐ Informare sulle conseguenze del surriscaldamento globale in Italia.
   - ☐ Dare indicazioni su come ridurre le emissioni di anidride carbonica.

3. Perché il tema dei cambiamenti climatici spesso non è considerato una priorità?
   _____
   _____

4. Che cosa fa personalmente Alfonso Pecoraro Scanio per la difesa dell'ambiente?
   _____
   _____

4 d Inserisci gli aggettivi che indicano i diversi tipi di inquinamento.

idrico
elettromagnetico
fluviale
luminoso
atmosferico
acustico
marino
termico

INQUINAMENTO		
dell'aria, dell'atmosfera	
dell'acqua	
del mare	
dei fiumi	
dell'ambiente sonoro	
del terreno	del suolo
dovuto a un eccesso di luci	
dovuto alla presenza di ripetitori e stazioni televisive	
dovuto al calore	

4 e Completa con le parole derivate da *inquinare*.

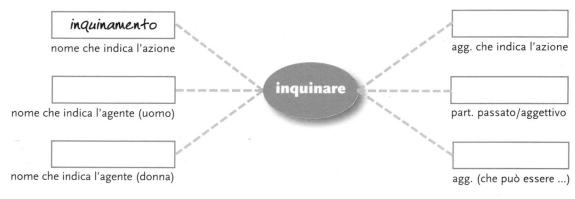

inquinamento
nome che indica l'azione

nome che indica l'agente (uomo)

nome che indica l'agente (donna)

inquinare

agg. che indica l'azione

part. passato/aggettivo

agg. (che può essere ...)

E 4, 5, 6, 7 →

grammatica

Il congiuntivo imperfetto

1a **Leggi questo messaggio tratto da un forum _on line_ e rispondi.**

| REGISTRATI | FAQ | LISTA UTENTI | CERCA | MESSAGGI | FORUM NON LETTI | RISPONDI |

DOMENICHE A PIEDI!?

ANDATECI VOI A PIEDI, IO PRENDO LA MACCHINA, E SGASO PURE!

Adesso mi dovete spiegare perché proprio domani (blocco del traffico sui comuni di quasi tutto il centro-nord), proprio di domenica, proprio quando la gente non lavora, dovrebbe rinunciare ad usare la macchina per spostarsi, magari per andare a godersi l'unico giorno di riposo all'aria aperta in campagna.

All'inizio non ero contrario alle "domeniche a piedi", pensavo che servissero almeno a sensibilizzare la gente al problema, ma dopo due anni non ci credo più, mi sembra un'iniziativa assurda e inutile. Spiegatemi perché dovremmo essere così imbecilli da pensare che rinunciare alla macchina per un giorno serva a cambiare qualcosa, se non a farci arrivare al lunedì con le palle ancora più girate.

No, mi dispiace, io non ci sto: se si facessero politiche serie per i trasporti, le ferrovie, i riscaldamenti, allora anche la richiesta di lasciare la macchina avrebbe un minimo di credibilità e la gente sarebbe disposta a collaborare, ma così …

Cominciamo proprio dai trasporti: se si migliorasse il servizio dei treni, se si potenziassero i mezzi pubblici in città, allora sì che la macchina sarebbe meno pratica e conveniente. E che dire delle nostre autostrade intasate dai TIR? Se ci fossero provvedimenti seri per far passare il trasporto merci sempre più su ferro invece che su gomma, la qualità dell'aria sarebbe certo migliore, e la sicurezza anche.

E il riscaldamento privato? Con degli incentivi per rinnovare gli impianti forse più persone sarebbero spinte a sostituire quelli obsoleti, adesso non sono certo in molti a poterselo permettere!

Ecco, fatemi vedere che si stanno facendo passi seri in queste direzioni e che non è solo aria fritta. Io fino ad allora la macchina la uso quanto mi pare.

a. Perché l'autore della lettera pensa che le domeniche a piedi siano inutili?

_____

_____

b. Che cosa si dovrebbe fare, secondo l'autore, per migliorare il problema dell'inquinamento?

_____

_____

1b **Rileggi il testo e sottolinea i verbi al congiuntivo.**
Rifletti sull'uso del congiuntivo imperfetto e completa.

> Il congiuntivo imperfetto si usa quando nella frase principale ci sono verbi o espressioni di opinione al tempo _____ e per esprimere _____ .

1c Con l'aiuto dell'insegnante, prova a ricostruire la coniugazione del congiuntivo imperfetto.

	miglior-**are**	prend-**ere**	serv-**ire**
io	miglior-ass-i		
tu			serv-iss-i
lui/lei/Lei		prend-ess-e	
noi	miglior-ass-imo		
voi		prend-est-e	
loro			serv-iss-ero

	essere
io	
tu	fossi
lui/lei/Lei	
noi	
voi	foste
loro	

Per le forme irregolari dei verbi *fare, dire, dare, stare*, vedi la sintesi grammaticale in appendice.

1d Leggi l'esempio e rifletti. Completa la regola.

Se si <u>potenziassero</u> i mezzi pubblici, la macchina <u>sarebbe</u> meno conveniente.
        (condizione)   (conseguenza)

Per esprimere una ipotesi possibile (ma difficile da realizzare) si usa
SE + _____ + _____

1e Leggi il *vademecum* dell'Eni per il risparmio energetico (p. 33, attività 2) e forma delle frasi come nell'esempio.

SE	non lasciassimo gli elettrodomestici in stand-by

RISPARMIEREMMO ENERGIA E DENARO!

1f Completa liberamente le frasi formulando un'ipotesi.

1. Se _____ , più persone userebbero la bicicletta.
2. Se _____ , le nostre spiagge sarebbero più pulite.
3. Se _____ , potrei partire per un lungo viaggio.
4. Se _____ , avremmo più tempo libero.
5. Se _____ , i bambini avrebbero più spazi per giocare all'aperto.
6. Se _____ , saremmo tutti più felici.
7. Se _____ , andrei a vivere all'estero.
8. Se _____ , le città sarebbero più sicure.

E 11, 12, 13, 14 →

grammatica

grammatica

Congiuntivo presente e congiuntivo imperfetto

2a Completa il testo con i verbi al congiuntivo presente. Poi sottolinea i verbi da cui dipendono i congiuntivi e prova a ricordare con quali funzioni viene usato il congiuntivo.

Mia mamma si preoccupa molto dell'alimentazione, perché pensa che il cibo (*essere*) (1) _____ molto importante per la nostra salute. Così non vuole assolutamente che a casa nostra (*entrare*) (2) _____ patatine e merendine perché teme che ci (*fare*) (3)_____ male, e pretende che il babbo, che si occupa della spesa, (*comprare*) (4)_____ solo frutta e verdura biologiche. Papà però dice che sono preoccupazioni assurde, che secondo lui è giusto che (*abituarsi*) (5) _____ a mangiare di tutto senza esagerare. Gli sembra inutile che (*rinunciare*) (6) _____ a mangiare tante cose golose, o che si (*dovere*) (7) _____ fare tanta fatica per cucinare piatti laboriosi che si trovano già bell'e pronti. Non vi dico le discussioni! Io credo che mamma (*avere*) (8) _____ ragione e che babbo (*essere*) (9) _____ solo pigro e goloso, però mi dispiace che (*litigare*) (10) _____ tutti i giorni e preferirei che tutt'e due fossero un po' meno rigidi…

2b Ora trasforma il testo dell'esercizio 2a in un racconto al passato utilizzando l'imperfetto indicativo e congiuntivo, come nell'esempio.

Quando ero piccolo/a, mia mamma si preoccupava molto dell'alimentazione, perché <u>pensava</u> che il cibo fosse…

Frase principale	Frase secondaria
La mamma pensa **PRESENTE**	che il cibo sia importante. → **CONGIUNTIVO PRESENTE**
La mamma pensava **PASSATO**	che il cibo fosse importante. → **CONGIUNTIVO IMPERFETTO**

2c Completa le frasi seguenti utilizzando il congiuntivo presente o imperfetto. Sottolinea le espressioni che vogliono il congiuntivo.

1. Nonostante (*avere*) _____ idee diverse, Silvia e Maria vanno molto d'accordo.

2. Alla manifestazione di ieri Paolo non mi ha nemmeno salutato, ha fatto come se non (*esserci*) _____

3. Sono favorevole alle limitazioni del traffico, purché i sindaci (*informare*) _____ correttamente la cittadinanza.

4. Hanno messo un nuovo semaforo davanti alla scuola affinché i bambini (*potere*) _____ attraversare senza pericoli.

5. È possibile ridurre il traffico a condizione che si (*potenziare*) _____ i mezzi pubblici.

6. Prima che (*aprire*) _____ la pista ciclabile, andare in centro in bicicletta era molto pericoloso.

7. A fine settembre avevano già acceso i caloriferi, benché fuori (*esserci*) _____ ancora 20 gradi.

8. Il livello dell'inquinamento continuava a salire senza che gli amministratori (*prendere*) _____ alcuna iniziativa.

Esprimere la necessità o l'obbligo con la forma passiva

3ᵃ Osserva l'esempio e prova a completare la regola.

Dove si mettono le lattine?

Le lattine
| *si devono mettere*
| *devono essere messe*   *nella campana per l'alluminio.*
| *vanno messe*

Una regola, un obbligo, una necessità si possono esprimere:
– con il pronome _____ + verbo _____ alla 3ª pers. sing. o plurale + infinito
– con il verbo _____ + _____
– con il verbo _____ + _____

3ᵇ Trasforma le frasi utilizzando i verbi *dovere* e *andare*.

I rifiuti ingombranti si devono portare alla stazione ecologica.
I rifiuti ingombranti <u>*devono essere portati*</u> */* <u>*vanno portati*</u> *alla stazione ecologica.*

REGOLE PER LA RACCOLTA DIFFERENZIATA DEI RIFIUTI

❶ *Per occupare meno spazio le lattine si devono schiacciare e comprimere.*

❷ *Nella campana del vetro non si devono mettere le lampadine rotte.*

❸ *Dalle bottiglie di vetro si devono togliere tappi e coperchi.*

❹ *Si devono separare i diversi tipi di plastica.*

❺ *I cassonetti dei rifiuti si devono tenere chiusi.*

❻ *Per il ritiro, i bidoni dell'umido si devono lasciare fuori dalla porta il martedì sera.*

❼ *I tappi di plastica si devono raccogliere separatamente.*

3ᶜ Trasforma le frasi dalla forma attiva alla forma passiva, utilizzando i verbi *dovere* e *andare*. Fai attenzione al tempo dei verbi.

Dovranno chiudere il centro storico alle auto. → *Il centro storico dovrà essere / andrà chiuso alle auto.*

1. Devono ridurre i consumi di energia elettrica.
2. Non dovevano buttare quei rifiuti nel cassonetto.
3. Dovrebbero incentivare l'uso della bicicletta soprattutto nelle grandi città.
4. Penso che tutti dovrebbero fare la raccolta differenziata.
5. Dovranno installare dei pannelli solari sui tetti degli edifici pubblici.
6. Non devono usare la macchina per gli spostamenti in città.
7. La sera dovrebbero aumentare il numero degli autobus.
8. Se si vuole migliorare la qualità dell'aria in inverno si deve abbassare il riscaldamento.
9. Credo che si dovrebbero vietare i sacchetti di plastica.
10. Per l'umido dovevano usare i sacchetti di carta di mais.

 E 16 →

produzione libera

1 Città o campagna? (*Role play*)

In coppia. Siete due giovani fidanzati che stanno per sposarsi. Uno di voi vorrebbe andare ad abitare in campagna, l'altro preferisce vivere in città …
Scegliete uno dei due profili e cercate di trovare una soluzione.

STUDENTE A

Sei un medico e lavori part-time in uno studio in città. Stai per formare una nuova famiglia e vorresti vivere in campagna, perché pensi che lì i ritmi di vita siano meno stressanti. Inoltre in campagna la vita è meno costosa, e con l'affitto che tu e il tuo compagno pagate in città potreste avere una casa più grande. Ti piace vivere all'aria aperta, vorresti avere un giardino e soprattutto vorresti che i tuoi figli crescessero in un ambiente meno inquinato. Ci hai pensato a lungo e hai deciso che stasera ne parlerai con lui e farai di tutto per convincerlo…

STUDENTE B

Sei un architetto e lavori per il comune della tua città. Il tuo lavoro è impegnativo e spesso finisci di lavorare tardi, ma ti piace uscire la sera, soprattutto andare al ristorante o incontrare gli amici nei locali dove suonano musica dal vivo. La tua fidanzata però vorrebbe andare a vivere in campagna. Anche a te piace la vita all'aria aperta, ma adori la tua città, con la sua animazione, i negozi, i cinema, i locali... no davvero, la vita di campagna non fa per te!

2 Risparmiare energia.

L'Eni (Ente nazionale idrocarburi) ha lanciato una campagna di sensibilizzazione per il risparmio energetico (e la salvaguardia del pianeta Terra) e ha pubblicato un *vademecum* di 24 semplici consigli da seguire.
Leggi alcuni di questi consigli e discuti con un compagno: quali comportamenti ti sembrano più importanti? Quali già cerchi di seguire? Ci sono altri suggerimenti che daresti per ridurre i consumi?

I consigli dell'Eni per risparmiare energia

- Non lasciare gli elettrodomestici in *stand-by*.
- Usare lampadine a basso consumo.
- Installare i riduttori di flusso dell'acqua.
- Lavare in lavatrice a basse temperature (40/60 °C).
- Usare la lavastoviglie solo a pieno carico.
- Sostituire i vecchi elettrodomestici con apparecchi nuovi più efficienti.
- D'inverno tenere in casa una temperatura di 20 °C.
- D'estate limitare l'uso del condizionatore in casa.
- Usare correttamente l'aria condizionata in auto.
- Mantenere una velocità moderata in autostrada.
- Evitare di riscaldare il motore a veicolo fermo.

30PERCENTO CONSUMARE MENO GUADAGNARCI TUTTI · Eni

3 La conferenza.

A gruppi. Fai parte di un'associazione ecologista che ha deciso di organizzare una conferenza sui problemi legati all'inquinamento e al surriscaldamento globale. Per preparare l'incontro avete programmato una riunione in cui discuterete gli aspetti che volete trattare.
Elencate le ragioni e le fonti dei diversi tipi di inquinamento (vedi *Per capire*, esercizio 4b), date un esempio dei loro effetti sugli uomini e sull'ambiente naturale (animali, piante, fiumi, ecc.) e pensate a quali provvedimenti sarebbe opportuno adottare. Incaricate una persona del gruppo di prendere degli appunti.

Se volete, potete aiutarvi con queste parole chiave:

smog,
piogge acide,
rifiuti,
scarichi industriali,
scarichi domestici,
effetto serra,
buco dell'ozono,
sostanze tossiche,
disastro ecologico.

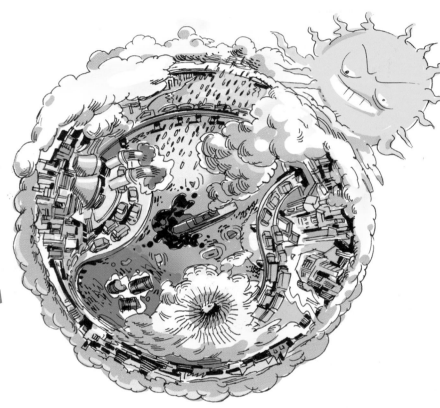

4 Eco-consigli.

A gruppi. Tu e i tuoi amici avete deciso di mettere sul vostro sito web alcuni consigli ecologici rivolti ai giovani. Avete discusso insieme il primo gruppo di eco-consigli, ora fatevi venire delle idee per gli altri!

3 ECO-CONSIGLI TRA AMICI

1. **Dividere è meglio!** Non hai bisogno di una Playstation tutta per te. Dividila con i tuoi amici, risparmierai energia per la produzione e... denaro per acquistarla!
2. **Scambiare è ok!** Organizza scambi di vestiti, CD, giochi per PC e scopri come le cose che tu non usi possono essere utili a qualcun altro. Anche così risparmi energia!
3. **Non uscire da solo!** Se proprio non puoi fare a meno di uscire con l'auto, riempila di amici! Ma ricorda che se ti sposti in gruppo, hai meno pericoli e meno spese … forse ti puoi persino permettere un taxi!

3 ECO-CONSIGLI per lo SHOPPING

3 ECO-CONSIGLI per VIAGGIARE

3 ECO-CONSIGLI per il TEMPO LIBERO

produzione libera

5 **La mensa scolastica.**

Fai parte di un comitato di genitori che ha deciso di invitare il comune ad utilizzare cibi biologici nelle mense scolastiche, come già si fa in alcune regioni italiane. Sei consapevole che si tratta di una scelta costosa per l'amministrazione comunale, ma hai individuato insieme agli altri genitori alcune ottime ragioni. Ecco l'elenco dei vostri punti forti:

- maggiore sicurezza nell'alimentazione dei bambini (assenza di pesticidi e sostanze chimiche dannose);
- frutta e verdura fresche e di stagione (perché sono vietati i coloranti e i conservanti);
- la carne non contiene antibiotici;
- la carne è più saporita e nutriente, perché gli animali mangiano cibi naturali;
- i prodotti sono controllati in ogni fase della produzione e certificati da organismi riconosciuti;
- maggiore rispetto dell'ambiente (non si usano sostanze tossiche o inquinanti).

Scrivi una lettera al sindaco della città spiegando le tue/vostre ragioni.
Prima di scrivere, progetta la struttura del testo, aiutandoti con i consigli nel box.

ARGOMENTARE CONVINCERE

Struttura del testo e espressioni utili:

- esporre la propria richiesta /posizione (tesi)
credo / ritengo che

- citare le ragioni dell'altro (antitesi)
mi rendo conto che / sono consapevole che

- elencare le proprie ragioni (vedi sopra):
in primo luogo / in secondo luogo / inoltre

- concludere e ribadire la propria posizione
quindi, pertanto

Egregio Sig. Sindaco,
sono un genitore...

Il Bel Paese

1^a **Immagina di essere l'inviato all'estero di una rivista ambientalista del tuo Paese. Raccogli le informazioni contenute nel rapporto del WWF e scrivi un breve articolo per il tuo giornale.**

AMBIENTE: ITALIA PROMOSSA CON RISERVA

Come ogni anno, arrivano le pagelle del WWF: è un bilancio in chiaroscuro, quello del 2007, con i vecchi problemi sempre in primo piano ma con alcuni elementi positivi che mostrano che il cambiamento potrebbe essere a portata di mano.

Il 2007 è stato l'anno in cui il disastro dei rifiuti in Campania ha portato un'accelerazione del rischio di inquinamento delle falde idriche e 141 mila ettari sono stati devastati dal fuoco (più 270% nel periodo gennaio-ottobre rispetto all'analogo periodo del 2006), ma anche

quello in cui l'Italia è stata nominata "nazione dell'anno" alla fiera internazionale del biologico a Norimberga e che ha visto una significativa crescita del verde protetto con l'istituzione di 4 nuovi parchi in Sicilia. Vediamo insieme alcuni dei punti positivi e negativi segnalati dal WWF.

IL MEGLIO DELL'ITALIA

TASK FORCE AMBIENTE
È nata una nuova struttura operativa della Forestale. Si dedicherà alla prevenzione e alla repressione dei crimini ambientali nelle aree protette nazionali o internazionali.

BIOEDILIZIA
Il decreto legge prevede: etichetta energetica per gli edifici, riduzione delle dispersioni termiche, obbligo del solare termico per il riscaldamento di almeno il 50% dell'acqua sanitaria.

CERTIFICAZIONI
L'Italia è ai vertici europei per numero di certificazioni ambientali di sistema e di prodotto: nel 2007 le organizzazioni certificate sono passate da 9067 a 11.505 (ISO 14001).

ANIMALI E NATURA
La lontra eurasiatica è tornata a popolare il fiume Sangro, dove era stata ritenuta scomparsa negli anni 1984-85.

EMERGENZA RIFIUTI
Solo nel Napoletano ci sono 15 mila tonnellate di rifiuti non raccolti. E in Abruzzo scoperta una discarica record, con migliaia di metri cubi di sostanze tossiche sepolte abusivamente.

INCENDIOMETRO
Circa 10.000 incendi nel 2007 (con danni per 650 milioni di euro) di cui il 65,5%, secondo la Forestale, di origine dolosa.

CENTRALI A CARBONE
I progetti di riconversione delle centrali a carbone di Civitavecchia e Porto Tolle faranno aumentare le emissioni di anidride carbonica di oltre 20 milioni di tonnellate.

ITALIANI IN CODA
Siamo secondi, dopo il Lussemburgo, per numero di auto circolanti rispetto alla popolazione residente. A livello mondiale solo gli USA hanno un tasso di motorizzazione più elevato.

ANIMALI IN PERICOLO
Preoccupante ripresa del bracconaggio. Strage di orsi nel Parco nazionale d'Abruzzo e decine di fenicotteri avvelenati dal piombo dei pallini da caccia caduti nei fondali del delta del Po.

IL PEGGIO DELL'ITALIA

L'abusivismo edilizio

L'espressione "abuso edilizio" si riferisce alla costruzione o alla modifica di edifici realizzate senza rispettare leggi e regolamenti. L'abusivismo in Italia, soprattutto negli ultimi 40 anni, ha provocato gravi danni al territorio, all'ambiente, alla convivenza civile e al concetto stesso di legalità.

2ª Prima di ascoltare una trasmissione radiofonica su questo tema, cerca di capire il significato di alcune parole chiave che verranno usate nel corso della trasmissione.

eco-mostro = edificio gravemente incompatibile con l'ambiente naturale circostante (perché devasta il paesaggio o altera l'equilibrio del territorio). In genere sono edifici costruiti almeno in parte illegalmente, quindi la giustizia può stabilire che vengano abbattuti. Il termine è stato utilizzato per la prima volta da Legambiente per descrivere l'Hotel Fuenti (vedi foto).

L'Hotel Fuenti, costruito sulla costiera amalfitana su una scogliera di tufo vicino alla Torre di Bassano del '500, è stato parzialmente abbattuto nel 1999.

condono = provvedimento del Governo, in genere in via eccezionale, tramite il quale i cittadini possono ottenere l'annullamento totale o parziale di una sanzione. Per sanare i fenomeni di abusivismo, lo Stato ricorre talvolta al condono edilizio: coloro che in passato hanno costruito o modificato illegalmente degli edifici possono autodenunciarsi e, pagando una multa, ritornare in condizioni di legalità.

speculare = sfruttare a proprio vantaggio, anche con mezzi illeciti, una situazione o un fatto per ottenere profitti personali. Nel campo dell'edilizia sono esempi di speculazione l'acquisto a poco prezzo di terreni agricoli che potranno diventare edificabili, oppure la costruzione di abitazioni di basso livello rivendute ad un prezzo maggiorato.

CD 1 t. 7

2ᵇ Ascolta più volte l'intervista al segretario generale del WWF e prendi appunti su questi aspetti:

● tipologie degli abusi edilizi;
● che cosa favorisce gli abusi in Italia;
● dove si trovano esempi di abusi edilizi (città, coste, ecc.);
● quali sono i rischi maggiori.

_____

_____

_____

_____

_____

_____

2ᶜ Ci sono nel tuo Paese esempi di abusivismo? Che cosa viene fatto per combatterli? Nel tuo Paese viene utilizzata la pratica del condono (fiscale, edilizio o di altro tipo)?

3a Leggi il titolo dell'articolo e prova a fare ipotesi sull'argomento trattato. Poi leggi il testo e rispondi alle domande.

Gli archeologi e le grandi opere
QUANDO L'ANFORA BLOCCA IL CANTIERE

Archeologia e grandi opere, dialogo difficile in una terra chiamata Italia. L'ultimo caso è quello del Pincio: un mega-parcheggio da 700 posti rischia lo stop per la scoperta di una cittadella romana di età imperiale rimasta sepolta per secoli. Il ritrovamento crea non pochi problemi al neosindaco: se dirà di sì, scatenerà le reazioni del Ministero dei Beni culturali, degli ambientalisti e di Italia Nostra, se dirà di no dovrà vedersela con i 10 milioni di euro di penale da pagare ai costruttori.

A Mestre, Venezia, dove i lavori per una nuova linea tranviaria sono fermi per il ritrovamento di reperti romani del VI secolo, il sindaco Cacciari ha pubblicamente sollecitato la Soprintendenza* perché sia presa al più presto una decisione sui reperti: "I lavori pubblici in Italia soffrono per mancanza di fondi e per l'ostilità dell'opinione pubblica. E per l'accanimento terapeutico dimostrato da certe Soprintendenze". La formula di Cacciari? "Usare la materia grigia. Se si trova la Venere di Milo, è ovvio fermarsi. Ma se ci imbattiamo in un muretto del '700… diciamolo, per favore, si può anche buttare giù".

A Milano, invece, si sono appena sbloccate, dopo mesi, le procedure per i parcheggi di piazza Meda (ritrovato un quartiere artigianale di età romana) e piazza XXV Aprile (bastioni spagnoli del '500): la Soprintendenza ha spostato e destinato a future

esposizioni i reperti, poi ha accettato che il progetto di piazza XXV Aprile prevedesse una vetrata per mostrare il muro.

Forse è questa la via, far dialogare contemporaneità con conservazione "inglobando" i reperti nelle opere? Ne è sicuro Massimiliano Fuksas, architetto e urbanista, che negli scavi della "sua" fermata Duomo della metropolitana di Napoli si è imbattuto in un tempio del I secolo a.C.: "Grazie a un costruttivo confronto con la Soprintendenza, si è deciso di smontarlo e portarlo a una quota visibile a tutti i visitatori. Intorno a questo "evento" abbiamo ricostruito la nuova stazione. L'archeologia non può essere una guerra di religione. È un valore. Come l'architettura contemporanea".

Ma esiste una soluzione al problema? Risponde Roberto Cecchi, non solo direttore generale del Ministero dei Beni culturali, ma anche commissario straordinario per la prosecuzione dei lavori delle metropolitane di Roma e Napoli: "È vero, talvolta in alcuni uffici emergono visioni estremizzanti, che tuttavia spesso si risolvono nei comitati tecnico-scientifici. L'importante è affrontare in tempo reale emergenze e criticità, creando un raccordo tra archeologia e ingegneria dell'oggi. Dobbiamo tutelare rispettando le valutazioni storico-artistiche, ma non possiamo incarnare l'amministrazione che tende a fermare lo sviluppo del Paese".

Un esempio in positivo? "Proprio la fermata della metropolitana di Fuksas. Sarà la più bella del mondo. I passeggeri, prima di viaggiare, cammineranno in un tempio romano… Splendido!".

(da *Corriere della sera*, 21 agosto 08)

---

* Le **Soprintendenze** sono organismi del Ministero dei beni culturali che si occupano della tutela e della valorizzazione del patrimonio archeologico, artistico e culturale del territorio.

1. Quali sono i casi di opere pubbliche bloccate da ritrovamenti archeologici?
2. Perché, secondo il sindaco di Venezia, i lavori pubblici vengono realizzati con molta fatica?
3. Qual è la soluzione proposta dall'architetto Fuksas?
4. Che cosa ne pensa il direttore generale del Ministero dei beni culturali?

3b Nell'articolo alcune opinioni sono espresse utilizzando delle metafore. Puoi rendere più esplicito il significato di queste frasi?

1. "Il lavori pubblici in Italia soffrono […] per l'accanimento terapeutico di certe Soprintendenze".
2. Bisogna "usare la materia grigia. Se si trova la Venere di Milo è ovvio fermarsi. Ma se ci imbattiamo in un muretto del '700 […] si può anche buttare giù".
3. "L'archeologia non può essere una guerra di religione".

Le *Giornate di Primavera* del FAI

Il Fondo per l'Ambiente Italiano, che si ispira al *National Trust* inglese, è la principale fondazione italiana *no profit* per la tutela, la salvaguardia e la cura del patrimonio artistico e naturalistico.
Ogni anno il FAI organizza le *Giornate di Primavera*, in cui tutti sono invitati a visitare centinaia di monumenti eccezionalmente aperti in tutta Italia, grazie alla collaborazione di 6000 volontari.

CD 1 t. 8

4 a **Ascolta una trasmissione radiofonica che presenta questa iniziativa e abbina i nomi delle città con i luoghi d'arte che saranno aperti nelle giornate del FAI.**

1. Roma (2)
2. Milano
3. Firenze
4. Bari
5. Messina
6. Palermo

Teatro Petruzzelli
Istituto di scienze militari aeronautiche
chiese di via Giulia
palazzi di piazza Bologna
Palazzo Mondadori
Palazzo Farnese (ambasciata di Francia)
cimitero monumentale

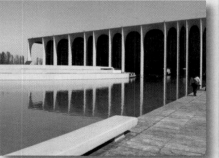

4 b **Riascolta le affermazioni del direttore generale culturale del FAI e rispondi.**

1. Spesso gli italiani considerano il patrimonio artistico
   - ☐ **a.** una ricchezza di tutti.
   - ☐ **b.** una proprietà dello Stato.
   - ☐ **c.** una risorsa delle istituzioni.
2. Lo scopo delle *Giornate di Primavera* è
   - ☐ **a.** mostrare l'abbandono e il degrado dei monumenti chiusi al pubblico.
   - ☐ **b.** raccogliere fondi per i restauri.
   - ☐ **c.** far scoprire e amare le bellezze artistiche, culturali e naturali meno conosciute.
3. Se i luoghi aperti richiamano molti visitatori
   - ☐ **a.** le amministrazioni pensano che ne potranno ricavare dei benefici.
   - ☐ **b.** i cittadini capiscono che sono importanti e imparano ad apprezzarli.
   - ☐ **c.** il FAI può chiedere alle amministrazioni di aprirli al pubblico.
4. Alcuni dei luoghi aperti dal FAI sono stati restaurati
   - ☐ **a.** dopo le giornate di sensibilizzazione del FAI.
   - ☐ **b.** prima di essere mostrati al pubblico.
   - ☐ **c.** grazie ai fondi raccolti dagli amministratori durante le visite.

Come cambia la società italiana

*In questa unità esplori alcuni aspetti della società italiana:
la famiglia allargata, i nuovi stili di consumo,
alcune storie di immigrazione. Impari a esprimere
un punto di vista personale, accordo e disacccordo.*

per cominciare

● **Leggi questi titoli di articoli di giornale. Quali corrispondono di più all'idea che hai della società italiana e quali ti sorprendono? Metti in comune le tue opinioni sui singoli temi con quelle dei tuoi compagni.**

TRENI, 4 SU 10 SONO IN RITARDO

EMERGENCY DIRITTO AL CUORE
Gino Strada: l'ultima campagna di Emergency per costruire un ospedale di cardiochirurgia in Sudan

LA SOCIETÀ ITALIANA

Nel Paese degli evasori chi paga le tasse è fesso e rompiscatole

FORZA LAVORO
Ecco dove senza immigrati l'Italia chiuderebbe

COPPIE, CRESCONO I FIGLI NATI FUORI DAL MATRIMONIO
ORMAI CONVIVENTI, SINGLE, GENITORI SOLI SONO IL 23% DEL TOTALE DELLE FAMIGLIE

TRA LE CAPITALI EUROPEE, ROMA HA UN RECORD: QUELLO DEL MINOR NUMERO DI OMICIDI

CENTRI COMMERCIALI E OUTLET UCCIDONO I NEGOZI DEL CENTRO

per capire

Allora andate a convivere?

1a **In coppia. Sei favorevole o contrario alla convivenza? Confrontati con un compagno.**

1b **Con l'aiuto dell'insegnante, spiega il significato di queste espressioni che troverai nell'ascolto:**
- cattolica *praticante*;
- coppie *di fatto*;
- matrimonio *civile*.

CD t.9

1c **Ascolta tre amiche che discutono del motivo per cui una di loro, Laura, ha deciso di andare a convivere con il suo fidanzato. Scegli la risposta che più si avvicina alle opinioni delle tre amiche, Paola, Laura ed Elena.**

1. **Paola** è convinta che la scelta di Laura
   - ☐ **a.** sia contraddittoria, perché Laura è cattolica praticante, ma convivendo va contro i principi della Chiesa.
   - ☐ **b.** sia solo una scelta di comodo, perché se poi le cose vanno male Laura può interrompere il rapporto senza conseguenze.
   - ☐ **c.** sia condivisibile, perché Laura non è credente e quindi è libera di provare a convivere.

2. **Laura** ha scelto la convivenza perché
   - ☐ **a.** pur essendo cattolica, pensa che la Chiesa debba adeguarsi alla nuova realtà sociale.
   - ☐ **b.** crede molto nella sacralità del matrimonio e quindi prima di sposarsi in Chiesa vuole essere sicura del passo che fa.
   - ☐ **c.** anche se è credente, pensa che sia giusto scegliere liberamente in base alla coscienza individuale e non agli insegnamenti imposti dalla Chiesa.

3. **Elena**
   - ☐ **a.** pensa che la Chiesa dovrebbe accettare la convivenza, perché così si eviterebbero i divorzi.
   - ☐ **b.** è stupita che tra i cattolici si sia diffusa la tendenza a divorziare o a convivere.
   - ☐ **c.** lamenta che in Italia alle coppie di fatto non siano riconosciuti dei diritti.

1d **Riascolta e annota altri argomenti a favore o contro la decisione di Laura.**

Paola pensa che _____

Elena pensa che _____

CD t.10

1e **Riascolta più volte questo frammento della discussione e completalo. Poi confrontati con un compagno.**

PAOLA: Allora andate a convivere?

LAURA: Sì, sì, sei contenta?

ELENA: Che bravi, bravi, Laura, sono proprio contenta.

PAOLA: (1) _____ _____, sono contenta se tu sei contenta, (2) _____ _____ _____ _____ mi sembra un po' in contraddizione con quello che è, insomma, il tuo credo, il tuo modo, il tuo pensiero, (3) _____, tu sei una cattolica praticante, e (4) _____ pensavo che ti saresti comportata diversamente.

LAURA: (5) _____ _____ contraddizione!? Non è una contraddizione!

PAOLA: Beh...

LAURA: (6) _____ perché sono cattolica e credo molto nel matrimonio, (7) _____ _____ sia sacro, che sia un vincolo che non si possa mai spezzare, voglio prima essere sicura di quello che sto facendo.

PAOLA: (8) _____ ti lasci una via d'uscita, insomma.

LAURA: Non è una via d'uscita.

PAOLA: (9) _____ .

Laura: Assolutamente, non è una via d'uscita.

PAOLA: (10) _____ .

E2 →

1f Tra le espressioni che hai inserito, quali esprimono:

a. un punto di vista personale: _____

b. un dubbio: _____

c. disaccordo: _____

d. una conclusione: _____

1g In gruppo. Verificate di conoscere il significato di questi aggettivi. Quali usereste per definire le tre amiche? Aggiungetene eventualmente altri.

anticonformista	bigotta	intollerante
intransigente	coerente	opportunista
polemica	responsabile	seria

E4 →

1h Leggi e fai un confronto con la situazione nel tuo Paese.

Confronto fra culture

Coppie di fatto

● **La situazione in Italia**

In Italia sono in forte aumento le coppie di fatto (anche dello stesso sesso) che decidono di convivere senza sposarsi in chiesa o in comune. Ciò nonostante non esiste in Italia una legge che riconosca dei diritti alle unioni fuori dal matrimonio (come per es. il diritto all'eredità, alla pensione di reversibilità, ecc.). Nel 2007 il governo di centro-sinistra ha approvato un disegno di legge che prevede dei riconoscimenti alle unioni di fatto (*DICO* = **Di**ritti e doveri delle persone stabilmente **Co**nviventi), che non è stato però sottoposto al voto parlamentare perché ha ricevuto forti obiezioni e critiche da parte della Chiesa cattolica. In attesa di una legge nazionale, alcuni Comuni e Regioni hanno istituito dei registri delle unioni di fatto.

● matrimoni religiosi	(1991) 87%	(2004) 77%	(2007) 66,3%
● matrimoni civili	(1991) 17%	(2004) 31%	(2007) 33,7%
● figli nati fuori dal matrimonio	(1994) 8,1%	(2005) 13%	(2007) 19%

● **La situazione in Europa**

Riconoscono dei diritti alle coppie di fatto:
Gran Bretagna, Paesi scandinavi,
Francia, Spagna, Germania, Belgio, Olanda.

per capire

I consumi degli italiani

2ª In coppia. Intervistatevi a vicenda sui vostri stili di consumo.

- Dove fai di solito la spesa?
- Compri prodotti biologici e del commercio equo e solidale?
- Che cosa non manca mai nel tuo paniere della spesa?
- Fai/hai fatto degli acquisti pagando a rate?

2ᵇ Leggi il testo e completa le tabelle con i dati mancanti.

Come cambiano i consumi in Italia e in Europa

Par. 1   Dall'ultimo rapporto Censis-Confcommercio, che fotografa l'evoluzione dei modelli di consumo in Italia e in Europa (Francia, Gran Bretagna, Spagna e Germania), emerge, in
5 modo evidente, il ricorso a modelli di consumo sempre più alla ricerca di un equilibrio tra qualità e prezzo.

Par. 2   Questa tendenza si manifesta innanzitutto nell'approccio che oggi le famiglie hanno nei confronti dei diversi canali distributivi. I centri commerciali sono divenuti, insieme ad ipermercati e supermercati, il più importante canale attraverso il quale gli intervistati effettuano i pro-
10 pri acquisti e si propongono non solo come punto di riferimento per i consumi, generalmente considerati più economici, ma come spazio d'aggregazione per i giovani e le famiglie. In questi super-luoghi convergono servizi, divertimenti e offerte per il tempo libero, e il comfort del cliente-consumatore è diventato la priorità per i gestori.

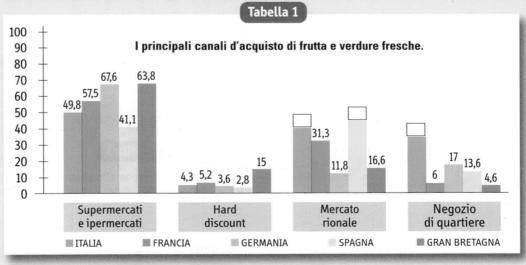

Tabella 1

I principali canali d'acquisto di frutta e verdure fresche.

Supermercati e ipermercati: ITALIA 49,8 — FRANCIA 57,5 — GERMANIA 67,6 — SPAGNA 41,1 — GRAN BRETAGNA 63,8
Hard discount: ITALIA 4,3 — FRANCIA 5,2 — GERMANIA 3,6 — SPAGNA 2,8 — GRAN BRETAGNA 15
Mercato rionale: FRANCIA 31,3 — GERMANIA 11,8 — GRAN BRETAGNA 16,6
Negozio di quartiere: FRANCIA 6 — GERMANIA 17 — SPAGNA 13,6 — GRAN BRETAGNA 4,6

▪ ITALIA ▪ FRANCIA ▪ GERMANIA ▪ SPAGNA ▪ GRAN BRETAGNA

Par. 3   Nonostante le preoccupazioni per il ruolo egemone che queste grandi superfici vanno assu-
15 mendo, l'indagine riscontra una marcata propensione degli europei alla multicanalità dei consumi. In tutti i Paesi analizzati, supermercati e ipermercati costituiscono il canale d'acquisto più frequentato (da ben 4 famiglie su 5) per quanto riguarda pasta, bevande, carne e cibi in scatola. Ma il piccolo negozio di vicinato e il mercato rionale mantengono ancora una certa importanza. In Italia, per l'acquisto dei prodotti freschi, il 39,2% delle famiglie sceglie i mercati (preferiti in assoluto da-
20 gli spagnoli, 42,5%), mentre un considerevole 31,5% si rivolge ai negozi di quartiere, che sono invece praticamente sconosciuti negli altri paesi (in particolare in Gran Bretagna e in Francia).

Par. 4   Particolari categorie di prodotti, come quelli provenienti dall'agricoltura biologica, quelli erboristici, quelli del commercio equo e solidale o i cibi etnici trovano nel nostro Paese un discreto livello di diffusione, ma per ora più contenuto rispetto alla Germania, Francia e Gran
25   Bretagna. Solo frutta e verdura biologica denotano una certa attenzione da parte dei consumatori italiani con un 42% di acquirenti saltuari e regolari, contro il 94% dei tedeschi che primeggiano anche nei prodotti erboristici e nei cibi etnici (76%). In Italia vi sono dunque dei segmenti della popolazione – soprattutto tra i trentenni – aperti al nuovo, sebbene i comportamenti innovativi si manifestino con lentezza e i consumi alimentari restino molto legati ai prodotti lo-
30   cali, tradizionali e alla riscoperta del buon vivere.

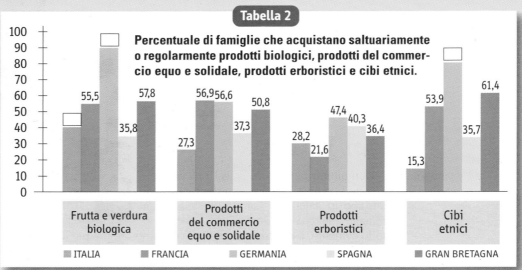

Tabella 2

Percentuale di famiglie che acquistano saltuariamente o regolarmente prodotti biologici, prodotti del commercio equo e solidale, prodotti erboristici e cibi etnici.

■ ITALIA   ■ FRANCIA   ■ GERMANIA   ■ SPAGNA   ■ GRAN BRETAGNA

Par. 5   Un ulteriore aspetto emerso dall'indagine del Censis è che negli ultimi anni le famiglie europee ricorrono in modo consistente a forme di pagamento rateizzato. La percentuale di famiglie europee che fa uso del credito al consumo è compresa tra il 30% e 40% della popolazione in tutti e cinque i Paesi (il primato spetta alla Gran Bretagna con il 38,5%), mentre più
35   variabile è la quota di quanti hanno contratto un mutuo (14,1% di italiani, contro il 38% della Spagna). Le ragioni del ricorso a questo strumento vanno dalla possibilità di spendere poco alla volta, senza intaccare i risparmi personali (per le famiglie italiane e britanniche), alla facoltà di fare acquisti che altrimenti non ci si potrebbe permettere.

Par. 6   Più che negli altri Paesi, in Italia pesa la percezione di una limitata disponibilità di reddito:
40   il 16% delle famiglie fa fatica ad arrivare alla fine del mese. Le difficoltà non sembrano essere dovute ai prodotti alimentari (che rappresentano solo il 19% della spesa mensile media), ma alle spese per la casa e più in generale al fatto che la nostra società impone il consumo come riconoscimento sociale. Oggi, per esempio, si pensa sia normale cambiare un cappotto all'anno e affrontare spese per la tecnologia o la cura del corpo che prima invece non esistevano.

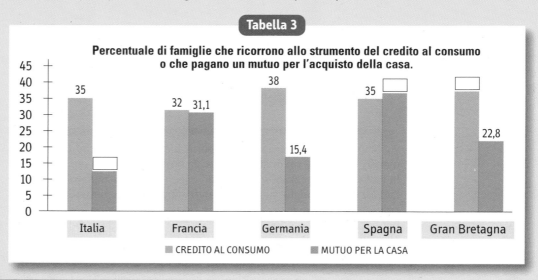

Tabella 3

Percentuale di famiglie che ricorrono allo strumento del credito al consumo o che pagano un mutuo per l'acquisto della casa.

■ CREDITO AL CONSUMO   ■ MUTUO PER LA CASA

per capire

2^c Rileggi il rapporto Censis di p. 43-44 e scegli quali delle seguenti informazioni sono presenti nel testo.

☐ **1.** Il rapporto Censis descrive i cambiamenti nel comportamento dei consumatori europei.

☐ **2.** Le famiglie europee tendono a fare gli acquisti sempre negli stessi posti.

☐ **3.** La preferenza per i centri commerciali è dovuta alla varietà dei prodotti.

☐ **4.** Per l'acquisto di prodotti freschi parecchi italiani vanno ancora al mercato.

☐ **5.** In Gran Bretagna e in Francia stanno scomparendo i piccoli negozi sotto casa.

☐ **6.** Gli italiani sono forti consumatori di frutta e verdura biologica.

☐ **7.** I tedeschi hanno il primato del consumo di prodotti alternativi (biologici, erboristici, etnici).

☐ **8.** Gli stili di consumo degli italiani sono caratterizzati da un *mix* di tradizione e innovazione.

☐ **9.** Una famiglia europea su due chiede prestiti alla banca per fare acquisti.

☐ **10.** L'Italia ha la percentuale più alta di famiglie che pagano un mutuo per comprare la casa.

2^d Basandoti sulle informazioni che hai letto e sui dati delle tabelle, scrivi una relazione in cui sintetizzi le tendenze di consumo degli italiani. Riassumi le informazioni principali procedendo per paragrafi.

2^e Trova nel testo di p. 43-44 un sinonimo dei verbi seguenti indicando la riga in cui si trova (attenzione: i verbi nel testo sono coniugati).

Paragrafo 1
  1. ritrarre bene r. _____
  2. risultare r. _____

Paragrafo 2
  3. esprimersi r. _____
  4. incontrarsi r. _____

Paragrafo 3
  5. verificare r. _____
  6. rappresentare r. _____

Paragrafo 4
  7. mostrare r. _____
  8. predominare r. _____

Paragrafo 5
  9. utilizzare r. _____
  10. consumare r. _____

Paragrafo 6
  11. contare r. _____
  12. obbligare r. _____

2f **Leggi le frasi che seguono, tratte dal testo di p. 43-44. Osserva gli aggettivi sottolineati che indicano una quantità. Dividili in tre gruppi a seconda che esprimano l'idea di "molto" (+++++), "abbastanza" (+++) o "poco" (+).**

1. I prodotti del commercio equo e solidale trovano nel nostro Paese un <u>discreto</u> livello di diffusione, ma per ora più <u>contenuto</u> rispetto alla Germania, Francia e Gran Bretagna.

2. Nonostante le preoccupazioni per il ruolo <u>egemone</u> che queste grandi superfici vanno assumendo, l'indagine riscontra una <u>marcata</u> propensione dei cittadini alla multicanalità dei consumi.

3. Ma il piccolo negozio di vicinato e il mercato rionale mantengono ancora una <u>certa</u> importanza.

4. In Italia per l'acquisto dei prodotti freschi il 39,2% delle famiglie sceglie i mercati, mentre un <u>considerevole</u> 31,5% si rivolge ai negozi di quartiere.

5. Un ulteriore aspetto emerso dal rapporto è che negli ultimi anni le famiglie europee ricorrono in modo <u>consistente</u> a forme di pagamento rateizzate.

6. Più che negli altri Paesi, in Italia pesa la percezione di una <u>limitata</u> disponibilità di reddito: il 16% delle famiglie fa fatica ad arrivare alla fine del mese.

+++++	+++	+

E7 →

2g **Completa con le parole derivate da *consumare*.**

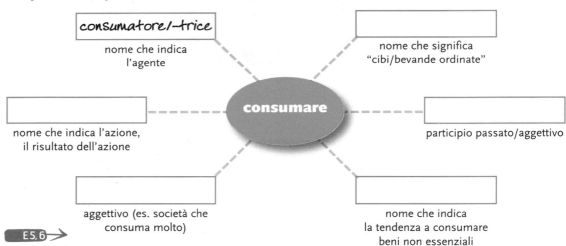

consumatore/-trice
nome che indica l'agente

nome che significa "cibi/bevande ordinate"

consumare

nome che indica l'azione, il risultato dell'azione

participio passato/aggettivo

aggettivo (es. società che consuma molto)

nome che indica la tendenza a consumare beni non essenziali

E5,6 →

2h **Completa le espressioni con le preposizioni adeguate e verifica nel testo di p. 43-44.**

1. il ricorso _____
2. provenienti _____
3. il 42% _____ acquirenti
4. 4 famiglie _____ 5
5. primeggiano _____
6. aperti _____

7. si rivolge _____
8. ricorrono _____
9. fa uso _____
10. fa fatica _____
11. essere dovute _____
12. sia normale _____

E19 →

per capire

Quando ho aperto l'attività ...

3ᵃ Quali domande faresti ad uno straniero, che vive e lavora nel tuo Paese, per conoscere la sua storia?

CD t.11

3ᵇ Ascolta la storia di una donna emigrata in Italia e scegli la risposta giusta.

1. Ingrid
   ☐ **a.** è brasiliana, è arrivata a Reggio Emilia dodici anni fa insieme alla madre.
   ☐ **b.** è brasiliana, è arrivata in Italia quando aveva quindici anni.
   ☐ **c.** è brasiliana, è arrivata in Italia perché nel suo paese non trovava lavoro.

2. Ingrid
   ☐ **a.** all'inizio ha avuto problemi, ma poi ha trovato un lavoro come parrucchiera in un negozio gestito da italiani.
   ☐ **b.** ha aperto un negozio da parrucchiera e all'inizio ha avuto problemi con la concorrenza italiana.
   ☐ **c.** ha aperto un'attività in proprio ma all'inizio ha fatto fatica con le pratiche burocratiche.

3. All'inizio
   ☐ **a.** i clienti uomini mostravano curiosità verso delle parrucchiere straniere.
   ☐ **b.** i clienti erano molto diffidenti e timorosi di entrare nel negozio.
   ☐ **c.** le clienti donne erano desiderose di conoscere delle parrucchiere brasiliane.

Rispondi:

4. Che consigli dà Ingrid agli stranieri che vogliono mettersi in proprio?
5. Che cosa manca a Ingrid del suo Paese d'origine?

E3 →

3ᶜ E tu conosci degli stranieri che vivono nel tuo Paese?

Confronto fra culture

Gli immigrati in Italia

- Com'è la situazione degli immigrati nel tuo Paese? (cifre, professioni, nazionalità, ecc.)
- Com'è la loro integrazione nella società?
- Sono molte le famiglie multietniche?

Immigrati regolari: 3.690.053 (il 6,2% della popolazione).
Immigrati occupati: 1.5 milioni (quota che potrebbe superare i 2 milioni includendo i lavoratori in nero, cioè non in regola).
Professioni: (in migliaia di unità): 30,5 addetti alle pulizie; 20,5 camerieri e assimilati; 11,7 manovali dell'edilizia; 11,5 muratori specializzati in pietra e mattoni; 8,0 commessi; 8,8 facchini.
Le comunità presenti: (in percentuale): Romania 15,1; Marocco 10,5; Albania 10,3; Ucraina 5,3; Cina 5,1; Filippine 3,1; Moldavia 2,7; Tunisia 2,5; India 2,5; Serbia e Montenegro 2,2; Bangladesh 2,1; Perù 2,1.
Età media dei lavoratori immigrati: 32 anni.
Dove vivono: 59,5% Nord; 26,7% Centro; 10,2% Sud; 3,6% Isole.
Matrimoni misti: 1 matrimonio su 7 unisce culture diverse.

Il congiuntivo passato

1ª **Leggi questo articolo che racconta la storia di una famiglia italiana e rispondi alle domande.**

"Faremo la famiglia DICO. Finora non ci siamo sposati per protesta"

Valentina Taccagni, 29 anni, impiegata e Francesco Bonomini, operaio, vivono assieme da poco più di tre anni. Aspettavano una legge che riconoscesse pieni diritti alle coppie di fatto e invece si trovano sul piatto l'offerta dei DICO*. "Certo sono un passo in avanti, però…". La più decisa è lei, che Francesco chiama "la mia compagna". "Secondo me, nove anni di convivenza per avere diritto all'eredità sono tanti. Tre anni per poter subentrare nell'affitto. Se ti sposi in chiesa o in comune, invece, non devi aspettare nemmeno un giorno. E non è che la coppia regolare resista in eterno: due sposi che conosco bene si sono separati al ritorno dal viaggio di nozze. Ma a parte questo, credo che qualcosa sia cambiato, che si sia fatto un passo importante verso un livello più alto di civiltà".
Valentina e Francesco non si sono sposati, né davanti al prete né davanti al sindaco, per una scelta precisa. "Solidarietà! Vede, noi l'abbiamo sempre pensata così: ci vogliamo bene, viviamo assieme e non abbiamo bisogno di nessun contratto. Al limite per avere il riconoscimento di qualche diritto – la pensione di reversibilità, l'avvicinamento al lavoro – avremmo potuto sposarci in comune. Ma abbiamo amici che non possono farlo perché sono omosessuali. Se loro non possono andare in Comune, non ci andiamo nemmeno noi".

Abitano a Fiorenzuola (Piacenza), 15 mila abitanti in tutto. "Anche in un paese, le convivenze non scandalizzano più nessuno. Ormai è normale. Per gli omosessuali, invece, è tutto diverso. Non possono certo passeggiare, mano nella mano, sotto i portici. Fino a ieri non potevano avere nemmeno un riconoscimento minimo, ma importante come quello dei DICO".
Non ci sono solo i DICO tra le novità di casa Taccagni-Bonomini. "Ad agosto nascerà una bambina" dice Valentina. "Sebbene l'amore per un figlio non abbia bisogno di timbri, io e Francesco discuteremo quale sia la scelta migliore, tra matrimonio civile e DICO, per tutelare la nostra bambina. Ora che anche le coppie omosessuali possono vedere riconosciuta la loro unione di fatto, cade il motivo della nostra protesta iniziale".

(adattato da www.liff.it)

* DICO = **D**iritti e doveri delle persone stabilmente **C**onviventi (vedi il box *Confronto fra culture* di p. 42).

1. Perché finora Valentina e Francesco non si sono sposati?
2. Che cosa sta facendo cambiare idea a Valentina e Francesco?
3. Che opinione hanno a proposito dei *DICO*?

1ᵇ **Sottolinea i congiuntivi in queste frasi tratte dal testo e rispondi alle domande.**

1. E non è che la coppia con tutti i crismi resista in eterno: due sposi che conosco bene si sono separati al ritorno dal viaggio di nozze.
2. Ma a parte questo, credo che qualcosa sia cambiato, che si sia fatto un passo importante verso un livello più alto di civiltà.
3. Sebbene l'amore per un figlio non abbia bisogno di timbri, io e Francesco discuteremo quale sia la scelta migliore, tra matrimonio civile e *DICO*, per tutelare la nostra bambina.

a. Perché viene usato il congiuntivo e non l'indicativo?
b. Perché nella seconda frase viene usato il congiuntivo passato e non quello presente?

grammatica

1c **Rifletti su come si forma il congiuntivo passato, poi ricostruisci la coniugazione e completa la tabella.**

Il congiuntivo passato è un tempo composto che si forma con ausiliare *essere* o *avere* coniugato al (1) _____ seguito dal (2) _____ del verbo.

congiuntivo passato			
Maria pensa	che io/tu/lui/lei/Lei	abbia studiato	sia partito /a
	noi		
	voi		
	loro		

1d **Trasforma queste frasi dall'indicativo al congiuntivo. Inizia la frase con l'espressione tra parentesi e scegli tra il congiuntivo presente o passato.**

1. La convivenza è un "matrimonio leggero" scelto da chi non vuole prendersi responsabilità. (*Non sono d'accordo che*)
2. Si sono separati al ritorno dal viaggio di nozze. (*Si dice che*)
3. La religione cattolica è contraria alla convivenza. (*È normale che*)
4. Gildo e Marina si sono sposati civilmente. (*Credo che*)
5. I *single* sono in aumento in tutte le regioni d'Italia. (*Non so se*)
6. Negli ultimi dieci anni i matrimoni tra italiani e stranieri si sono triplicati. (*Mi fa piacere che*)
7. La scuola italiana prevede ancora l'ora di religione cattolica. (*È incredibile che*)
8. La recente legge spagnola permette alle coppie gay di adottare un bambino. (*Mi sembra che*)
9. La tua amica, che va a messa tutte le domeniche, ha deciso di convivere. (*È strano che*)
10. Saverio, dopo tre anni di separazione, è ritornato a vivere con la moglie. (*Mi stupisco che*)

E 8, 10 →

1e **Leggi le due storie che seguono. Fai ipotesi su che cosa sia poi successo e su come si siano concluse, poi confronta le tue idee con un compagno. Usa queste espressioni:**

penso	spero	mi pare che
temo	mi sembra	immagino che

È la vicenda accaduta ad una coppia di giovani fidanzati. Lei aveva lasciato la famiglia in Sicilia ed era venuta a Milano per vivere con il futuro marito. I due, conviventi dal 2003, avevano già fissato la data del matrimonio, prenotato il ristorante per la cerimonia e soprattutto firmato il contratto per l'acquisto della casa. Il promesso sposo …

I signori Monaco si sono sposati nel 1987 e hanno avuto una bambina nel 2001. Dopo qualche anno si sono separati per incompatibilità di carattere e perché lui tradiva la moglie. La figlia è andata a vivere con la madre crescendo serenamente. Un giorno, la signora Monaco ha conosciuto e si è innamorata di un nuovo collega, anche lui separato e con un figlio sedicenne…

Superlativo relativo + congiuntivo

2ᵃ In coppia. Prima di leggere il testo, provate a rispondere a queste domande sulla popolazione italiana. Poi fate una lettura per verificare le vostre risposte.

- Quanti abitanti ha l'Italia? La popolazione è in crescita?
- In media quanti figli ci sono in una famiglia italiana?
- In Italia ci sono poche o molte persone anziane?

📖 Annuario Istat.it POPOLAZIONE

Tra i numerosi aspetti della società italiana che emergono dall'Annuario Istat, è di particolare interesse l'aumento della popolazione residente in Italia (59.131.287). Tale incremento si deve quasi esclusivamente agli immigrati, che sono circa 3 milioni, con una crescita rispetto all'anno precedente del 10%. Attualmente gli stranieri rappresen-
5 tano il 5% della popolazione totale, un valore quasi doppio rispetto al 2,7% del 2003. La fecondità delle donne italiane è salita a 1,35 (da 1,32 figli per donna nel 2005): si tratta del livello più alto che sia stato registrato negli ultimi anni. Tuttavia nell'UE a 15 il nostro Paese rimane uno dei meno prolifici che ci sia. Se invece si considera l'UE a 27, l'Italia supera molti paesi dell'Europa dell'est, che hanno livelli di fecondità decisa-
10 mente più bassi (es. 1,24 la Polonia).
Ancora in calo i matrimoni. Continuano a diminuire quelli celebrati con rito religioso, che si attestano al 66% del totale; la percentuale più alta di matrimoni in Chiesa si registra nelle regioni del Sud (79%).
Considerando i dati a livello internazionale, il nostro Paese è tra quelli più toccati dal
15 processo di invecchiamento della popolazione. Ormai un italiano su cinque è ultrasessantacinquenne e anche i "grandi vecchi" (dagli ottant'anni in su) sono in continuo aumento.

**2ᵇ Rileggi il testo e sottolinea tre superlativi relativi – di maggioranza e di minoranza – (es. l'Italia ha <u>la</u> popolazione <u>più vecchia</u> dell'UE).
Con quale modo è espresso il verbo della frase relativa che segue il superlativo?**

2ᶜ Costruisci delle frasi con il superlativo relativo (di maggioranza o di minoranza) seguito dal congiuntivo presente o passato.

L'educazione dei figli / compito / difficile / una famiglia / dovere affrontare. →
L'educazione dei figli è il compito più difficile che una famiglia <u>debba</u> affrontare.

1. È / lo spettacolo / divertente / loro vedere / quest'anno.
2. È / la collega / intelligente / io conoscere / nella mia carriera.
3. Roma / la città / caotica / io visitare / in Italia.
4. Le poste / servizio pubblico / efficiente / esistere / in Italia.
5. La Milano-Venezia / l'autostrada / intasata / esserci / in tutta la penisola.
6. *La meglio gioventù* / il film / interessante / io vedere / finora / sulla società italiana.
7. Il blocco dei TIR / è stato / lo sciopero / lungo / verificarsi / negli ultimi 10 anni.
8. L'assenteismo / il male / radicato / si (impersonale) osservare / tra i dipendenti pubblici.

grammatica

2^d In coppia. Raccontatevi:

2^d **In coppia. Raccontatevi:**

- la più grande gioia che abbiate mai vissuto;
- il regalo più sorprendente che abbiate mai ricevuto;
- lo scherzo più divertente che vi abbiano mai fatto;
- la paura più terribile che abbiate mai provato;
- la vacanza più avventurosa che abbiate mai trascorso.

La nascita di mio figlio è stata la più grande gioia che abbia mai vissuto.

In questa costruzione mai non si usa con la negazione.

Infinito passato

3^a **Leggi questo testo, tratto dal libro _Imbarazzismi_, che racconta una situazione di imbarazzo vissuta da un immigrato, e rispondi alle domande che seguono.**

"Bel negro, vuoi guadagnarti una monetina?"

(adattato da K. Komla-Ebri, _Imbarazzismi. Quotidiani imbarazzi in bianco e nero_, Edizioni dell'Arco, Marna)

Un giorno uscivo dal supermercato con mia moglie, che è italiana. Avevamo fatto tanta spesa da riempire due carrelli. **Dopo aver caricato** il tutto nel portabagagli della macchina, mi sono incamminato per riportare i due carrelli e recuperare la monetina, quando sentii dietro le spalle un "ssst!" accompagnato da uno schioccare di dita. Mi girai e vidi un signore sulla cinquantina farmi segno con l'indice di avvicinarmi, e abbozzare il gesto di spingere il suo carrello verso di me.

Lo guardai con un'espressione che mia moglie descrisse poi come carica di lampi e fulmini. Comunque il mio sguardo doveva essere eloquente, perché lo vidi prendersi il suo carrello e portarselo per conto suo.

Senz'altro, dopo aver visto il colore della mia pelle e il gesto d'affido dei carrelli da parte della mia signora, il "sciur" aveva fatto la somma deduttiva: negro + carrelli = povero extracomunitario che sbarca il lunario.

Tornando alla macchina, vidi la mia dolce metà, che conoscendo la mia permalosità, si contorceva dalle risate. Dopo essermi sfogato per la mentalità ancora poco multiculturale degli italiani, mi misi a ridere anch'io.

Ora ogni volta che andiamo a fare la spesa, lei mi spinge il carrello con voce scherzosa: "Ehi bel negro, vuoi guadagnarti una monetina?".

1. Dove si svolge questa scena di vita quotidiana?

_____

2. Che pregiudizio mette in luce?

_____

3. Come ha reagito il protagonista?

_____

4. Chi, secondo te, si è sentito imbarazzato?

_____

3ᵇ **Rileggi il racconto. Sottolinea due casi di infinito passato (come l'esempio in grassetto nel testo). Completa la regola e rispondi.**

L'**infinito passato** si forma con l'ausiliare *essere/avere* all'_____
seguito dal _____ . Si usa per esprimere un'azione compiuta che viene
_____ di un'altra.

Dove si mette il pronome con l'infinito?

a. Dopo essermi sfogato per la mentalità ancora poco multiculturale degli italiani, mi misi a ridere anch'io.
b. Lo vidi prendersi il suo carrello e portarselo via.

3ᶜ **Racconta queste storie di immigrati. Trasforma le frasi come nell'esempio usando l'avverbio *dopo* + infinito passato.**

1. Rashida, marocchina

   a. Ha frequentato le scuole superiori nel suo Paese **e poi** si è laureata in Scienze Economiche in Belgio.

   > **Dopo aver frequentato** le scuole superiori nel suo Paese, si è laureata in Scienze Economiche in Belgio.

   b. È ritornata in Marocco **e poi** ha assunto incarichi di responsabilità in importanti aziende ad Agadir.
   c. Si è sposata **e poi** è venuta in Italia.
   d. Ha lavorato come dipendente in diverse ditte a Como, Milano, Isernia **e poi** ha iniziato un'attività di trasporto merci conto terzi a Prato.

2. Marco Farfan, peruviano

   a. Ha trascorso tre anni in Spagna **e poi**, per amore di una donna italiana, si è trasferito in Italia.
   b. Ha fatto per 15 anni diversi lavori **e poi** è riuscito a risparmiare il denaro per avviare un piccolo punto di ristoro latino-americano a Torino.
   c. Ha perso la moglie in un incidente **e quindi** è tornato con i tre figli nel suo Paese.

3. Lala Ardian, albanese

   a. Ha fatto il servizio militare **e poi** ha lasciato il suo paese vicino a Valona alla volta della Grecia.
   b. È rimasto in Grecia per un anno **e quindi** si è trasferito in Italia con la moglie giovanissimo.
   c. Ha fatto il manovale in un'azienda edile a Pistoia **e poi** ha avviato una piccola impresa che conta oggi diversi dipendenti albanesi.

E 14, 15 →

produzione libera

1 **Lettera al giornale.**

Leggi queste due lettere pubblicate su una rivista nella rubrica "La parola ai lettori". Scegline una e scrivi una lettera al giornale in cui esprimi il tuo parere sul tema in discussione.

Gentile Direttore,

vorrei sollevare un argomento di discussione piuttosto delicato, sul quale mi rendo conto che le sensibilità possono essere molto diverse.

*Sono stata per un anno con un ragazzo! Inizialmente ci vedevamo una volta al mese, tenendoci in contatto attraverso Internet. Poi siamo andati a vivere insieme. Ma dopo solo due mesi lui mi ha lasciata, confessandomi, con molto imbarazzo, che è gay. A dire il vero, prima di mettermi con lui io l'avevo sospettato (ed anche le mie amiche lo pensavano). Però col tempo, dopo essere stati amici, lui si è messo con me! Lo so, non è una dimostrazione di nulla, ma ormai io pensavo che il mio dubbio non avesse più ragione di esistere. Ora provo un misto di sentimenti: rabbia, perché mi sento beffata, dolore per-*ché lui continua ad attrarmi fisicamente e per la dolcezza dei suoi modi, tenerezza per le sue difficoltà, insomma non so come affrontare la situazione. Potete aiutarmi dandomi dei consigli?*

Cari lettori,

il mio dilemma è il seguente: è possibile che un ragazzo e una ragazza che hanno condiviso tutto per anni, dopo la rottura della loro storia restino amici?

Mi chiedo come sia possibile che non riemergano quei sentimenti che si provavano prima l'uno per l'altro. Mi viene istintivamente da pensare che non si riesca a mantenere le distanze e che venga voglia di contatto fisico.

Cerco testimonianze di persone che siano rimaste in buoni rapporti con i loro ex…

Per esprimere il tuo punto di vista puoi aiutarti con le espressioni che seguono.

Punto di vista personale
Secondo me…
Sono convinto che…
Mi sembra/mi pare che…
È chiaro che…
Senza dubbio…

Dubbi
Mi chiedo se…
Può darsi che….
Sono piuttosto scettico…

Accordo ma con limitazioni / condizioni
Condivido il tuo parere tuttavia…
Mi rendo conto che… ma…
Sono d'accordo anche se in realtà…

Disaccordo
Non sono d'accordo con…
Non è ammissibile che…
Trovo questa presa di posizione inaccettabile…

Conclusione
In conclusione…
Concludendo…
Dopo aver esaminato i vari pro e contro…
Non esiste una risposta unica a questo problema…

E 20

2 I regali di Natale: a chi li facciamo e dove li facciamo? (*Role play*)

In gruppo.
Lavorate in tre.
Siete una famiglia formata da padre, madre e figlia diciottenne.
Stanno per avvicinarsi le feste natalizie e dovete decidere a chi
fare i regali e dove andare ad acquistarli.
Scegliete uno dei ruoli (che trovate in Appendice, p. S33)
e poi confrontatevi per trovare una soluzione.

3 Benessere a confronto.

Aiutandovi con Internet, fate una ricerca
sul benessere
nel vostro Paese di provenienza,
poi confrontate i risultati.

Quanto costa nel vostro Paese?
- un appartamento di 80 mq in città
- un litro di benzina
- un chilo di pasta
- un libro scolastico
- un biglietto del cinema
- un CD
- una vacanza di una settimana in un albergo
  2 stelle in una località turistica

Quant'è lo stipendio mensile?
- di un operaio
- di un impiegato
- di un insegnante di scuola superiore

E tu, di quanti soldi avresti bisogno per vivere bene e che cosa ne faresti? Se invece, per qualche
ragione, dovessi disporre di meno soldi di quelli che hai, a che cosa rinunceresti?

4 Vita da immigrato (indagine).

In gruppo. Fate parte della redazione di un giornale. State facendo un'inchiesta su come vivono
gli immigrati nel vostro Paese. Preparate un questionario per raccogliere informazioni. Ecco
alcuni spunti di temi che potreste indagare:

- ragioni dell'emigrazione;
- casa e famiglia;
- lavoro;
- relazioni sociali e tempo libero;
- rapporti con la comunità d'origine;
- prospettive future.

 E17 →

5 **Razzismi a catena.**

> L'Unione Europea ha pubblicato una serie di storielle comiche per stimolare nei giovani la riflessione e la discussione sul razzismo. Con questa iniziativa intende combattere le discriminazioni fondate sul sesso, sulla razza, sull'origine etnica, sulla religione e le convinzioni personali su handicap o tendenze sessuali.

In coppia: guardate e ordinate queste storie a fumetti. Poi con tutta la classe mettete in comune quali sono gli stereotipi, i pregiudizi e le discriminazioni sugli immigrati che vivono nei vostri Paesi.

(*da Razzista io!?*, Ufficio delle pubblicazioni ufficiali delle Comunità europee, 1998)

Dossier  cultura

Italiani, brava gente?

Gli italiani e la solidarietà

1ª Confrontatevi in gruppo.

- Fai parte di qualche associazione di volontariato? Di che cosa vi occupate?
- Dai un contributo economico a qualche associazione di solidarietà?
- Conosci qualche associazione umanitaria italiana?

🔘 **CD** t.12

1ᵇ Ascolta questa intervista a Gino Strada, fondatore di *Emergency*, e completa il riassunto con le informazioni che riesci a capire.

Emergency è un'associazione umanitaria italiana, indipendente, nata a Milano nel 1994 per portare (1) _____ _____ gratuita e di alta qualità alle vittime civili della (2) _____ e della (3) _____ .
Oltre ad essere attiva in ambito (4) _____ , attraverso la costruzione di (5) _____ ,
posti di pronto soccorso, (6) _____ , ha attivato anche programmi di riabilitazione
sociale nelle (7) _____ e negli orfanotrofi.

I numeri di *Emergency*

14: _____   200: _____

10: _____   2.750.00: _____

51: _____

1ᶜ Collegati al sito Internet di *Emergency* (www.emergency.it) e fai una relazione (scritta o orale) su uno dei progetti (o campagne di promozione della pace) di questa associazione.

> "La medicina non è un affare, ma curarsi è un diritto universale". *Gino Strada*

1ᵈ Leggi questi dati, che riguardano il mondo del volontariato in Italia, e fai un confronto con la realtà del tuo Paese.

Il volontariato (dati Istat 2007)

- Il 9,2% degli italiani (dai 14 anni in poi) partecipa ad attività gratuite di volontariato.
- Più del 50% sono donne; 45 anni è l'età media di chi fa attività di volontariato.
- Il 16,7% degli italiani versa denaro ad associazioni umanitarie.
- 1,5 miliardi di euro vengono dati in beneficenza (le associazioni che danno più garanzia di trasparenza sono *Emergency* e *Medici senza frontiere*).

- A trainare la beneficenza sono soprattutto emergenze nazionali/internazionali, come per es. i terremoti.
- Esistono 13.000 associazioni attive di volontariato.
- Le nuove associazioni nascono per iniziativa di piccoli gruppi di cittadini (in media con non più di 16 persone) e le motivazioni politiche e religiose sono sempre meno importanti.
- È bassa invece la partecipazione ad attività politico-sociali: 6,2% ai sindacati, 3% ai partiti.

1e **In coppia. Leggete i titoli e provate ad immaginare le tre storie che vengono raccontate.**

In diretta dalla realtà
Tre storie di ordinario amore straordinario

LAURA PERASSI
LA PORTATRICE DI SOGNI

ADELAIDE MARTELLI
Con le carcerate da 46 anni

FRANCO CANNIZZARO
L'avvocato dell'Aids

1f **Metti in ordine queste tre storie e associa i titoli dell'esercizio 1e. Ogni storia inizia con le parti a colori ed è formata da tre paragrafi. Poi confrontati con un compagno. Discutete delle strategie e degli indizi linguistici che vi hanno guidati nella ricostruzione dei tre testi.**

1 Laura Perassi è una portatrice di sogni. La chiamano tutti Lauretta, ha 46 anni, è laureata in pedagogia, è nata a Milano ma ormai vive a Roma da tanto tempo. Lauretta trascorre cinque pomeriggi alla settimana al reparto di oncologia pediatrica del Policlinico Umberto I.

2 Sette figli e nove nipoti, Adelaide fa parte del *Vis* (Volontarie in carcere), un'associazione che dipende dalla Caritas romana. Potrebbe essere la volontaria con la maggiore anzianità in Italia. Fa questa vita da 46 anni e sono almeno 2000 le donne che ha aiutato.

3 L'avvocato nero del film *Philadelphia* ha un collega italiano. È un civilista romano, Franco Cannizzaro, difensore delle vittime dell'Hiv.

4 C'è una signora romana di 64 anni che ogni mattina oltrepassa il portone di Rebibbia*. Adelaide Martelli incontra le detenute del Sud America, in carcere soprattutto per traffico di stupefacenti.

5 Lì incontra una decina di bambini, impegnati nelle pesanti terapie, e si mette a raccontare loro delle fiabe. Attraverso le fiabe e il gioco è possibile far parlare i bambini delle loro paure.

6 Cinquantasei anni, moglie e tre figli, Franco, quando ha cominciato quest'avventura, non sapeva granché di Aids, ma poi ha imparato dagli altri volontari.

7 È lei il loro legame con l'esterno: per tutte compra libri e dentifrici, mantiene contatti con gli avvocati, i consolati e le famiglie rimaste oltreoceano.

8 Accanto alla consueta attività professionale, affianca l'impegno, puramente gratuito, di difesa legale dei sieropositivi. Volontario dell'*Anlaids* da otto anni, lotta contro le violazioni della *privacy* e contro le discriminazioni sul lavoro, tutti casi molto frequenti.

9 Spesso si identificano in un personaggio e questo li aiuta a parlare di sé, delle cose che li spaventano di più.

* Rebibbia è il nome di un grosso carcere che si trova a Roma.

2ª A piccoli gruppi. Quali sono secondo voi il peggior difetto e la miglior qualità degli italiani? Dopo aver discusso all'interno del vostro gruppo, fate un sondaggio nella classe e preparate un grafico con i risultati. Poi confrontate i vostri risultati con quelli di un'indagine fatta su un campione nazionale (cfr. in Appendice, p. S33).

2ᵇ Leggi l'articolo e scegli la risposta appropriata alle domande che seguono. Parti dal titolo e metti in comune ciò che già sai sul fenomeno di cui si discute.

NEL PAESE DEGLI EVASORI

OPINIONI
Il sale sulla coda
di Dacia Maraini

Il nostro è il Paese che evade di più le tasse fra tutti i Paesi europei. Si comincia dal venditore ambulante che "dimentica" regolarmente di darvi lo scontrino, si passa per l'idraulico o il meccanico che, se chiedete la fattura, vi aumentano il già carissimo servigio del 20-30%, si arriva al medico specialista, che vi chiede, primo di andare al suo studio privato anziché all'ospedale, perché da una parte aspettereste sei mesi e dall'altra potete essere visitati subito, e se poi chiedete una fattura, vi farà capire che la richiesta è inopportuna.

Si dice che gli stipendiati non evadono, ma è vero fino ad un certo punto, perché anche loro, appena possono, truffano lo Stato mascherando le proprietà e nascondendo i secondi lavori.

L'evasione è ramificata, diffusa in tutte le classi, in tutto il territorio, tanto diffusa da passare per normale. È normale che il notaio, d'accordo con gli acquirenti di una casa, compili due conti, è normale che il tassista non vi dia la ricevuta, è normale che un ristorante vi presenti un pezzetto di carta con una cifra esosa scritta a mano. Se protestate passate per un rompiscatole da tenere lontano, oppure per uno che non sta al gioco. Non sempre si ha voglia di fare l'eroe.

Questo comunque che cosa vuol dire? Che la maggioranza assoluta degli italiani non paga le tasse che dovrebbe pagare. E lo si è visto da come sono aumentati i gettiti appena la finanza si è fatta più severa. Se però qualcuno del governo pretende il pagamento di beni non dichiarati, come nel caso di alcuni noti campioni sportivi, passa per un tiranno assolutista. Come si permette? In effetti la pratica è talmente diffusa da passare per un diritto. Il diritto di frodare lo Stato. Da cui però poi pretendiamo che faccia funzionare le scuole, che faccia arrivare in tempo i treni, che faccia pulire le strade, che combatta la criminalità organizzata, che metta in galera chi compie reati, che paghi la ricerca, che fermi gli orribili incendi estivi con sempre nuovi aerei specializzati. Con quali soldi? E chi lo sa!

La contraddizione è talmente evidente da diventare comica. Ma anche tragica, purtroppo, perché qualcuno dovrà pure pagare l'enorme debito che abbiamo accumulato in anni di governi allegri e sciuponi.

(adattato da *Corriere della sera*, 28 agosto 2007)

1. Dacia Maraini pensa che l'evasione fiscale in Italia sia
   - ☐ **a.** un comportamento molto diffuso e praticato da tutte le classi sociali.
   - ☐ **b.** un comportamento abbastanza diffuso, in particolar modo tra i lavoratori autonomi.

2. L'evasione fiscale è vissuta dagli italiani come
   - ☐ **a.** la normalità, perché tutti la praticano.
   - ☐ **b.** una vergogna, perché si froda lo Stato.

2ᶜ Quali categorie professionali vengono citate nell'articolo come esempi di evasori fiscali?

3. Chi paga le tasse ed esige il rispetto della legalità viene considerato
   - ☐ **a.** un eroe da rispettare.
   - ☐ **b.** uno stupido e uno scocciatore.

4. Gli italiani sono
   - ☐ **a.** sfavorevoli ai controlli fiscali severi.
   - ☐ **b.** favorevoli ai controlli fiscali severi.

5. Secondo Dacia Maraini, gli italiani sono
   - ☐ **a.** incoerenti, perché non vogliono pagare le tasse ma pretendono servizi pubblici efficienti.
   - ☐ **b.** sfiduciati nei confronti di chi li governa.

2ᵈ In gruppo. Trovate uno slogan che convinca gli italiani a non evadere le tasse.

2ᵉ Fai una prima lettura orientativa del testo e rispondi alle domande.

1. L'articolo è
☐ **a.** una recensione.   ☐ **b.** un articolo di cronaca.   ☐ **c.** un articolo di opinione.

2. Di che cosa tratta *Nostra Eccellenza*?

Nostra Eccellenza. L'Italia che reagisce

Napoli invasa dai rifiuti, le polveri sottili che soffocano Milano, il traffico impazzito sulla tangenziale di Mestre: a volte le notizie che leggiamo sui quotidiani ci restituiscono un ritratto scoraggiante del nostro Paese. Ma per fortuna non tutta l'Italia è così. Ci sono anche realtà nascoste all'insegna dell'efficienza e dell'eccellenza, realtà che pochi conoscono e che risollevano il morale sorprendendo per la loro singolarità e la loro genialità.

È questa l'Italia di cui ci parlano Cirri e Solibello nel loro libro. L'Italia «che reagisce» ai problemi e alle difficoltà cercando nuove strade per migliorare la vita di ogni giorno: si tratta di soluzioni a volte dettate dal semplice buon senso, altre volte fantasiose, ma comunque sempre innovative e coraggiose. I conduttori di *Caterpillar*, programma *cult* di *Radio 2*, le hanno conosciute e presentate in undici anni di trasmissioni e ora le raccolgono in un libro che fa sorridere e al contempo riflettere.

I protagonisti sono sindaci, imprenditori, insegnanti, preti, vigili urbani, o semplici cittadini che di fronte a un problema non rimangono con le mani in mano. Come, per esempio, il sindaco di Verbania che, per combattere l'inquinamento degli autoveicoli e il traffico, ha deciso di lanciare una sperimentazione che ha dell'incredibile: in tutto il territorio del suo comune i cittadini possono viaggiare sui mezzi pubblici gratuitamente. Le risorse economiche per mettere in pratica tale progetto sono state trovate introducendo una microscopica addizionale IRPEF («in pratica a ogni verbanese il tutto costa circa dieci euro l'anno»). Oppure i vigili urbani di Scandiano, provincia di Reggio Emilia, che per incentivare la buona condotta degli automobilisti fanno le multe al contrario, «lasciando un bigliettino di ringraziamenti a chi parcheggia correttamente l'auto nei luoghi deputati e dentro le strisce». In questa travolgente carrellata compare anche Maurizio Zambrada, inventore di una «scuola che non ha bisogno di zaini in spalla». Contro il caro prezzi dei molti e pesanti libri di testo, l'intraprendente maestro elementare di Arco, provincia di Trento, ha pensato di ricorrere alla moderna tecnologia: per studiare e fare i compiti basta usare una semplice chiavetta USB.

Ecco un semplice assaggio di un'Italia migliore, più pulita, più efficiente e innovativa, un Paese che non appartiene necessariamente al mondo dei sogni, ma che ognuno può contribuire a realizzare come raccontano, divertendo e divertendosi, Cirri e Solibello.

(adattato da http://www.ibs.it/code/9788861900349/cirri_massimo/nostra_eccellenza.html)

2ᶠ Rileggi il testo e scegli la risposta giusta.

1. I *media* danno un'immagine dell'Italia
☐ **a.** demoralizzante.
☐ **b.** incoraggiante.

2. *Nostra Eccellenza* è
☐ **a.** una trasmissione.
☐ **b.** un libro.

3. Gli autori raccontano
☐ **a.** un'Italia nota.
☐ **b.** un'Italia alternativa.

4. *Nostra Eccellenza*
☐ **a.** fa divertire.
☐ **b.** deprime.

2ᵍ Rileggi il paragrafo in cui vengono raccontate le storie e completa la tabella.

Protagonista della storia	Provincia	Problema	Soluzione geniale/efficiente
1.			
2.			
3.			

2ʰ In gruppo. Quale di questi casi vi ha particolarmente colpiti e perché? Discutete con la classe e poi votate la soluzione che ritenete eccellente.

*In questa unità impari a conoscere le regioni italiane:
le caratteristiche geografiche, i prodotti tipici,
le differenze tra Nord e Sud.*

per cominciare

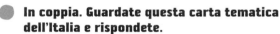

● **In coppia. Guardate questa carta tematica
dell'Italia e rispondete.**

● Quante sono le
regioni italiane?

● Cosa significano
queste parole
che descrivono
l'organizzazione del
territorio italiano?
Sapete trovare degli
esempi per ogni
parola consultando
la cartina all'interno
della copertina?
capitale
capoluogo
provincia
regione
comune

● Che differenze
produttive notate
tra Nord e Sud?

● Conoscete i prodotti
alimentari italiani
rappresentati?

per capire

Le regioni

1a **Quali regioni italiane conosci? Per quali caratteristiche sono conosciute? Prova ad elencarle in base alla loro collocazione geografica.**

ITALIA SETTENTRIONALE
_____
_____
_____
_____
_____

ITALIA MERIDIONALE
_____
_____
_____
_____
_____

ITALIA CENTRALE
_____
_____
_____
_____
_____

CD t.13

1b **Ascolta queste descrizioni di sei regioni italiane tratte da un programma televisivo. A quali regioni si riferiscono?**

1. _____   4. _____
2. _____   5. _____
3. _____   6. _____

1c **Riascolta le descrizioni e per ogni regione trova il maggior numero di informazioni su:**

1. territorio;   **2.** città principali;   **3.** qualità della regione.

1d **Completa la frase con l'aggettivo derivato dal nome corrispondente.**

    Le Alpi sono la catena (*monte*) *montuosa* più alta d'Italia.

1. Intorno ai principali laghi italiani ci sono molti bei paesini (*lago*) _____ .

2. La flora (*monte*) _____ è ricca di abeti.

3. La Campania è ricca di paesaggi (*mare*) _____ tra i più belli d'Italia.

4. Il fiume Po ha il bacino (*fiume*) _____ più lungo d'Italia.

5. La Toscana è una regione che ha dei bellissimi paesaggi (*collina*) _____ .

6. La Lombardia ha un territorio (*pianura*) _____ nella fascia meridionale.

7. Le montagne del Trentino-Alto Adige sono ricche di piccoli laghi (*Alpi*) _____ .

8. La Liguria è una piccola regione con un bellissimo paesaggio (*costa*) _____ .

E5 →

1e **In coppia. Descrivi ad un compagno le caratteristiche geografiche della tua regione di provenienza.**

 E1,3 →

Settentrionali e meridionali

2ᵃ **In coppia. A che cosa vi fa pensare il titolo di questa sezione? Discutetene insieme.**

CD t.14

2ᵇ **Ascolta questa intervista all'attore Gianfranco Jannuzzo. Prendi appunti sui diversi argomenti e confrontati con un compagno.**

Umorismo

Stereotipi Nord-Sud

Doti degli italiani

Caratteristiche dei settentrionali

Caratteristiche dei siciliani (e più in generale dei meridionali)

2ᶜ **Riascolta l'intervista e scegli tra gli aggettivi seguenti quelli usati da Jannuzzo per descrivere gli italiani del Sud.**

☐ aperti ☐ indolenti ☐ ospitali
☐ distaccati ☐ intelligenti ☐ pigri
☐ faciloni ☐ iperefficienti ☐ prudenti
☐ fatalisti ☐ leali ☐ schietti
☐ freddi ☐ orgogliosi ☐ sinceri

2ᵈ **Trasforma gli aggettivi in nomi scegliendo tra i suffissi seguenti. Costruisci una frase per ciascun nome.**

nessun suffisso   -tà   -ezza   -enza   -izia

fatalisti → *fatalità*
      L'incidente di Mauro è stato una tragica **fatalità.**

1. distaccati → _____
2. freddi → _____
3. indolenti → _____
4. intelligenti → _____
5. iperefficienti → _____
6. leali → _____
7. orgogliosi → _____
8. ospitali → _____
9. pigri → _____
10. prudenti → _____
11. schietti → _____
12. sinceri → _____

E6, 8 →

2 Riascolta l'intervista a Gianfranco Jannuzzo facendo attenzione ai segnali discorsivi; abbina le espressioni sottolineate alla funzione corrispondente.

a. Un piccolo saggio, <u>dai</u>, per piacere.
b. <u>Non lo so</u>, per esempio, anche tutti i dialetti diversi.
c. C'è l'orgoglio di essere siciliani, c'è l'orgoglio di essere veneti e <u>via dicendo</u>.
d. Abbiamo questa grande capacità di prenderci in giro che, <u>se ci pensi</u>, è una dote molto facilmente assimilabile a grande intelligenza.
e. Dobbiamo esserne anche abbastanza orgogliosi di questo, <u>no</u>?
f. Tu sei calabrese, no? Quindi <u>sai bene</u> di che cosa parlo.
g. Noi meridionali abbiamo sempre considerato i settentrionali freddi e distaccati, <u>in realtà</u> sono soltanto, secondo me, più prudenti.

1. sottolineare che questo elenco continua
2. esprimere un punto di vista, un disaccordo
3. cercare di convincere l'interlocutore
4. prendere tempo prima di iniziare a parlare
5. chiedere di riflettere
6. incoraggiare
7. cercare una conferma dall'interlocutore

Confronto fra culture
Lo sviluppo delle regioni

● Osserva questi dati sullo sviluppo delle regioni italiane. Gli elementi considerati nell'indagine sono l'ambiente, l'economia, l'inclusione sociale dei cittadini, le pari opportunità, l'istruzione e la cultura, la salute, la partecipazione sociale. Dai risultati emerge, in particolare, che il Trentino ha risultati eccellenti in ambiente e partecipazione, punti di forza per l'Emilia-Romagna sono invece la salute e l'istruzione. La Toscana ottiene il primato in economia e ottimi risultati in pari opportunità. Marche ed Umbria hanno uno sviluppo equilibrato, perché ottengono buoni risultati per tutti gli indicatori. A metà classifica si segnalano la Lombardia e il Veneto, con valori molto bassi per quanto riguarda l'ambiente.

● Com'è la qualità della vita nelle diverse regioni del tuo Paese? Quali sono le differenze più macroscopiche?

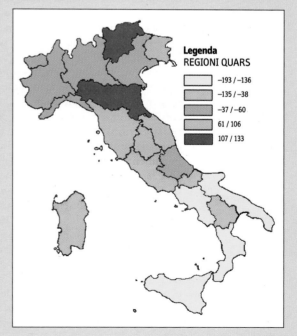

Classifica QUARS			
Trentino-Alto Adige	1.33	Abruzzo	0.28
Emilia-Romagna	1.18	Liguria	0.25
Toscana	1.06	Sardegna	−0.40
Marche	0.96	Lazio	−0.40
Umbria	0.90	Basilicata	−0.61
Friuli-Venezia Giulia	0.76	Molise	−0.87
Valle D'Aosta	0.60	Puglia	−1.36
Piemonte	0,47	Calabria	−1.46
Veneto	0.36	Sicilia	−1.50
Lombardia	0.36	Campania	−1.93

I sapori della cucina italiana

3a Leggi il titolo del testo dell'esercizio 3b e fai ipotesi sul suo contenuto provando a rispondere a queste domande.

- Che cos'è secondo te l'*Italian Eeating Style*?
- Quali sono i prodotti alimentari che meglio rappresentano il *Made in Italy*?
- Come sono considerati nel tuo Paese i prodotti alimentari italiani? Quali sono i più conosciuti? Di quale regione sono tipici?

3b Leggi il testo e verifica le tue ipotesi.

Al turista straniero piace l'ITALIAN EATING STYLE
Parmigiano, mozzarella campana e sambuca in testa alle preferenze

Par. 1 L'Italia e il cibo rappresentano un binomio inscindibile che, tra le tante caratteristiche nazionali, è
5 tra quelle più citate all'estero. Non è un caso dunque che i prodotti più tipici del *Made in Italy* facciano capo alla cucina e al vino, seguiti da cultura e
10 moda.

Par. 2 Chiunque oggi viva in Italia sa che qui il cibo è un fenomeno che va ben oltre la semplice alimentazione e che ricopre una
15 gamma di significati e di valori assai più ampia: è uno stile basato sul buon gusto, la ricercatezza e l'attenzione alla qualità intrinseca del cibo, in particolare quello legato alle tradizioni locali. Tra gli elementi che caratterizzano infatti la cucina italiana e il cosiddetto *Italian Eating Style* all'estero, c'è
20 proprio la presenza di prodotti e piatti regionali: non a caso siamo il Paese della dieta mediterranea, delle ricette della tradizione, dei prodotti controllati e garantiti.

Par. 3 25 Qualunque prodotto enogastronomico con un marchio italiano che venga venduto all'estero, viene percepito come prodotto di alta qualità, sano e con pochi grassi: non è un caso che in Germania la margarina si chiami "margarina italiana" e che le
30 contraffazioni alimentari di prodotti italiani siano in aumento in tutto il mondo (dal *Parma Ham* alla *Mozzarella Apache* prodotti in America).

Par. 4 La forza del *Made in Italy* enogastronomico italiano risiede principalmente nell'estrema varietà del-
35 le tradizioni locali che riflettono la varietà dei paesaggi, climi e tradizioni culinarie e che si traducono in centinaia di tipologie di formaggi, insaccati, paste, dolci, vini e prodotti tipici vari: l'Italia è infatti al secondo posto in Europa (dopo la Francia)
40 per numero di prodotti DOP (Denominazione di Origine Protetta) e IGP (Indicazioni Geografiche Protette) con ben 118 prodotti (prevalentemente formaggi, ortofrutticoli, oli d'oliva e salumi). E ancora il Ministero delle Politiche Agricole riconosce

45 3149 prodotti agroalimentari tradizionali ripartiti in tutte le regioni italiane (svettano Toscana, Veneto e Piemonte con 365, 349 e 320 prodotti rispettivamente). Questa varietà di prodotti si traduce anche a livello sociale e conviviale in un numero im-
50 precisato di fiere e sagre alimentari che ogni anno si svolgono in tutta Italia e che contribuiscono, a loro volta, a rinforzare l'identità locale di quel territorio (tra le più famose la sagra del mandorlo in fiore in Sicilia, del tartufo e della castagna in
55 Umbria e in Toscana).

Par. 5 Ma quali sono i prodotti Italiani (quale che sia la regione di provenienza) più apprezzati all'estero e cosa piace tanto ai turisti stranieri dell'*Italian Eeating Style*? Una ricerca afferma che piace sem-
60 pre più mangiare *Made in Italy*, meglio ancora se si tratta di prodotti biologici DOC (Denominazione di origine controllata) o DOP.

Par. 6 Dal campione di 350 turisti intervistati è emerso che, tra i cibi, ai primi posti si piazzano, rispettiva-
65 mente il parmigiano-reggiano (54% di preferenze), la mozzarella di bufala campana (48%), la pasta fresca (tortellini, agnolotti, ravioli) prodotta sempre in Emilia-Romagna (44%), le arance della Sicilia (39%) e il Grana
70 Padano (30%); poi di nuovo un prodotto emiliano come il prosciutto (28,5%), la pasta trafilata in
75 bronzo, in particolare quella pugliese (23%), e il pecorino romano (17%). A seguire tutte le altre prelibatezze del *Made in Italy*:
80 il peperoncino calabrese, i taralli baresi, il pane di Altamura, l'olio toscano e umbro, la fontina della Val d'Aosta e l'aceto balsamico di Modena, i cannoli e i pomodori pachino siciliani.

Par. 7 Se il vino italiano rimane sempre tra i preferiti al-
85 l'estero, tra le altre bevande che meglio rappresentano l'Italia ci si imbatte nella sambuca Molinari di Civitavecchia, seguita dal Malvasia di Asti, dal Mirto sardo e dal limoncello di Capri.

3ᶜ Rileggi il testo, indica se le informazioni seguenti sono vere o false e correggi quelle false.

V F

1. Il settore della moda è il più rappresentativo del *Made in Italy* all'estero. ☐ ☒
2. Per gli italiani la cosa più importante è che il cibo sia di buona qualità. ☐ ☐
3. La varietà nel cibo è un riflesso delle caratteristiche geografiche dell'Italia. ☐ ☐
4. L'Italia ha il numero più alto in Europa di prodotti con il marchio di qualità. ☐ ☐
5. In Italia ci sono molte fiere e sagre alimentari perché ogni regione ha numerosi prodotti tipici. ☐ ☐
6. Gli stranieri scelgono il cibo italiano perché ha un buon rapporto tra qualità e prezzo. ☐ ☐
7. La bevanda italiana preferita all'estero è il limoncello. ☐ ☐

E7 →

3ᵈ Conosci la cucina italiana? Qual è il tuo piatto preferito? Da quale regione proviene? Qual è la sua storia? Fai una ricerca *on line* e presentalo ai compagni.

3ᵉ Trova nel testo dell'esercizio 3b un sinonimo dei sostantivi e aggettivi seguenti (che qui trovi alla forma di base), indicando la riga in cui si trova.

Paragrafo 1   **1.** coppia   r. _____

Paragrafo 2   **2.** insieme   r. _____

              3. raffinatezza   r. _____

Paragrafo 3   **4.** che riguarda la cucina e il vino   r. _____

              5. falsificazione   r. _____

Paragrafo 4   **6.** salume   r. _____

              7. nome   r. _____

              8. relativo allo stare insieme mangiando   r. _____

Paragrafo 6   **9.** bontà   r. _____

3ᶠ Completa con le parole derivate da *festa*.

verbo che significa *fare festa*

festante
aggettivo - letterario che significa "che fa festa"

festa

aggettivo che indica un giorno non lavorativo

nome che indica una festa dal tono familiare ed informale

nome che indica un giorno di festa solenne (soprattutto di tipo religioso)

nome che indica una decorazione di carta colorata

nome / aggettivo che indica una persona che ama o organizza feste

3^g **Completa le espressioni con le preposizioni adeguate e verifica nel testo a p. 64.**

1. fare capo _____

2. basarsi _____

3. attenzione _____

4. non _____ caso

5. essere _____ aumento/diminuzione

6. la forza risiede _____

7. tradursi _____

8. essere al secondo posto _____ numero di…

9. contribuire _____

10. seguito/a _____

E 18, 19 →

Confronto fra culture

La sagra

C'è quella della pizza, dei maccheroni, del biscotto, del vino, del pesce, dell'immancabile gnocco fritto e persino del panino della nonna. Tutta l'Italia è un pullulare di sagre, celebrazioni per eccellenza della gastronomia locale: carni alla brace e fiumi di vino, da degustare tra bande paesane, canzoni *folk* e piattini di plastica.

L'Italia più tradizionale e festaiola si dà appuntamento nelle piazze di comuni e frazioni dai nomi sconosciuti. Le sagre, celebrazioni per eccellenza della gastronomia locale, sono centinaia.

● Conosci qualche sagra locale italiana? Ci sono sagre anche nel tuo Paese? In quali occasioni sono organizzate? Come si svolgono?

E2 →

Il futuro composto

1^a **Leggi la lettera tratta dalla rubrica "Italians" del *Corriere della sera* (uno dei più diffusi quotidiani italiani) e rispondi alle domande.**

1. Qual è il problema di cui si parla in questa lettera? _____

2. In quali occasioni l'autore ha notato i vari prodotti? _____

3. Con quale tono l'autore della lettera parla del problema? _____

Contraffazioni ENO-GASTRONOMICHE

Cari Italians,

uno dei settori in cui la creatività estera supera quella italiana è certamente quello della contraffazione enogastronomica. Per lavoro viaggio soprattutto in America del Nord e mi è spesso capitato di imbattermi in tantissime "patacche" alimentari, dai pomodori San Marzano coltivati in Argentina (?) alla "vera pizza italiana" condita con il *ketchup*. <u>Sarà sicuramente capitato</u> anche a voi: da qualche parte vi avranno probabilmente offerto una bella fetta di Cambozola e un bel bicchiere di frizzante Lambrino*. E sembra che contro i pirati di Parmigiano Reggiano & co. non ci sia niente da fare: se siete entrati in un qualsiasi super-mercato nordamericano vi sarete trovati di fronte a un *Romano Cheese* prodotto a San Paolo del Brasile o un Provolone del Wisconsin; avrete quasi certamente visto i nostri bei fusilli che prendono nome di "gemelli" e le penne che diventano "macaroni". E che dire della bot-tiglia di Chianti e Barbera *Made in California*? Forse non avrete avuto neanche il tempo

per stupirvi, perché a quel punto vi sarà caduto l'occhio e avrete notato una bella confezione di riso "Sorriso" (di cui in Italia non conosciamo l'esistenza). Che dire allo-ra? Forse, per una volta, potremmo dirci orgoglio-si di essere i palati più imitati nel mondo. Non ditemi però che il *Parma Ham* è canadese (come chiede una società americana): quando sarete finalmente venuti a Parma e avrete assaggiato il vero *Parma Ham*, sono certo, non avrete più alcun dubbio.

* Cambozola è probabilmente il nome di un formaggio che ricorda il famoso Gorgonzola italiano, così co-me Lambrino ricorda il frizzante vino rosso italiano Lambrusco.

1 **b** **Rileggi il testo e sottolinea i verbi al futuro composto (come nell'esempio sottolineato), poi rispondi alle domande.**

1. Come sono formati i verbi al futuro composto? _____

_____

2. Quali verbi al futuro composto in questo testo hanno la funzione di

    a. esprimere un'azione futura che succede prima di un'altra azione futura:

_____

    b. esprimere un'incertezza/ipotesi/previsione che riguarda un fatto del passato:

_____

3. A che cosa si accompagnano spesso nel testo i verbi al futuro? _____

_____

vi sarete probabilmente trovati;
avrete quasi certamente visto;
non avrete forse avuto.

 E14 →

1c **Questa è una versione al tempo presente della lettera dell'esercizio 1a.**
Trasforma i verbi tra parentesi al futuro semplice.

Quando vado all'estero mi capita spesso di imbattermi in tantissime "patacche" alimentari. Capiterà sicuramente anche a voi: da qualche parte vi (*offrono*) (1) _____ certamente una bella fetta di Cambozola e un bel bicchiere di frizzante Lambrino. Entrando in un qualsiasi supermercato vi (*trovate*) (2) _____ probabilmente di fronte a un *Romano Cheese* prodotto a San Paolo del Brasile, (*vedete*) (3) _____ quasi certamente i nostri bei fusilli che prendono nome di "gemelli". Quindi, sempre nel supermercato, presumibilmente vi (*cade*) (4) _____ l'occhio sui barattoli di pomodoro San Marzano coltivati in Argentina (?). Forse non (*avete*) (5) _____ neanche il tempo per stupirvi perché a quel punto (*notate*) (6) _____ una bella confezione di riso "Sorriso" (di cui in Italia non conosciamo l'esistenza).

E13 →

1d **Completa le frasi scegliendo tra futuro semplice o composto per esprimere ipotesi e previsioni.**

1. Quando sei andato in Liguria (*mangiare*) _____ certamente le trofie al pesto.

2. Quali specialità (*comprare*) _____ i turisti da portare a casa?

3. Che vino abbiamo bevuto a pranzo? Mah, (*essere*) _____ un bel bicchiere di Chianti.

4. Secondo voi quale (*essere*) _____ la sagra più bella dell'anno?

5. Se sei stato a Roma, (*assaggiare*) _____ sicuramente la pasta all'amatriciana.

6. Nel viaggio che hai fatto in Campania (*vedere*) _____ forse Pompei.

7. Se sei stato in Emilia-Romagna, qualche volta ti (*capitare*)_____ di mangiare una piadina.

8. Cosa (*mangiare*) _____ di tipico durante la vostra vacanza in Trentino?

9. Quale dolce (*comprare*) _____ gli italiani per Natale?

10. Chi ha portato questo *strüdel* di mele? L'(*portare*) _____ Paolo, è appena tornato dall'Alto Adige.

grammatica

1ᵉ **Descrivi questi itinerari enogastronomici usando i verbi tra parentesi al futuro semplice o composto con valore temporale.**

❶ ore 10:00 – a Spilamberto, visita del Museo dell'aceto balsamico (*visitare*): storia dell'aceto (*ascoltare*), degustazione dell'aceto (*degustare*).

> Alle 10:00 *visiteremo* a Spilamberto il Museo dell'aceto balsamico: *dopo che avremo ascoltato* la storia dell'aceto, *degusteremo* l'aceto.

❷ ore 12:00 – arrivo a Modena (*arrivare*): pranzo Festival del gusto (*pranzare*), visita caseificio (*visitare*).

_____

_____

❸ ore 14:00 – Vignola, rassegna del mosto in piazza (*partecipare*): cottura del mosto in piazza (*vedere*), visita alla rassegna del mosto cotto (*visitare*).

_____

_____

L'ACETO BALSAMICO TRADIZIONALE DI MODENA

❶ ore 9:00 – partenza per Rosano (*partire*): monastero benedettino (*fermarsi*), incontro con i monaci (*incontrarsi*) e visita del monastero (*vedere*).

_____

_____

❷ ore 12:00 – arrivo a Monteriggioni (*arrivare*): pranzo presso ristorante caratteristico (*pranzare*), visita ai vigneti (*andare a vedere*).

_____

_____

❸ ore 15:00 – Castelnuovo Berardegna (*fermarsi*): degustazione Chianti (*degustare*), acquisto prodotti artigianali in ferro battuto (*acquistare*).

_____

_____

COLLINE SULLA VIA DEL CHIANTI

❶ ore 10:00 – arrivo a Cascia (*arrivare*): Sagra dello zafferano (*fare un giro*) e visita botteghe artigiani (*dare un'occhiata*).

_____

_____

❷ ore 12.00 – sosta a Preci (*fare sosta*): pranzo con pappardelle al sugo di cinghiale (*assaggiare*), visita al Castello (*visitare*).

_____

_____

❸ ore 18.00 – Norcia (*fermarsi*): passeggiata per la città (*passeggiare*), degustazione del tartufo e del prosciutto di Norcia (*degustare*).

_____

_____

I PRODOTTI DELL'UMBRIA

Il passato remoto

2a **Leggi questa biografia e sottolinea i verbi al passato remoto.**

"Qui si fa l'Italia o si muore!"

Nacque a Nizza nel 1807 e giovanissimo si imbarcò per intraprendere la vita sul mare. Nel 1832 iniziò ad avvicinarsi ai movimenti patriottici europei ed italiani. Nel 1836 raggiunse Rio de Janeiro e lì si impegnò in varie imprese di guerra in America Latina. Nel 1848 tornò in Italia, dove nel frattempo erano scoppiati i moti di indipendenza, e nel 1849 fu l'anima delle forze repubblicane contro i francesi. Quando i repubblicani dovettero cedere al nemico, fu costretto ad abbandonare Roma, da dove raggiunse il territorio del Regno di Sardegna.

Tuttavia non abbandonò gli ideali unitari e nel 1858-1859 si incontrò con Cavour e Vittorio Emanuele, che lo autorizzarono a costituire un corpo di volontari. Nel 1860 fu promotore e capo della spedizione dei Mille*: salpò da Quarto (GE) il 6 maggio 1860 e sbarcò a Marsala cinque giorni dopo. Da qui iniziò la marcia trionfale per liberare completamente la Sicilia, poi fu la volta di Reggio Calabria e Napoli. Il 26 ottobre si incontrò a Vairano con Vittorio Emanuele e depose nelle sue mani i territori conquistati. Nasceva così il Regno d'Italia.

* Celebre episodio del Risorgimento italiano in cui un corpo di volontari, 1088 uomini e una donna, per la maggior parte lombardi (434), veneti (194), liguri (156), toscani (78) e siciliani palermitani (45), sbarcò in Sicilia occidentale e conquistò l'intero Regno delle Due Sicilie, patrimonio della casa reale dei Borbone.

Chi è la persona descritta nella biografia? Fai l'anagramma di queste parole e scoprirai il suo nome e cognome.

pseiuGpe lirbGdaia: _____   _____

2b **Trasforma al passato prossimo i verbi al passato remoto che hai sottolineato nella biografia.**

2c **Completa il testo a p. 71 inserendo i verbi che seguono al passato remoto.**

Il Gattopardo di Giuseppe Tomasi di Lampedusa è ambientato a Palermo a cavallo tra il 1800 e il 1900. Il romanzo narra la storia della decadenza di una nobile famiglia siciliana (i Salina), che ha sul proprio stemma un gattopardo. Angelica, la protagonista femminile del romanzo, in questo brano visita per la prima volta la famiglia del fidanzato Tancredi Salina e incontra Don Fabrizio (lo zio di Tancredi) che è il capostipite della famiglia Salina. Tancredi le ha spiegato bene come comportarsi con lui e Angelica esegue alla lettera le sue indicazioni.

grammatica

retrocedette	salì	si avvicinò	si gettò	sospirò	diede
furono	piantò	si attardò	giunse	arrossì	

La prima visita di Angelica alla famiglia Salina da fidanzata si era svolta regolata da una regia impeccabile. [...] Angelica (1) _____ alle sei di sera in bianco e rosa; le soffici trecce nere ombreggiate da una grande paglia ancora estiva sulla quale grappoli di uva artificiale e spighe dorate evocavano discrete i vigneti di Gibildolce e i granai di Settesoli. In sala d'ingresso (2) _____ lì il padre; nello sventolio dell'ampia gonna (3) _____ leggera i non pochi scalini della sala interna e (4) _____ nelle braccia di Don Fabrizio. Gli (5) _____, sulle basette, due bei bacioni che (6) _____ ricambiati con genuino affetto; il Principe (7) _____ un attimo, forse più del necessario, a fiutare l'aroma di gardenia delle guance adolescenti. Dopo di che Angelica (8) _____, (9) _____ di mezzo passo. "Sono tanto, tanto felice…" (10) _____ di nuovo e, ritta sulla punta delle scarpine, gli (11) _____ all'orecchio "Zione!".

➤ E9→

Il si impersonale

3ª In coppia. Guarda questi titoli di giornale che descrivono il Sud dell'Italia. Che cosa ti suggeriscono? Discuti con un compagno.

IL FILMFEST DI TAORMINA FA IL GIRO DEL MONDO.
Un piccolo giro del mondo attraverso film, incontri e lezioni di cinema

Voglia di mare, sognando la Sicilia
La cucina mediterranea non ha cambiato rotta: qualità immutata e conto moderato

SICILIA, SPARATORIA IN UN BAR: 150 COLPI
Ucciso un allevatore, cinque i feriti
I due sicari avrebbero aperto il fuoco con una pistola e una mitraglietta contro la vittima designata e tutti i presenti

Sud, metà famiglie a rischio povertà
600 mila emigrati al Nord in 10 anni

3ᵇ Leggi questo *abstract*, tratto da una tesi di laurea, sul modo in cui viene rappresentato il Sud in alcuni quotidiani italiani. Cosa pensi di questa proposta?

In questa tesi ci si domanda come 5 quotidiani (*Corriere della sera*, *la Repubblica*, *il Giornale*, *il Mattino* e la *Padania*) fotografino il Meridione. In particolare si cerca di analizzare come il Sud venga rappresentato rispetto a criminalità, disastri ambientali, federalismo e identità. L'immagine che ne esce è complessa e contraddittoria, come la realtà che rappresenta.
In genere ci si imbatte in rappresentazioni del Meridione non troppo lusinghiere: da un lato, è vero, c'è l'idea dell'allegria, del bel mare, della buona cucina e della cultura mediterranea; dall'altro si incontrano criminalità e disoccupazione.
Probabilmente, nell'idea che ci si fa del Mezzogiorno, la bilancia pende di più da quest'ultima parte. Si parla, però, di mali del Sud tristemente noti. Il Meridione invece è un posto in cui ci si vuole anche battere per la legalità, per un'economia sana e per sconfiggere la criminalità.
In questa tesi si cerca quindi di raccontare il Sud per quello che è, con i suoi mali e le sue ricchezze: non lo si vuole rappresentare in modo desolato (sottolineando solo fatti di cronaca nera), né, però, si evidenziano solo le bellezze di questa terra, magari a base di sole e mare: non è un giardino delle meraviglie, ma nemmeno uno sfasciume ingovernabile.

3c Rileggi il testo e sottolinea i casi di *si* impersonale (10). Come diventa il *si* impersonale quando la frase contiene un verbo riflessivo?

3d Completa le regole seguenti con esempi tratti dal testo.

si impersonale + verbo alla 3ª persona singolare _____

_____

si impersonale + verbo alla 3ª persona plurale _____

_____

ci impersonale + *si* riflessivo + verbo alla 3ª persona singolare _____

_____

3e Completa questo testo che parla ironicamente del "profondo Nord" con la forma impersonale corretta.

La "razza padana"

Come è cambiata la "razza padana"? Se (*sedersi*) (1) _____ insieme ai pendolari sul treno delle 6.50 Vigevano-Milano (*capire*) (2) _____ come è cambiata la "razza padana". Li (*dovere*) (3) _____ guardare in faccia sui loro visi pallidi con telefonini e computer all'assalto di quell'unico, grigio binario che li stiva come sardine e li spara verso la giungla metropolitana. Se (*lasciarsi*) (4) _____ trasportare da quel treno sporco e surriscaldato distante anni luce dal Sud, ma anche dalla Lombardia di 20 anni fa, (*capire*) (5) _____ molte cose. Su quel treno non (*vedere*) (6) _____ più i rocciosi metalmeccanici, ma (*incontrare*) (7) _____ solo giovani ansiogeni

già in rete via etere alle 7 del mattino, mani da pianista e valigetta ventiquattrore. Qui non (*avere*) (8) _____ un posto fisso. Alcuni sono superpagati, la maggioranza ha paghe da fame. Qui (*darsi*) (9) _____ da fare per cercare un nuovo lavoro almeno una volta all'anno. *Pony express* e geni del computer, agenti di cambio e camerieri, esperti di logistica e pulitrici *part-time*. Tutti autonomi e individualisti, temporanei e insonni, reperibili e competitori. Non (*chiedere*) (10) _____ regole, perché qui di regole (*morire*) (11) _____ , (*chiedere*) (12) _____ solo meno politica e meno Stato.

E 12 →

produzione libera

1 Il viaggio ideale. In coppia.

Quale sarebbe la vostra vacanza ideale in Italia? Cosa visitereste? In quali città fareste una sosta? Quanto tempo vi fermereste? (Avete un limite di tempo di 15 giorni e un budget di 2000 € a testa). Preparate una presentazione del vostro viaggio al resto della classe.

E 15 →

2 "Terroni" e "polentoni".

In gruppo. Dove e come si vive meglio? Ascolta le istruzioni dell'insegnante e preparati a difendere lo stile di vita meridionale o settentrionale.

E 10, 11, 16, 17 →

3 Il Paese in festa.

Sagre, feste di piazza e feste popolari: documentati *on line* su quelle più famose e diffuse in Italia e poi scrivi un articolo ironico per una rivista del tuo Paese, in cui racconti come il cibo diventa lo specchio di un popolo. Usa queste espressioni iperboliche: "fauci spalancate", "forchette sovraccariche", "piatti traboccanti", "carnevale della gola".

E 20, 21 →

4 Da dove vengo io...

Pensa alla tua regione/Paese di provenienza e scrivi una sua breve presentazione per un programma televisivo.

_____

_____

_____

_____

_____

_____

_____

_____

Dossier _cultura_

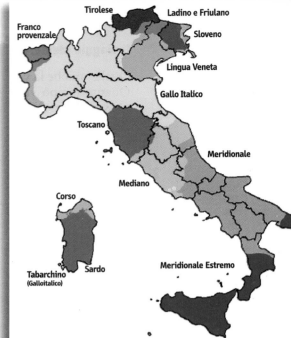

Tirolese
Franco provenzale
Ladino e Friulano
Sloveno
Lingua Veneta
Gallo Italico
Toscano
Meridionale
Mediano
Corso
Tabarchino (Galloitalico)
Sardo
Meridionale Estremo

Dialetti d'Italia

1ᵃ **Quali e quante lingue si parlano in Italia? Osserva questa cartina e discuti con l'insegnante e i compagni.**

CD t.15

1ᵇ **Ascolta questa notizia da un telegiornale sul tema dei dialetti.**
Indica se le affermazioni seguenti sono vere o false e correggi quelle false.

V F

1. I dialetti italiani sono moltissimi. ☐ ☐
2. I dialetti italiani sono vere e proprie lingue. ☐ ☐
3. Il sardo, il friulano e il ladino sono considerati delle lingue. ☐ ☐
4. Le grandi "aree dialettali" in Italia sono tre. ☐ ☐
5. L'italiano si è diffuso dopo l'unificazione d'Italia e soprattutto grazie alla TV. ☐ ☐
6. I dialetti italiani stanno morendo. ☐ ☐
7. Nell'italiano ci sono parole che derivano dai dialetti. ☐ ☐
8. Il 16% degli italiani non parla mai il dialetto. ☐ ☐
9. Le donne parlano meno il dialetto degli uomini. ☐ ☐
10. Il dialetto bergamasco e quello lucano sono tra i più simili all'italiano. ☐ ☐

1ᶜ **Riascolta la notizia e completa la cartina dell'Italia scrivendo un + sulle regioni in cui si parla maggiormente il dialetto e un − sulle regioni in cui lo si parla di meno.**

CD t.16

1ᵈ **Ascolta e leggi questi brani da film italiani. A quale varietà regionale di italiano appartengono?**

toscano   napoletano   milanese   veneto   romanesco   siciliano

Dove seo Zampanò! Vai, va' a ciamarlo! Ghe parlo mì! Ci parlo io.
Non c'è, è andato in città.
E va bene, ci parlerò dopo. Che paura che ti ga, non te magnerà miga! Qua semo tutti una fameglia. Se lavora tutti quanti insieme, tutto quello che ti impari s'è tanto de guadagnato.

Da _La strada_ – varietà: _____

Se ti sto dicendo che parto, parto. Me ne vado. Non ce la faccio chiù. Cioè chello che è stato, è stato, basta. Ricomincio da tre.
Da zero. Da zero. Ricomincio da zero.
Nossignore. Ricomincio da, cioè tre cose mi so' riuscite in da'la vita, perché aggio perdere pure a queste, c'aggio ricomincia' da zero? Da tre. Me ne vado, non ce la faccio chiù.
Gaeta', chi parte sa da che cosa fugge, ma non sa che cosa cerca.

Da _Ricomincio da tre_ – varietà: _____

Dossier

Signori, la notizia è ufficiale, i zio è rifallito.
No, quando?
Ora! 65 milioni di debiti. Questa volta non si ripiglia nemmeno con il Superenalotto. Te lo dico io.
Lo sapevo, lo sapevo, ma non m'hanno lasciato il tempo di farmi una clientela.
Ma quale clientela, rintronato. Ma che sa, una pinoleria!
Ma quanti pinoli tu credevi di vendere? Eh?
Beh, in effetti c'ha ragione. Certe idee, Arnaldo, le vengono solo a te.
Du' anni fa voleva aprire, come si chiamava?
La maschereria.
La?
Maschereria.
Ma vi rendete conto? Un negozio di maschere subacquee sul Monte Amiata. Ma vi rendete conto? C'è ducento chilometri tra il Monte Amiata e andare il mare.

Da *Il pesce innamorato* – varietà: _____

Ahò! Ma lo sai che sta a fa' proprio lo stronzo!
Oh ma guarda che ce sta' solo questo da guarda' oh! Ma che devo fa'!
Ah Ge, c'hai raggione, ma se non guarda questo, che guarda! Eh! Pure Mirko guarda, io mica m'encazzo.
Ma guarda che fa parte der personaggio er fatto che 'o guarda oh!
Enfatti.
È come 'na provocazione sceneggiata. Ecco 'a vedi ahò, mo' me sta a guarda' me.
'O vedi, questa punta a tutti, punta.
Sì, ma lui non 'a sta guarda' da allupato come 'a sta a guarda' te, capito?
Ma che sta' a di'!
Sto a di' quello che sto a di'.

Da *Viaggi di nozze* – varietà: _____

Sai quante volte mi sono detto chissà che fine ha fatto quel pirla là.
Eh, praticamente sono bloccato qui da tre anni, da quando è scoppiato il casino, no? Io non posso più tornare in Italia, se no appena mi vedono, mi blindano. Ma tu, piuttosto, cosa ci fai qua in India. Non dirmi che hai problemi anche tu, eh!
Beh, il mio avvocato mi ha consigliato una ventina di giorni di vacanza. Così sono partito. Poi ho trovato un gruppo di italiani, mi sono aggregato.
Sarà mica il gruppo della Cesira.
Sì.
Oh Madona d'un Signur.

Da *Anche i commercialisti hanno un'anima* – varietà:

_____

Il sole, il mare, i fichi d'India, Empedocle, Achimede. Purtroppo siamo famosi nel mondo anche per qualcosa di negativo, e per esempio, quello che voi chiamate piaghe. Eh, una terribile, e Lei sa a che cosa mi riferisco, è l'Etna, il vucano, che quando si mette a fare i capricci distrugge paesi e villaggi, ma iè una bellezza naturale. Eh, ma c'è un'altra cosa, questa è veramente una piaga grave che nessuno riesce e risolvere, Lei mi ha già capito, iè la siccità. Eh da queste pati la terra d'estate brucia, iessicca.

Da *Jonny Stecchino* – varietà: _____

1ᵉ In gruppo. Leggi queste introduzioni al fumetto *Asterix il gallico* in napoletano e piemontese. Sapresti tradurle in italiano? Confrontale con la versione italiana (Appendice, p. S33).

piemontese Ant l'ann 50 a.C. tuta la Gallia a l'era stàit ocupà da ij Roman... Tura? Nò! Un paisot dë l'Armorica abità da Galli fort com tut sostene ancora e sèper a l'invasion. E la vita al'è nen fàcil për le guarnigion legionarj Roman-e ant j'acampamant fortificà ëd Babaorum, Aquarium, Laudanum e Petitbonum...

napoletano Into 50 a.C. tutti a' Gallia e' occupat dai romani... tutta? No! Nu villaggi dell'Armorica abitat ra irriducibil Galli, resist ancora e sempe all'invasore. E a' vita nun e' facile ppe e' guarnigioni legionari romane negli accampamenti fortificati e' Babaorum, Aquarium, Laudanum e Petibonum...

Nel tuo Paese sono diffusi i dialetti? Nella tua famiglia si parla un dialetto? Pensi che sia importante mantenere il dialetto? Alcuni sostenitori dei dialetti propongono di insegnarlo seriamente a scuola. Lavora in gruppo, ascoltate le istruzioni dell'insegnante e preparatevi ad argomentare la vostra opinione.

Lingue minoritarie e regioni a statuto speciale

2ᵃ A gruppi. Quali lingue si parlano secondo voi in queste regioni? Discutetene.

Sicilia

Valle d'Aosta

Trentino-Alto Adige

Friuli-Venezia Giulia

Sardegna

2ᵇ Leggi il testo e completa con il nome della regione corrispondente.

Sicilia   Sardegna   Friuli-Venezia Giulia   Valle d'Aosta   Trentino-Alto Adige

Par. 1 La legge italiana, oltre alla lingua nazionale, l'italiano, riconosce ufficialmente solo altre tre lingue (il friulano parlato in Friuli-Venezia Giulia, il sardo in Sardegna, e il ladino in Trentino-Alto Adige); esistono però alcune zone bi-
lingui in Valle d'Aosta, in cui si parla anche il francese, in Friuli-Venezia Giulia, in cui si parla lo sloveno, e in
Trentino-Alto Adige, in cui si parla il tedesco. Queste regioni di confine, oltre ad avere lingue diverse dal resto del
Paese, sono peculiari anche da un punto di vista storico-culturale, tanto che, dopo la fine della seconda guerra
5 mondiale, sono diventate regioni a statuto speciale e godono, rispetto ad altre regioni italiane, di una certa autonomia in ambito amministrativo.

Par. 2 La _____ è stata la base delle operazioni aeree del Mediterraneo durante la seconda guerra mondiale e ha subìto pesanti bombardamenti; per questo nel 1944 la Giunta sarda si è trovata a discutere sulla necessità di ottenere l'autonomia per riparare i danni della guerra, autonomia che le è stata riconosciuta, anche se con
10 poteri limitati. La Regione può infatti adattare alle sue esigenze le leggi della Repubblica solo in materia di istruzione, lavoro, antichità e belle arti.

Par. 3 Il _____ invece ha ottenuto l'autonomia solo nel 1954 quando si sono stabiliti nuovi confini fra
Italia ed ex-Jugoslavia; in particolare, l'obiettivo dell'autonomia è stato quello di aiutare e incentivare lo sviluppo
della zona che era riconosciuta da tutti come poco sviluppata. A livello amministrativo si possono istituire norme
15 per la tutela e la promozione della cultura e della lingua friulana (che viene usata anche in atti pubblici).

Par. 4 Il _____ in molte sue aree condivide con l'Austria lingua e cultura; questa, infatti, è la più giovane
tra le regioni italiane, perché è entrata a far parte dell'Italia solo dopo la fine della prima guerra mondiale; durante l'epoca fascista nel suo territorio ci sono stati diversi problemi dovuti a pesanti tentativi di "italianizzazione" for-
zata, che hanno portato nel 1946 al tentativo di tutelare l'autonomia linguistica, culturale e amministrativa della re-
20 gione. La decisione è stata ufficialmente ratificata nel 1948, quando la regione è diventata autonoma e con statuto speciale proprio con l'obiettivo di garantire una convivenza pacifica tra le due etnie (italiana e austriaca).

Par. 5 La storia della _____ non è molto diversa, perché, anche in questo caso, durante il fascismo si sono verificati gravi problemi politici e culturali in seguito al forzato processo di italianizzazione. Per questo nel 1945
si è deciso di riconoscerle una speciale autonomia amministrativa "in considerazione delle sue condizioni geogra-
25 fiche, economiche e linguistiche del tutto particolari"; tra queste vi è anche l'uso libero della lingua francese, riconosciuta al pari di quella italiana.

Par. 6 Un caso a parte è invece rappresentato dalla _____ dove, dopo il 1945, si sono verificati frequenti
fenomeni di banditismo e movimenti separatisti che chiedevano a gran voce l'autonomia dall'Italia. La regione ha
oggi competenza esclusiva in alcune materie come industria e commercio, urbanistica, acque pubbliche, turismo,
30 tutela del paesaggio, conservazione delle opere artistiche e istruzione.

2^c **Scegli la risposta giusta.**

1. Le regioni a statuto speciale sono
   - ☐ **a.** totalmente autonome da un punto di vista amministrativo e linguistico.
   - ☐ **b.** parzialmente autonome da un punto di vista amministrativo e linguistico.
   - ☐ **c.** autonome solo da un punto di vista di scelta della lingua.

2. Le regioni a statuto speciale sono nate
   - ☐ **a.** dopo la fine della prima guerra mondiale.
   - ☐ **b.** durante l'epoca fascista.
   - ☐ **c.** dopo la fine della seconda guerra mondiale.

3. Le motivazioni alla base della creazione di tutte le regioni a statuto speciale
   - ☐ **a.** sono di tipo geografico e politico.
   - ☐ **b.** sono di tipo linguistico e amministrativo.
   - ☐ **c.** sono di tipo storico e culturale.

4. Gli eventi e le condizioni che hanno portato alla nascita delle diverse regioni autonome sono
   - ☐ **a.** sempre gli stessi.
   - ☐ **b.** diversi a seconda della regione.
   - ☐ **c.** tutti riconducibili alla seconda guerra mondiale.

5. Il fascismo
   - ☐ **a.** ha rispettato le differenze linguistico-culturali di queste regioni.
   - ☐ **b.** non ha rispettato le differenze linguistico-culturali di queste regioni.
   - ☐ **c.** non ha avuto nessun ruolo nel mantenere l'identità linguistico-culturale di queste regioni.

6. La regione che ha ottenuto più tardi uno statuto speciale è stata
   - ☐ **a.** il Trentino-Alto Adige.
   - ☐ **b.** la Valle d'Aosta.
   - ☐ **c.** il Friuli-Venezia Giulia.

7. Tra le motivazioni principali che hanno determinato il riconoscimento di regione a statuto speciale al Trentino-Alto Adige c'è il fatto che
   - ☐ **a.** i suoi abitanti siano di origine e cultura sia austriaca che italiana.
   - ☐ **b.** i suoi abitanti parlino il tedesco.
   - ☐ **c.** sia la più giovane regione italiana.

2^d **Trova nel testo dell'esercizio 2b il contrario delle parole seguenti (che qui trovi alla forma di base), indicando la riga in cui si trova.**

Paragrafo 1	**1.** monolingue	r. _____
	2. sottomissione	r. _____
Paragrafo 2	**3.** terrestre	r. _____
	4. illimitato	r. _____
Paragrafo 3	**5.** ostacolare	r. _____
	6. minaccia	r. _____
Paragrafo 4	**7.** volontario	r. _____
	8. turbolento	r. _____
Paragrafo 5	**9.** generico	r. _____
	10. obbligatorio	r. _____
Paragrafo 6	**11.** raro/occasionale	r. _____
	12. degrado	r. _____

2e **Anche nel tuo Paese ci sono situazioni simili? Com'è la situazione linguistica? Scrivi una breve relazione da presentare alla classe.**

5 unità

Media e dintorni

In questa unità scopri alcuni aspetti dell'informazione in Italia, discuti di libri e di programmi televisivi; impari a riferire le affermazioni di altri e ad usare il futuro nel passato.

per cominciare

● **Internet, televisione, radio, giornali: qual è il mezzo di comunicazione che preferite? Quale usate soprattutto per informarvi? E quale invece per rilassarvi o divertirvi nel tempo libero?**

● **A gruppi. Leggete il testo della canzone di Jovanotti. Come viene descritta la televisione? Siete d'accordo con l'immagine che ne dà il musicista?**

TELEVISIONE TELEVISIONE *(Jovanotti)*

(...) televisione, televisione fammi vincere un milione
televisione, televisione chi è che c'ha il più bel faccione
televisione, televisione tu che guidi la nazione
tu che dai l'informazione
tu che svolgi la missione verso tutte le persone
tu che sei la nostra chiesa e la nostra religione
tu che ci accompagni a cena a merenda e a colazione
televisione, televisione ...pubblicità!
(...) televisione, televisione io t'ho scritto una canzone
perché sei la nostra guida
non c'è media che ti sfida
tu fai stare tutti a casa e la gente guarda te
annullando ogni rapporto con il prossimo e con sé
e così un problema in meno quello di dover parlare
cosa resta ormai da fare che guardare ed ascoltare

● **Ora leggete la canzone di Eugenio Finardi sulla radio e confrontate vantaggi e svantaggi, difetti e qualità di questi due mezzi di comunicazione.**

LA RADIO *(Eugenio Finardi)*

Quando sono solo in casa e solo devo restare
per finire un lavoro o perché ho il raffreddore
c'è qualcosa di molto facile che io posso fare
accendere la radio e mettermi ad ascoltare
Amo la radio perché arriva dalla gente
entra nelle case e ci parla direttamente
e se una radio è libera ma libera veramente
piace anche di più perché libera la mente
Con la radio si può scrivere leggere o cucinare
non c'è da stare immobili seduti a guardare
forse è proprio quello che me la fa preferire
è che con la radio non si smette di pensare

per capire

Televisione, televisione

CD 1 t.17

1ᵃ Ascolta il dialogo e indica quali affermazioni sono corrette.

MILENA

☐ **a.** è andata a uno spettacolo teatrale
☐ **b.** è arrabbiata perché c'è disordine
☐ **c.** pensa che Leo sia diventato troppo pigro
☐ **d.** non guarda mai la TV

LEO

☐ **a.** sta guardando un programma sulla politica
☐ **b.** dice che sua madre non poteva tenere i bambini
☐ **c.** pensa che i programmi di Sky* siano interessanti
☐ **d.** propone a Milena di andare a teatro

* Sky è una *Pay-TV*.

1ᵇ Riascolta e annota quello che Milena e Leo dicono della televisione.

MILENA

LEO

1ᶜ Prova a fare delle ipotesi sul significato di queste frasi del dialogo. Poi verifica, abbinando ciascuna espressione della lingua colloquiale al suo significato.

1. guarda che casino
2. mi danno sui nervi
3. non si capisce un accidente
4. è sempre la stessa solfa

5. sei un pantofolaio
6. sì, hai voglia!
7. parli bene, tu!
8. non faranno più storie

a. casino
b. dare sui nervi
c. un accidente
d. solfa
e. pantofolaio
f. hai voglia!
g. parli bene, tu!
h. fare storie

☐ figurati!
☐ amante della vita abitudinaria e casalinga
☐ lamentarsi, brontolare
☐ confusione
☐ ripetizione noiosa e insistente
☐ per te è facile parlare!
☐ innervosire
☐ niente

CD1 t.18

1^d **Riascolta una parte del dialogo e inserisci le espressioni che mancano.**
Con l'aiuto dell'insegnante, rifletti poi sul loro significato.

L.: _____, non esagerare, _____ _____ _____ _____
teledipendente, e poi ci sono dei programmi interessanti, ben fatti, soprattutto su Sky…

M.: _____, _____, _____ Sky, è stata davvero un'idea geniale per i
bambini, 24 ore al giorno di cartoni animati… _____ _____ ci sono io a
discutere con loro tutto il giorno.

L.: Basta mettere delle regole.

M.: _____, _____ _____ ! Loro sanno che c'è sempre qualcosa per loro,
così appena hanno un momento vuoto vorrebbero accendere… _____ _____
è una battaglia senza fine, e _____ _____ !

L.: Sì, però ci sono anche dei programmi educativi, _____ . E poi non c'è tutta quella
pubblicità…

M.: Sì, _____ _____ _____ , _____ è molto più difficile
mettere dei limiti…

L.: Bisogna essere rigidi, stabilire dei tempi e farli rispettare: è passata la mezz'ora? Stop, si spegne!

M.: _____, _____ _____ _____ , poi le lagne le sento io però.

L.: _____ _____ , secondo me è solo un momento, è la novità, poi vedrai che
si abitueranno e non _____ _____ _____ …

M.: _____ …

E3 →

L'immagine femminile in TV

2^a **A gruppi. Pensa ai programmi televisivi che conosci: com'è la presenza delle donne rispetto
a quella degli uomini? Che tipo di trasmissioni vengono condotte dalle donne?
Com'è l'immagine della donna proposta dalla televisione?**

2^b **Leggi il testo e rispondi alle domande.**

Se siete protagoniste, indipendenti, autonome, mature di età e
di fatto, se lavorate in banca o nella pubblica amministrazione,
se vi vestite in modo discreto e non vi siete fatte notare per qualche fatto di cronaca violento allora NON SIETE IN TELEVISIONE!
5   È quanto emerge dall'indagine che il Censis ha realizzato, nel-
l'ambito del progetto europeo "Women and media in Europe",
sull'immagine della donna nella televisione italiana. Attraverso
l'analisi dei contenuti di 578 programmi televisivi d'informazione, approfondimento, cultura e intrattenimento sulle sette emit-
10   tenti nazionali (le reti pubbliche: Rai 1, Rai 2, Rai 3; Mediaset con
Italia 1, Canale 5 e Rete 4; La 7), emerge che la presenza televisiva delle donne nel settore dell'informazione è marginale, non
solo numericamente, ma anche dal punto di vista della qualità e
della varietà dei ruoli: l'immagine più frequente è quella della

10 "donna di spettacolo" (modelle, attrici, cantanti), oppure è legata alla narrazione di esperienze personali e di storie di vita, in genere nei programmi di costume, anche se si registra qualche celebre eccezione nei programmi di inchiesta (come ad es. *Chi l'ha visto* o *Report*). L'immagine della donna risulta polarizzata tra il mondo

15 dello spettacolo e quello della violenza della cronaca nera.
Sugli schermi televisivi, quando si parla di attualità, appare solo una donna ogni quattro ospiti: nei programmi di approfondimento il timone della conduzione è in mano agli uomini (63%), e se se le donne intervengono in qualità di "esperte" lo fanno soprattutto su

20 argomenti come l'astrologia, la natura e talvolta la letteratura (10,3%). Le trasmissioni più selettive sono quelle a carattere politico (*Otto e mezzo, Ballarò, Excalibur*), in cui gli ospiti sono prevalentemente uomini. Nell'informazione la donna compare soprattutto all'interno di un servizio di cronaca nera (67,8%), in una vicenda

25 drammatica in cui è coinvolta come vittima, e il suo intervento, in un servizio televisivo, dura fino a venti secondi nel 45,2% dei casi.
Anche negli spettacoli di intrattenimento il conduttore è più spesso un uomo (58%); se è una donna, lo stile di conduzione è ironico, malizioso e un po' aggressivo; i costumi di scena e le inquadrature

30 mettono in evidenza le qualità fisiche, e solo nel 15,7% dei casi sottolineano le abilità artistiche della donna.
Nei *reality show*, in particolare, le donne appaiono audaci, furbe e spregiudicate. Il genere che meglio descrive l'evoluzione della condizione femminile è la *fiction*, dove la donna viene rappresentata

35 come dirigente di distretti di polizia, medico e avvocato in carriera. Ma come sono le donne della TV? Belle, ricche e soprattutto giovani. L'indagine rileva che c'è una distorsione rispetto al mondo femminile reale: le donne anziane sono invisibili (4,8%), lo *status* socio-economico percepibile è medioalto, e solo nel 9,6% dei casi è

40 basso, mentre le donne disabili non compaiono mai. I temi a cui la donna viene più spesso associata sono quelli dello spettacolo e della moda (31,5%), della violenza fisica (14,2%) e della giustizia (12,4%); quasi mai invece alla politica (4,8%), alla realizzazione professionale (2%) e all'impegno nel mondo della cultura (6,6%).

1. Quali sono i ruoli che vengono in genere assegnati alle donne nei programmi televisivi?
2. Su quali temi vengono più spesso intervistate?
3. Com'è lo stile delle donne che conducono le trasmissioni? Quali sono le caratteristiche che vengono messe in evidenza?
4. Perché l'immagine della donna televisiva non corrisponde a quella della donna reale?

2 **Abbina gli aggettivi al significato che hanno nel testo.**

1. ironico
2. malizioso
3. aggressivo
4. audace
5. furbo
6. spregiudicato

a. astuto, intelligente e pronto
b. provocante, coraggioso
c. scherzoso, beffardo
d. vivace e furbo
e. libero da condizionamenti e pregiudizi
f. impetuoso, combattivo

Programmi televisivi

3ᵃ Inserisci i generi televisivi nella presentazione di alcuni popolari programmi televisivi italiani.

a. programma di attualità e approfondimento
b. programma di intrattenimento
c. programma di inchiesta
d. programma scientifico-culturale / documentari

e. talk show
f. telefilm (serie televisiva/fiction)
g. reality show

1

Otto e mezzo (La 7) si propone come _____ su politica e società. In ogni puntata agli ospiti vengono sottoposte diverse domande sulle principali notizie del giorno e su argomenti di politica, cultura ed etica. Il *format* propone due conduttori giornalisti dichiaratamente schierati politicamente. Giuliano Ferrara (direttore de *Il Foglio*) ha rappresentato per molto tempo l'uomo del centrodestra, mentre nel ruolo di "rappresentante" del centrosinistra si sono succeduti molti giornalisti, tra cui Gad Lerner, Luca Sofri, Barbara Palombelli e Ritanna Armeni.

2

Quark (RAI 1), ideato e condotto da Piero Angela a partire dal 1981, è il _____ di maggior successo della televisione italiana e sicuramente il più longevo. Il programma, il cui titolo riprende il nome della particella fondamentale della materia, propone i cosiddetti "viaggi nella scienza", costituiti da _____ e animazioni presentati con grande chiarezza e semplicità dal conduttore, con l'obiettivo di rendere la scienza e la tecnologia alla portata di tutti.

3

La squadra (Rai 3) è un _____ poliziesco in onda su Rai 3 dal 2000. La serie è ambientata a Napoli, nell'immaginario "commissariato Sant'Andrea". *La squadra*, che conta ormai più di 200 puntate, è stata la prima *fiction* poliziesca italiana a proporsi con un *format* americano (*The Bill*) in cui, anziché mettere a fuoco esclusivamente un personaggio, la scelta è di esplorare a trecentosessanta gradi ogni membro del *cast*. La serie è stata spesso giudicata verosimile anche dalla stessa Polizia.

4

L'isola dei famosi (RAI 2), è un _____ che riprende il *format* del programma *Celebrity Survivor!* Nell'*Isola dei famosi*, dodici concorrenti VIP devono riuscire a sopravvivere in un'isola deserta senza nessuna comodità (devono costruirsi un rifugio, accendere il fuoco, procacciarsi il cibo, ecc.). Ogni settimana, in diretta, si svolgono le *nomination* attraverso le quali i concorrenti vengono progressivamente eliminati.

5

Quelli che... il calcio (RAI 2) è un _____ a tema sportivo della domenica pomeriggio che segue e commenta in diretta le partite della serie A. Dalla stagione 2006-2007, la trasmissione si rinnova dal punto di vista contenutistico: oltre ad ampliare lo spazio dato alle *gag* comiche, vengono create rubriche di politica e attualità.

6

Che tempo che fa (RAI 3) è un _____ di costume e attualità con interviste ad ospiti italiani ed internazionali. Nonostante il titolo, le informazioni meteorologiche occupano solo un piccolo spazio di approfondimento di circa 5-10 minuti all'inizio della trasmissione e costituiscono l'occasione per fare considerazioni più ampie di carattere ecologico ed ambientale. Sulla scia degli analoghi programmi americani, sono presenti numerosi spazi per interventi comici e satirici.

7

Chi l'ha visto? (RAI 3) è un _____ in onda dal 1989 in prima serata e dedicato alla ricerca di persone scomparse e ai misteri insoluti. Dalla fine degli anni '90 la trasmissione ha avuto una significativa evoluzione, iniziando ad estendere le proprie indagini ad alcuni delitti e misteri di natura marcatamente sociale e politica.

per capire

3b A gruppi. Confrontatevi sui generi televisivi presentati nella pagina precedente. Quali sono i più amati nel vostro Paese? Quali sono i vostri programmi preferiti? Perché?

3c Trova nei testi (indicati dai numeri tra parentesi) le parole o le espressioni che hanno questi significati:

(2) che perdura a lungo: _____
    comprensibile a tutti: _____
(3) essere collocato in un determinato contesto: _____
    episodio: _____
(4) chi partecipa a una competizione: _____
    che viene ripresa e trasmessa contemporaneamente: _____
(5) battuta o scenetta che fa ridere: _____
    sezione ricorrente di un giornale o di una trasmissione: _____
(7) ricerca per raccogliere/scoprire informazioni: _____

3d Completa le espressioni con le preposizioni adeguate e verifica nei testi di p. 80 e p. 82.

Preposizioni

1. emergere _____
2. nell'ambito _____
3. dal punto _____ vista _____
4. essere in mano _____
5. essere coinvolto _____
6. essere associato _____
7. sottoporre _____
8. andare _____ onda
9. mettere _____ fuoco
10. essere costituito _____
11. essere _____ portata _____ tutti
12. estendere _____

3e Osserva alcuni dei significati del verbo *condurre*. Poi completa con le parole derivate.

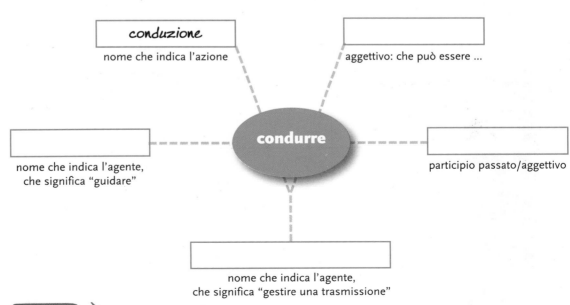

Condurre: – portare, accompagnare
– guidare (un veicolo)
– dirigere, gestire (un'attività, una trasmissione)

conduzione
nome che indica l'azione

aggettivo: che può essere ...

condurre

nome che indica l'agente,
che significa "guidare"

participio passato/aggettivo

nome che indica l'agente,
che significa "gestire una trasmissione"

E 2, 4, 15, 16, 18 →

Confronto fra culture

La "dieta mediatica" degli italiani

Leggi alcuni dati sull'uso dei *media* da parte degli italiani.

- Quale dato ti sorprende di più?

- Pensa all'uso che fai tu dei diversi *media*: corrisponde a quello degli italiani?

- Fai una piccola indagine sull'uso di Internet nel tuo Paese, poi confrontati con un compagno di diversa nazionalità.

(Dati tratti dal 41° Rapporto CENSIS sulla situazione sociale del Paese, 2008)

- Il pubblico televisivo aumenta (dal 94,4% al 96,4%): cresce soprattutto l'uso di tutte le forme di **televisione** digitale tra i giovani (TV satellitare 41%, TV via cavo 9,4%, TV via Internet 8,6%) e, anche se in misura minore, tra le persone con alti livelli di istruzione.

- La rivoluzione digitale ha dato una nuova giovinezza alla **radio**, che raggiunge il 77,7% della popolazione italiana. In prima fila la *Generazione Switch*, cioè i ragazzi che smanettano su cellulari, lettori Mp3 e computer, usando le diverse funzioni per modificare il loro ambiente mediatico. Qualche dato: il 94% dei giovani ascolta la radio soprattutto in auto (72,5%), preferibilmente da un lettore Mp3 (38,7%), oppure da Internet (16,9%) o dal cellulare (10,6%).

- Il **cellulare** resta lo strumento di comunicazione più diffuso in Italia dopo la televisione (86,4% complessivo, 97,2 dei giovani): la maggior parte degli utenti lo usa solo per le funzioni *basic* (telefonate e brevi messaggi), ma tra cresce sensibilmente tra i giovani l'uso delle funzioni *smartphone* (foto, filmati, connessione a Internet, ecc.).

- L'integrazione tra i *media* ne incrementa l'uso, anche tra quelli tradizionali: è aumentata infatti la lettura di **libri e giornali**, anche tra i giovani (il 52,9% dei giovani tra i 14 e i 29 anni ha letto almeno tre libri nell'ultimo anno).

Il piacere della lettura

RADIO 24 E FIERA INTERNAZIONALE DEL LIBRO DI TORINO

lanciano, in occasione della XXI edizione della Fiera, dedicata quest'anno al tema

"Ci salverà la bellezza", l'iniziativa "UN LIBRO CI SALVERÀ"

Quale libro ci ha soccorso nel periodo più doloroso della nostra vita? Quale ci ha aiutato a risolvere una situazione difficile? E quale ancora ci ha salvato una vacanza che stava prendendo risvolti terribili?

Per partecipare basta mandare una mail a: leggo@radio24.it o bellezza@fieralibro.it entro il 30 aprile 2008

 CD 1 t.19

4ª **Ascolta le interviste tratte dalla trasmissione *Un libro ci salverà* e completa la griglia.**

Intervistato/a	Professione	Libri o autori citati	Commenti sui libri
1. Sergio Cammariere		*Natura morta con picchio* di Tom Robbins	
2. Daria Bignardi		*Seminario sulla gioventù* di Aldo Busi	
3. Ernesto Ferrero		*Guerra e pace* di L. Tolstoj Italo Calvino Primo Levi	

per capire

4ᵇ Rispondi alle domande.

1. Perché il libro *Seminario sulla gioventù* è stato importante per Daria Bignardi? Quando l'ha letto?

2. Che cosa sono gli "incontri casuali" di cui parla Ernesto Ferrero?

4ᶜ Riascolta le interviste e annota tutti gli "effetti" che, secondo gli intervistati, possono avere i libri.

salvare la vita
_____

aiutare ad accettare un momento difficile
_____

_____

I libri possono… _____

_____

_____

4ᵈ A coppie. Discutete le affermazioni che avete annotato sopra (esercizio 4c).
Siete d'accordo? Potete aggiungere altri "effetti" che secondo voi possono avere i libri?

4ᵉ Raggruppa e trascrivi gli aggettivi di significato simile.

particolare	appassionante	insignificante	avvincente
monotono	complicato	originale	verosimile
complesso	sentimentale	insulso	insolito
plausibile	melenso	improbabile	pesante

interessante	curioso	difficile	realistico

strano	romantico	noioso	banale

E 1, 5, 6 →

Il condizionale passato

1a **Leggi alcune battute tratte dal dialogo tra Milena e Leo (p. 79) e sottolinea i verbi al condizionale passato.**

MILENA: E tu, cos'hai fatto? Avresti almeno potuto riordinare un po'!

LEO: Eh, mi spiace, i bambini hanno giocato fino a tardi, adesso sistemo, non ti preoccupare.

MILENA: (…) Avresti fatto meglio a venire a sentire Tozzi, almeno facevamo qualcosa insieme…

LEO: Sì, io ci sarei anche venuto volentieri, ma poi tu mi hai detto che non c'era la *baby sitter*…

MILENA: Potevamo sentire tua madre, magari un paio d'ore sarebbe venuta… il problema è che sei diventato un pantofolaio.

1b **Inserisci gli esempi nelle regole d'uso del condizionale passato.**

Il condizionale passato si usa per esprimere:

a. disappunto/rimpianto per azioni non realizzate

es.: _____, _____

b. desideri che non si sono realizzati nel passato

es.: _____

c. incertezza/dubbio rispetto a un fatto passato (non realizzato)

es.: _____

> | Il condizionale passato
> | si forma con _____ +
> | _____

Nel testo ci sono altri due casi in cui sarebbe stato necessario il condizionale passato, ma, come spesso succede nella lingua parlata colloquiale, è stato usato _____

1c **Completa le frasi con i verbi tra parentesi, come nell'esempio seguente; poi indica che cosa esprime il condizionale passato usando le regole dell'esercizio 1b.**

Cosa avete fatto ieri sera?

1. PAOLA: Sono andata a vedere un film dell'orrore, ma non (*dovere*) _avrei dovuto_ farlo: ho avuto gli incubi tutta la notte.

2. SILVIO: Ho letto un racconto che mi ha prestato Sara. Terribile: era così banale che (*potere*) _____ scriverlo anch'io!

3. TEO: Io e Giuliana siamo andati a teatro, ma credo che lei (*preferire*) _____ andare al cinema, il teatro non le piace proprio.

4. MARIA: (*volere*) _____ rilassarmi un po' davanti alla TV, ma come al solito non c'era niente di interessante, così sono andata a dormire.

5. ALBA E CHICCO: (*andare*) _____ volentieri alla festa al parco, ma poi si è messo a piovere, così abbiamo visto un film in TV.

6. TERRY: (*dovere*) _____ studiare, ma non ce l'ho proprio fatta, ero troppo stanca e sono crollata alle nove!

7. GIORGIO E TONY: Abbiamo giocato a Risiko fino all'una. Peccato che tu non sia venuto, (*divertirsi*) _____ molto!

grammatica

1ᵈ Completa inventando una frase di risposta con il condizionale passato.

1. – Mi dispiace, i biglietti per lo spettacolo di sabato sono esauriti.
   – Ecco, lo sapevo, *avremmo dovuto prenotarli prima!*

2. – Accidenti, il treno sta partendo… l'abbiamo perso!
   – Oh, no! _____

3. – Sai, la casa che abbiamo visto e che volevamo comprare è già stata venduta.
   – Peccato, _____

4. – L'estate è stata dura: ho sempre lavorato e ha fatto un caldo terribile.
   – _____

5. – Sai che ho lavato il vestito di seta e si è tutto scolorito?
   – _____

6. – Ho scoperto che Titti e Roberto si sono sposati. Ma si conoscono solo da due mesi!
   – Davvero? _____

7. – Accidenti, non ho passato l'esame di chimica!
   – _____

8. – Mi hanno detto che siete andati in vacanza in Sardegna… ma tu non detestavi il mare?
   – _____

Esprimere il futuro nel passato

2ᵃ Leggi le frasi (tratte dall'ascolto dell'esercizio 4a), rifletti sul momento in cui sono avvenute le diverse azioni indicate dai verbi e completa la regola.

Dopo <u>aver letto</u> questo romanzo, <u>decisi</u> che <u>avrei lasciato</u> il posto nell'agenzia pubblicitaria.
Non <u>aveva mai sentito parlare</u> di quel libro, ma <u>pensava</u> che l'<u>avrebbe comprato</u> presto.

> Il condizionale passato si usa per indicare un'azione _____ rispetto a un momento
> del _____.

2ᵇ Le frasi dell'esercizio 2a contengono diversi verbi. Sai dire qual è il verbo della frase *principale* e quali invece sono verbi di frasi *secondarie* (che dipendono cioè dal verbo della frase principale)?
In quale tipo di frase si trova il condizionale passato usato per esprimere un'idea di futuro?

2ᶜ Leggi che cosa dicevano nel secolo scorso i "profeti" delle nuove tecnologie. Immagina di essere un giornalista e di scrivere oggi un articolo, trasformando le frasi come nell'esempio e completandole con le tue osservazioni.

a. Il PC sostituirà la televisione.
b. Leggeremo i libri su piccoli schermi portatili.
c. I robot faranno tutti i lavori più pesanti.
d. In tutte le case ci sarà un videotelefono.
e. Non ci saranno più i giornali, ci sceglieremo le notizie dalla Rete.
f. Non avremo più bisogno di carta.
g. Potremo imparare una lingua parlando con il computer.

I profeti del digitale sostenevano che nel 2000 *il computer* **avrebbe sostituito** *la televisione, ma oggi sappiamo che la televisione è più viva che mai…*

2ᵈ Completa i dialoghi utilizzando il condizionale passato. Sottolinea in blu le frasi che indicano un'azione futura rispetto ad un momento passato e in rosso quelle che invece esprimono un'azione che non si è realizzata (e non si può più realizzare).

1. – Hai visto Diego ieri sera?

– No, mi aveva detto che (*venire*) _____ a cena, ma poi si è ricordato che aveva già un impegno. Io lo (*aspettare*) _____, ma lui ha detto che era troppo stanco…

2. – Sai che Silvia si è già laureata?

– Di già? Ero sicura che (*finire*) _____ presto, è sempre stata una secchiona!

3. – Pietro e Giorgia si sono lasciati…

– Per forza, litigavano sempre, immaginavo che la loro storia non (*durare*) _____. Secondo me non (*dovere*) _____ mettersi insieme, sono così diversi…

4. – Sono arrivati i tuoi amici dalla Francia?

– Non ancora, mi avevano detto che (*partire*) _____ stamattina alle cinque, ma secondo me sono partiti più tardi, penso che non arriveranno prima di stasera.

5. – Mi dispiace, sono stanco, stasera non ho voglia di uscire…

– Uffa, mi avevi promesso che (*andare*) _____ al cinema! Potevi almeno dirmelo prima, così (*uscire*) _____ con Viviana, che è andata allo spettacolo delle 20.

E 9, 10, 14 →

Il discorso indiretto

3ᵃ Ecco alcune delle affermazioni fatte nelle interviste alla trasmissione *Un libro vi salverà*. Leggi il riassunto di queste affermazioni sul blog di Caterina, un'appassionata bibliofila, e sottolinea i verbi nei due testi.

D. Bignardi

Tutti i libri cambiano la vita in un certo senso, però un libro che ha avuto una certa influenza su decisioni anche importanti della mia è stato probabilmente Seminario sulla gioventù di Aldo Busi. Il libro racconta la storia di un ragazzino che aveva mille problemi, ma che riusciva poi a fare lo scrittore. Così pensai "Beh, se ce l'ha fatta lui, forse ce la posso fare anch'io", e il giorno dopo aver letto questo romanzo decisi che avrei lasciato il posto sicuro nell'agenzia pubblicitaria e cercato di entrare in un giornale…

Un ascoltatore

Penso che la vostra sia una bellissima iniziativa, soprattutto per chi vorrebbe partecipare alla "Fiera del libro" ma non può… Mi piace ascoltare trasmissioni sui libri, perché c'è sempre qualcosa da scoprire, penso che sia un modo di far diventare la lettura un rito collettivo… Ad esempio non avevo mai sentito parlare di questo libro di Busi, eppure ne ho letti molti di libri suoi… Mi sa che lo comprerò presto!

Forum › Libri › Un libro vi salverà   **Entra**

Daria Bignardi ha detto che tutti i libri ci cambiano la vita in un certo senso, ma uno che aveva avuto una certa influenza sulla sua era stato probabilmente *Seminario sulla gioventù* di Aldo Busi, che ricordava di aver letto sul pullman tornando dal mare a Milano. Il libro raccontava la storia di un ragazzino che aveva mille problemi, ma che riusciva poi a fare lo scrittore. Così pensò che se ce l'aveva fatta lui, poteva farcela anche lei, e così il giorno dopo decise che avrebbe lasciato il posto sicuro all'agenzia pubblicitaria e avrebbe cercato di entrare in un giornale.

Un ascoltatore invece pensava che *Un libro vi salverà* fosse una bellissima iniziativa, soprattutto per chi avrebbe voluto partecipare alla "Fiera del libro" ma non poteva… Ha detto poi che gli piaceva ascoltare le trasmissioni sui libri, perché c'era sempre qualcosa da scoprire, pensava che fosse un modo di far diventare la lettura un rito collettivo… Ad esempio non aveva mai sentito parlare del libro di Busi, anche se aveva letto molti dei suoi libri, e che pensava che l'avrebbe comprato presto.

3ᵇ Osserva le trasformazioni di tempi e modi verbali nel passaggio dal discorso diretto al discorso indiretto in un racconto al passato (*Daria Bignardi ha detto* …., *Un ascoltatore pensava* …). Completa la tabella.

In quale caso il tempo presente viene mantenuto nel passaggio dal discorso diretto al discorso indiretto?

_____

_____

Discorso diretto	Discorso indiretto
presente	
passato prossimo	
imperfetto	
trapassato prossimo	
futuro	
condizionale	
condizionale composto	
congiuntivo presente	
congiuntivo imperfetto	congiuntivo imperfetto

3ᶜ Trasforma queste affermazioni dal discorso diretto al discorso indiretto facendo tutti i cambiamenti necessari (fai attenzione agli elementi sottolineati).

1. Alla radio <u>stasera</u> c'è un dibattito sulla televisione e i bambini. Partecipano diversi esperti, ma la cosa più originale è che possono telefonare anche i bambini.

2. Ho sentito dire che faranno una nuova serie sul commissario Montalbano, ma secondo <u>me</u> non è vero.

3. Domenica abbiamo noleggiato il DVD di Marrakesh Express, un vecchio film di Salvatores che non avevo mai visto. Era divertente, <u>mi</u> è piaciuto molto.

4. <u>Ieri sera</u> hanno trasmesso un documentario sul problema della mafia. Era davvero interessante, è un peccato che li facciano sempre così tardi.

5. Al tuo posto non comprerei una nuova televisione, perché secondo me quello che ti interessa lo puoi vedere anche via Internet, quindi è meglio che <u>ti</u> compri un bel computer!

6. Vorrei abbonarmi a Sky per vedere le partite di calcio, ma <u>mia</u> mamma dice che costa troppo. Proverò a chiederlo come regalo di Natale.

E 7, 11, 12, 13 →

1 Un libro ci salverà.

Rileggi la presentazione dell'iniziativa *Un libro ci salverà* e immagina di partecipare all'iniziativa scrivendo un'e-mail alla redazione di Radio 24.

2 Questionario: la "dieta mediatica" della nostra classe.

L'obiettivo di questa attività è preparare un questionario sull'uso dei *media* da proporre a tutti i vostri compagni.

Dividetevi in quattro gruppi; ciascuno si occuperà di una sezione del questionario, seguendo i suggerimenti indicati di seguito:

1. rapporto con i *media* (TV, radio, cellulare, Internet, quotidiani e riviste, ecc.)
   - frequenza d'uso (abituale, occasionale, mai/quasi mai, ecc.)
   - motivazione (svago, interesse, necessità, noia/abitudine, ecc.)

2. uso di PC e Internet
   - frequenza d'uso
   - scopi (per informarsi, scambiare messaggi, scaricare musica/video, ecc.)

3. radio e televisione
   - radio: tipo di programmi ascoltati (musica, informazioni, sport, intrattenimento, ecc.)
   - televisione: programmi preferiti (film, *talk show*, quiz/giochi, ecc.)

4. giornali
   - quotidiani: sezioni preferite (cronaca locale/nazionale, politica, sport, cultura, ecc.)
   - riviste: periodici preferiti (attualità, cultura, sport, moda, cucina, enigmistica, ecc.)

3 Caccia al tesoro *on line*.

A squadre, vince chi trova per primo le informazioni richieste.

Andate sul sito della RAI (www.rai.it) e scoprite:

- a che ora ci sono i telegiornali su RAI 2
- su quale canale ci sono programmi per bambini e come si chiamano
- se ci sono telefilm in onda su RAI 1 nel pomeriggio (ore 13-16)
- a che ora è l'ultima trasmissione serale di RAI 3
- se la RAI ha un programma dedicato alla salute
- che cos'è RAI Click

4 Cosa guardiamo stasera?

Immaginate che questa sera ci siano in televisione i programmi descritti a p. 82. Quale vorreste vedere e perché? In coppia con un compagno, cercate di convincerlo a vedere la stessa trasmissione.

5 Pubblicità.

Trovare lo slogan, la frase ideale che attira l'attenzione, identifica il prodotto, stimola il ricordo del marchio (e quindi favorisce l'acquisto), è l'obiettivo di ogni campagna pubblicitaria.
Leggi alcuni slogan che riguardano i *media* e prova a spiegare su che cosa sono basati, che cosa vogliono mettere in evidenza e quali associazioni cercano di sollecitare.

TIM, vivere senza confini (**Tim**, operatore telefonico)

Connecting people. (**Nokia,** cellulari)

Noi siamo scienza, non fantascienza. (**Telefunken,** prodotti tecnologici)

Miglioriamo il tuo mondo. (**Philips,** prodotti tecnologici)

RAI, di tutto di più (**RAI** TV)

SKY: ti sorprende sempre (**SKY** TV)

RTL 102.5 – Very Normal People (RadioTeleLombardia)

A gruppi, provate ad inventare uno slogan per questi prodotti/aziende:

automobile   videogioco   aspirapolvere   compagnie di viaggi
prodotto di igiene personale (shampoo, crema)   cibi

Dossier

cultura

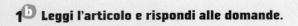

Informazione e politica

1ª **Leggi questa breve introduzione al sistema televisivo italiano e confrontati con la classe o a piccoli gruppi sulla situazione della televisione nel tuo Paese.**

In Italia, come in moltissimi altri Paesi, vi sono due tipi di televisioni:

- la televisione pubblica, che ha tre canali (RAI 1, RAI 2, RAI 3) ed è finanziata dallo Stato (anche attraverso il pagamento di un canone, cioè una tassa di abbonamento) e dalle entrate pubblicitarie;
- le televisioni commerciali, possedute da privati, che si basano principalmente sui finanziamenti prodotti dalla pubblicità. Le tre reti commerciali più importanti (Canale 5, Italia 1, Rete 4) appartengono a Mediaset (di proprietà del gruppo Fininvest, fondato da S. Berlusconi nel 1978).

Con il progresso tecnologico sono nate nuove forme di televisione (satellitare, digitale terrestre, via cavo, via Internet); in particolare si sono diffuse le cosiddette *pay-tv*, cioè le televisioni private a pagamento (in genere via satellite, come ad es. *Sky*).

1ᵇ **Leggi l'articolo e rispondi alle domande.**

La TV all'italiana

La TV in Italia è un oggetto particolare. È un giocattolo strano. Diverso dal resto del mondo, dove pure è molto diffuso, amato, contestato. In Italia è segnato da alcuni re-
5 cord (o anomalie, dipende da come li si considera).

Primo record (o anomalia). I canali televisivi italiani sono tanti, tantissimi: 640, secondo la FRT, l'associazione delle imprese ra-
10 dio-televisive. Tanti quanti sono i canali che operano (ma con risorse ben maggiori) in tutti gli Stati Uniti. Pensate: nel mondo i canali "terrestri" via etere sono circa 2.500; dunque l'Italia, da sola, ospita più di un
15 quinto delle TV mondiali. Tante televisioni coinvolgono un mare di addetti: 10 mila sono i dipendenti delle TV private; altrettanti, anzi un po' di più, quelli della Rai; altre 20 mila persone lavorano nel settore pubblici-
20 tario. Insomma, se consideriamo l'indotto, cioè le attività e i servizi collegati a questo settore, in Italia almeno 50 mila persone vivono di televisione.

Secondo record (o anomalia). La TV assor-
25 be gran parte delle risorse pubblicitarie, togliendole alla carta stampata (quotidiani e periodici) e agli altri mezzi (le affissioni,

la radio, il cinema, ecc.). In Italia finisce in spot più della metà degli investimenti pub-
30 blicitari (per la precisione: il 57 per cento), contro il 23 per cento della Germania, il 33,5 della Gran Bretagna, il 34,5 della Francia, il 38 degli Stati Uniti, il 41 della Spagna. La TV italiana trasmette un milio-
35 ne di spot all'anno. Un numero immenso, paragonato con la situazione all'estero, ma con una spiegazione facile facile: in Italia la TV commerciale (quella inventata da Silvio Berlusconi, per intendersi) per farsi
40 spazio nel mercato, un tempo monopolizzato dalla Rai, ha abbassato il livello d'ingresso vendendo gli spazi televisivi ai prezzi più bassi del mondo. Naturalmente per rifarsi ha dovuto moltiplicare il nume-
45 ro degli spot, che sono diventati non solo i più a buon mercato, ma anche i più numerosi del mondo.

La grande vitalità, il grande pluralismo che parrebbero garantiti dai primi due record so-
50 no però annullati da una constatazione e dal terzo record. La constatazione è che tanta TV generalista gratis blocca in Italia lo sviluppo tecnologico, la diffusione di reti tematiche e la crescita di nuove forme di televisione (sa-
55 tellitare, *pay-tv*, *tv-on-demand*, ecc.).

Il terzo record (o anomalia) è che la pro-

60 prietà delle imprese televisive in Italia è molto, molto concentrata: tre canali televisivi privati sono nelle mani di un unico imprenditore, e sono quelli che raccolgono circa la metà degli ascolti delle TV italiane
65 e più di due terzi (oltre 5 mila miliardi) degli investimenti pubblicitari delle aziende. L'altra metà degli ascolti e quel che resta dei soldi degli spot (più di 2 mila miliardi) sono raccolti dai tre canali pubblici, con-
70 trollati dai partiti politici.

L'imprenditore privato che possiede le tre TV è, naturalmente, Silvio Berlusconi. I tre canali controllati dai partiti sono, naturalmente, quelli Rai. Risultato: i canali saran-
75 no anche tantissimi, ma solo sei, i tre Mediaset e i tre Rai, fanno il mercato.

Ora che Berlusconi ha vinto le elezioni, ha conquistato il controllo anche della Rai e crescono le preoccupazioni di
80 molti sulle sorti del pluralismo dell'informazione. La paura è che da un duopolio si stia per passare a un monopolio; dalla spartizione delle reti pubbliche tra maggioranza e opposizione si stia
85 per arrivare a una totale occupazione della TV da parte di Berlusconi e dei suoi alleati.

(adattato da www.societacivile.it, giugno 2008)

1. Secondo gli autori dell'articolo, quali sono le tre particolarità della televisione italiana?
2. Quante sono le persone che lavorano per la televisione?
3. Perché in Italia il prezzo degli spot televisivi è molto basso e il numero di spot è molto alto?

4. Perché in Italia si è parlato spesso di "duopolio", riferendosi al sistema televisivo?
5. Qual è il timore espresso dagli autori, dopo che la coalizione di partiti guidata da Berlusconi ha vinto le elezioni politiche del 2008?

I giornali più letti

2a In gruppo. Rispondete alle domande e confrontatevi su questi temi.

- Quante volte alla settimana leggi un quotidiano? Dove e in quale momento della giornata lo leggi?
- Quali giornali italiani conosci?
- Se leggi giornali italiani, li compri in edicola o li leggi su Internet?

2b Osserva questa classifica dei quotidiani più letti in Italia (dati Audipress, primavera 2008) e discuti con la classe su:

- la diffusione dei quotidiani sportivi;
- la diffusione dei quotidiani gratuiti;
- i quotidiani regionali a diffusione nazionale (contrassegnati da un asterisco)*;
- la differenza tra il numero di lettori e le copie vendute.

QUOTIDIANI NAZIONALI
(STATISTICA 12-2007)

La Gazzetta dello Sport	lettori 3.706.000 copie vendute 374.6620
la Repubblica il lunedì de	lettori 3.069.000 copie vendute 622.157
CORRIERE DELLA SERA	lettori 2.906.000 copie vendute 662.253
LA STAMPA	lettori 1.449.000 copie vendute 314.387
Corriere dello Sport	lettori 1.342.000 copie vendute —
Il Messaggero (Roma, Italia centrale)	lettori 1.313.000 copie vendute 215.633
il Resto del Carlino (Bologna, Emilia-Romagna)	lettori 1.179.000 copie vendute 168.052
Il Sole 24 ORE	lettori 1.122.000 copie vendute 341.000
TUTTOSPORT	lettori 920.000 copie vendute —
LA NAZIONE (Firenze, Toscana, Umbria, Lazio)	lettori 862.000 copie vendute 138.277
IL MATTINO (Napoli, Campania)	lettori 719.000 copie vendute 82.631

QUOTIDIANI GRATUITI

LEGGO	lettori 2.328.000
city	lettori 1.986.000
metro	lettori 1.934.000

2ᶜ Leggi il testo, indica se le affermazioni che seguono sono vere o false e correggi quelle false.

LE PECULIARITÀ DEL GIORNALISMO ITALIANO

La principale peculiarità del giornalismo italiano è la sua forte politicizzazione.

Le cause principali della centralità politica sono l'analfabetismo a lungo presente nel nostro Paese e il ritardo con cui si è costituito un solido sistema economico.

L'analfabetismo (al 75% all'epoca dell'unificazione) ha reso impossibile che si diffondesse un ampio pubblico di lettori; infatti, fino agli anni '60, quando la televisione ha contribuito ad una reale unificazione linguistica, i quotidiani risultavano accessibili solo ad una fascia piuttosto ristretta e colta della popolazione. D'altra parte, la fragilità del sistema industriale ha notevolmente limitato la diffusione della pubblicità sui giornali, che avrebbe potuto finanziare la stampa compensando la mancanza di acquirenti. Questi due limiti hanno impedito lo sviluppo di un giornalismo economicamente indipendente, favorendo invece la dipendenza politica, anche da poteri industriali che assumono il controllo di testate giornalistiche per acquisire la benevolenza del sistema politico.

Già nei primi decenni del ventesimo secolo, la proprietà dei più importanti quotidiani italiani è dei principali gruppi industriali; durante il ventennio fascista il controllo della stampa diventa sempre più asfissiante e rinforza l'asservimento dei giornali al potere.

Anche nel dopoguerra, gli interessi politici ed economici convergono nel mantenere depresso il sistema dei *media*, poco aggressivo nel ricercare nuovi mercati e originali interpretazioni di una realtà sociale in grande fermento.

Per assistere a significative trasformazioni nel campo dei *media* bisognerà attendere gli anni '70 (nascita di nuovi quotidiani, incremento del mercato pubblicitario, nascita di radio e TV private), che vedranno però consolidarsi anche la concorrenza della televisione, sia per quanto riguarda la trasmissione delle notizie, sia per lo spostamento del mercato pubblicitario verso la radio e la TV. Le difficoltà economiche dovute al calo di lettori (che procede senza sosta dagli anni '80) hanno portato da un lato a concentrare le testate su un numero sempre più ristretto di editori (spesso gruppi finanziari e industriali che riescono così ad incidere sugli orientamenti politici di buona parte della stampa), dall'altro a trasformare i contenuti dei maggiori quotidiani che, per incrementare le vendite, propongono inserti tematici gratuiti (viaggi, medicina, economia), allegati settimanali (come *Il Venerdì di Repubblica* o il *Corriere della Sera Magazine*) oppure volumi, CD e DVD venduti con il quotidiano a prezzo ridotto.

Ma nell'era di Internet la crisi della carta stampata sembra attraversare il mondo intero…

(adattato da C. Sorrentino, *Il campo giornalistico*, Carocci 2005)

V F

1. A partire dall'unificazione sono nati in Italia molti giornali. ☐ ☐
2. Fino agli anni '60 la lettura dei giornali risultava difficile per la maggioranza della popolazione. ☐ ☐
3. Molte industrie hanno utilizzato la stampa per la pubblicità. ☐ ☐
4. I finanziamenti provenienti dalla pubblicità non sono mai stati sufficienti a mantenere i giornali. ☐ ☐
5. In alcuni casi gli industriali hanno sostenuto i giornali per compiacere il potere politico. ☐ ☐
6. Durante il fascismo i giornali diventano di proprietà dello Stato. ☐ ☐
7. Negli anni '70 il panorama dell'informazione e dei *media* cambia radicalmente. ☐ ☐
8. Radio e televisione fanno concorrenza alla stampa solo per la pubblicità. ☐ ☐
9. Oggi in Italia la proprietà di molti giornali è concentrata su pochi editori. ☐ ☐
10. Per aumentare il numero di lettori i quotidiani regalano molti *gadgets*. ☐ ☐

CD1 t.20

2ᵈ La *free press*. Ascolta l'intervista ai direttori di *Metro* e *City*, due giornali gratuiti molto diffusi in Italia, e rispondi.

1. Il fatto che *Audipress* abbia incluso la *free press* nella classifica dei quotidiani
   - ☐ a. dimostra che i quotidiani gratuiti sono considerati giornali come gli altri.
   - ☐ b. significa che i quotidiani gratuiti hanno lo stesso numero di lettori dei quotidiani "normali".
   - ☐ c. evidenzia che gli italiani preferiscono i giornali gratuiti.
2. Secondo gli intervistati i giornali gratuiti non sono solo giornali "normali" perché
   - ☐ a. sono letti da migliaia di persone.
   - ☐ b. hanno un modo nuovo di presentare le notizie.
   - ☐ c. sono gratuiti.
3. Secondo Roidi la qualità di un giornale è data
   - ☐ a. dal rapporto qualità-prezzo.
   - ☐ b. dalla quantità di materiali e approfondimenti.
   - ☐ c. dalla capacità di essere diretto e sintetico.
4. I quotidiani gratuiti sono letti soprattutto
   - ☐ a. da chi ha poco tempo.
   - ☐ b. da giovani e studenti.
   - ☐ c. da chi non compra gli altri quotidiani.

2ᵉ A gruppi. Qual è la diffusione dei giornali gratuiti nel vostro paese? Da chi sono letti? Siete d'accordo con le opinioni espresse dai due giornalisti?

La politica italiana

3ᵃ Conosci i partiti politici italiani? Sapresti dividere tra centrodestra e centrosinistra i maggiori partiti che sono in Parlamento dopo le elezioni del 2008?

3ᵇ In gruppo. Andate sul sito http://it.wikipedia.org/ e cercate i risultati delle ultime elezioni. Osservate la composizione della Camera dei Deputati e del Senato della Repubblica. Poi svolgete una ricerca su uno di questi partiti italiani: Forza Italia, Alleanza Nazionale (nel 2008 nel Popolo delle Libertà insieme a FI e altri partiti minori), Partito Democratico e Lega Nord. Preparate una breve relazione per i vostri colleghi.

Per ogni partito leggete l'introduzione e raccogliete informazioni su:
● orientamento (destra/sinistra, conservatori, riformisti, ecc.);
● origine e storia;
● *leader*;
● ideali e obiettivi politici.

 CD 1 t. 21

3ᶜ Politica e anti-politica. Ascolta l'intervista a Massimo Gramellini (giornalista del quotidiano *La Stampa*) sul tema della sfiducia degli italiani nella classe politica e rispondi.

1. Perché gli italiani non hanno più fiducia nella politica?
_____

2. Che cosa i cittadini rimproverano maggiormente ai politici?
_____

3. Qual è l'opinione di Gramellini sulla politica?
_____

4. Che cosa rimprovera Gramellini agli italiani?
_____

5. Da cosa potrebbe cominciare una buona riforma dello Stato in Italia?

Il patrimonio culturale

In questa unità esplori alcuni aspetti della cultura italiana: pagine di letteratura e festival culturali, cinema contemporaneo e arte (nel Dossier). Impari il congiuntivo trapassato e il periodo ipotetico.

per cominciare

● **Con la classe, raccogliete tutte le informazioni che già conoscete sulla cultura italiana del passato e del presente, cercando di completare la tabella.**

PRIMATI DELLA CULTURA ITALIANA NEL PASSATO E NEL PRESENTE		
ambiti culturali	**periodo storico**	**personaggi famosi**
Es. arte	Cinquecento / Rinascimento	Leonardo, Michelangelo, Brunelleschi

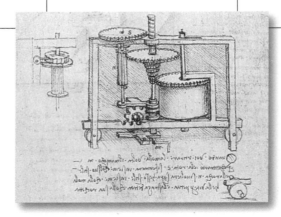

per capire

Primati della cultura italiana

1a **Prima di leggere il testo di p. 98, svolgi la seguente attività, che ti aiuterà a capirlo. Associa le parole che indicano momenti importanti della cultura italiana alla loro definizione.**

a. Periodo tra la metà del XV e il XVI secolo, caratterizzato da un'eccezionale fioritura artistica e letteraria e da un più libero sviluppo del pensiero.

b. Stato unitario che i romani conquistarono nell'area euro-mediterranea dal I secolo a.C. al IV secolo d.C. Nel 395 viene diviso in due parti, una occidentale e l'altra orientale.

c. Movimento politico sviluppatosi nel 1800 per realizzare la libertà politica, l'indipendenza e l'unità d'Italia.

d. Periodo storico-culturale, sinonimo di Seicento, caratterizzato da un'arte virtuosa e vistosa, e nel campo della musica dalla nascita dell'opera lirica.

e. Età intermedia tra la fine del mondo antico e il Rinascimento (dal 476 d.C. al 1492 con la scoperta dell'America), che vede prima lo sviluppo di forme di governo feudale e poi la fioritura dei comuni.

f. Movimento culturale che nasce in Germania e si diffonde in tutta l'Europa negli ultimi decenni del '700 e i primi dell'800. Nasce come reazione alla razionalità (dell'Illuminismo) e al culto della bellezza classica, alle quali si contrappongono l'emotività, la spiritualità e il carattere individuale di ogni artista.

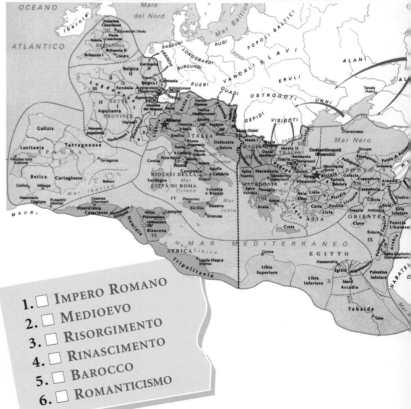

1. ☐ IMPERO ROMANO
2. ☐ MEDIOEVO
3. ☐ RISORGIMENTO
4. ☐ RINASCIMENTO
5. ☐ BAROCCO
6. ☐ ROMANTICISMO

1b **Ora leggi il testo, scegli la risposta appropriata a p. 99 e modifica l'/le informazione/i non corretta/e.**

Il nostro contributo alla cultura dall'antichità ad oggi

Nel corso della storia, il contributo che l'Italia ha portato alla cultura mondiale è stato, per pressoché unanime consenso degli storici, immenso e vario. Probabilmente fu proprio il fatto di essere da
5 sempre, per motivi geografici e storici, una terra di incontri tra popoli diversi a farne un luogo di così vitale fermento. Ed in effetti una caratteristica tipica della cultura italiana è la sua grande varietà locale: la mancanza di una unità nazionale per secoli ha
10 fatto sì che ogni regione acquisisse una propria tradizione ed identità politica, derivata dalla propria storia di dominazioni e fusioni con civiltà diverse.
L'arte e la musica sono sicuramente gli ambiti di eccellenza della cultura italiana più noti nel mondo.
15 La prima ha avuto la sua espressione più alta nel periodo che va dal Quattrocento al Seicento inoltrato (nei periodi del Rinascimento con Michelangelo e Leonardo e del Barocco con Caravaggio, per menzionare solo i più noti); ma la lunga storia del pae-
20 se, ed i numerosi periodi di ricchezza che ha attraversato, hanno lasciato in eredità esempi notevolissimi dell'arte delle più disparate epoche e civiltà, che fanno dell'Italia un caso unico al mondo per la varietà dei beni artistici e per la loro diffusione ca-
25 pillare sul territorio (la città di Firenze, ad esempio, ha la più grande concentrazione mondiale di opere d'arte in proporzione alla sua estensione). Dai templi greci della Magna Grecia ai borghi medievali, dalle terme romane alle ville settecentesche, il
30 grande museo all'aperto della penisola è tra le prime mete del turismo mondiale.
La musica italiana comincia a fiorire nel Cinquecento, con la musica rinascimentale che, soprattutto con Monteverdi, acquisisce i suoi tratti più innovati-
35 vi nel tardo Cinquecento, con la nascita dell'opera lirica, genere in cui gli italiani vedranno il primato per secoli, con operisti italiani famosi in tutto il mondo quali Rossini, Verdi, Toscanini, Puccini.
Non vanno trascurate le profonde innovazioni che
40 l'Italia ha portato in tanti altri campi della cultura lungo 2500 anni di storia. Nei due periodi in cui la penisola fu il centro della civiltà del tempo, ovvero durante l'Impero Romano ed il Rinascimento, il ruolo che ebbe nella storia della conoscenza umana fu
45 di decisiva importanza.
In età romana l'Italia era il centro culturale e politico di uno Stato che segnò il culmine dell'età antica e che fu la fucina di grandi innovazioni nel campo tecnico (architettura romana), del diritto (il diritto
50 romano è a fondamento ancora oggi della giurisdizione dei moderni Paesi occidentali) e della letteratura.
Il Rinascimento segnò invece dopo il Medioevo il diffondersi dall'Italia di una nuova sensibilità che,
55 espressasi mirabilmente nella letteratura, nella vita e soprattutto nell'arte della penisola, segnò l'inizio dell'età moderna e l'avviarsi dell'Occidente verso una propria dimensione culturale, foriera delle rivoluzioni liberali, industriale e scientifica, di cui fu ini-
60 ziatore e protagonista proprio un italiano, Galileo.
Già dal XVII secolo, tuttavia, il ruolo culturale di primo piano del Paese tende lentamente a declinare (a parte in alcuni settori quali l'arte e la musica) e nel secolo successivo il panorama culturale italiano
65 può essere considerato provinciale rispetto ai fermenti che cambiavano l'Europa.
L'inizio del XIX secolo vede una rinascita culturale italiana, trainata dal nuovo clima delle idee liberali e patriottiche che culmineranno nel Risorgimen-
70 to con l'unità d'Italia, di forte stimolo al mondo intellettuale; gli italiani ritrovano una propria dimensione europea nella letteratura romantica (Manzoni, Leopardi) e nella riflessione politica (Mazzini).
75 Non meno importante è stato il contributo italiano alla scienza, con personaggi come Alessandro Volta, ricordato per gli studi pionieristici sull'elettricità, o Antonio Meucci, che inventò il telefono. Anche tra i premiati con il Nobel sono presenti italiani illustri,
80 come per esempio Guglielmo Marconi per la fisica, Luigi Pirandello, Salvatore Quasimodo e Dario Fo per la letteratura, Rita Levi Montalcini per il contributo alla medicina.

per capire

1. L'Italia
   - ☐ a. ha dato molto alla cultura mondiale, grazie alla sua posizione geografica che ha favorito da sempre gli scambi interculturali.
   - ☐ b. non è riuscita a produrre una cultura di rilevanza mondiale, in quanto è sempre stata impegnata a difendersi dalle dominazioni straniere.
   - ☐ c. avrebbe potuto dare di più alla cultura, se non ci fossero state divisioni interne che hanno rallentato il fiorire di una cultura nazionale.

2. L'Italia
   - ☐ a. ha avuto un solo periodo di ricchezza artistica nel Rinascimento fiorentino.
   - ☐ b. racchiude il suo patrimonio artistico principalmente nei musei.
   - ☐ c. è ricca di capolavori artistici di diverso tipo e epoca su tutto il territorio nazionale.

3. Nel campo della musica,
   - ☐ a. l'Italia non ha prodotto musicisti famosi.
   - ☐ b. l'Italia ha dato i natali all'opera lirica.
   - ☐ c. come in quello della scienza, l'Italia non ha dato contributi innovativi alla cultura mondiale.

4. L'Italia
   - ☐ a. ha avuto un ruolo centrale nella civiltà del tempo durante l'Impero romano e il Rinascimento.
   - ☐ b. ha avuto un periodo di decadenza culturale tra il Settecento e l'Ottocento.
   - ☐ c. durante il Risorgimento non si è aperta a nuove idee perché era impegnata nelle lotte per l'unità politica.

1ᶜ Rileggi il testo e collega il nome dei personaggi all'ambito culturale a cui appartengono.

Manzoni

Rita Levi Montalcini

Pirandello

Dario Fo

musica:	_____
arte:	_____
letteratura:	_____
scienza:	_____
cinema:	_____
danza:	_____
politica:	_____

Caravaggio   Puccini

Galileo   Michelangelo

Leopardi

Mazzini   Meucci

Leonardo   Verdi

1ᵈ Scegli un sinonimo delle parole sottolineate, tratte dal testo.

1. (r. 2) per <u>pressoché</u> ☐ a. quasi ☐ b. poco più ☐ c. circa
2. (r. 13) <u>ambiti</u> di eccellenza ☐ a. ambienti ☐ b. campi ☐ c. spazi
3. (r. 22) <u>disparate</u> epoche ☐ a. irregolari ☐ b. strane ☐ c. svariate
4. (r. 24) diffusione <u>capillare</u> ☐ a. limitata ☐ b. stretta ☐ c. fitta
5. (r. 47) <u>culmine</u> dell'età antica ☐ a. apice ☐ b. cima ☐ c. colmo
6. (r. 48) <u>fucina</u> di grandi innovazioni ☐ a. stanza ☐ b. laboratorio ☐ c. negozio
7. (r. 58) <u>foriera</u> delle rivoluzioni liberali ☐ a. portatrice ☐ b. lontana ☐ c. prossima
8. (r. 65) <u>fermenti</u> a. confusioni ☐ b. eccitazioni ☐ c. novità/inquietudini
9. (r. 68) <u>trainata</u> dal nuovo clima delle idee ☐ a. spinta ☐ b. incoraggiata ☐ c. trasportata
10. (r. 77) gli studi <u>pionieristici</u> ☐ a. guida ☐ b. all'avanguardia ☐ c. avanzati

E15 →

1ᵉ E il vostro Paese, quali apporti ha dato alla cultura mondiale? In quali ambiti culturali, in quali epoche storiche ha primeggiato e quali sono stati/sono i personaggi famosi? Fate una breve relazione alla classe.

Roberto Benigni. Il mio Dante

2ª Con la classe e l'aiuto dell'insegnante, rispondi alle seguenti domande.

Roberto Benigni ritorna su Rai 1 con uno spettacolo sul V canto dell'*Inferno* di Dante

- Chi fu Dante Alighieri?
  un poeta / un romanziere / un pittore / un politico / un papa

- Quando visse?
  nel Trecento / nel Rinascimento / nell'Ottocento / nel Novecento

- Qual è la sua opera più importante?
  La *Divina Commedia* / *I Promessi sposi* / il sonetto *A Laura* / *Mistero Buffo* / *Il Decamerone*

2ᵇ Per sapere che cos'è la *Divina Commedia*, completa le frasi della colonna A (che sono in ordine) con la parte corrispondente della colonna B (in disordine).

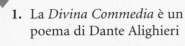

A

1. La *Divina Commedia* è un poema di Dante Alighieri

2. È una delle più importanti testimonianze della civiltà medievale

3. Il poema è diviso in tre parti, chiamate *cantiche* (*Inferno*, *Purgatorio* e *Paradiso*),

4. Ogni canto va da 115 a 160 versi,

5. Il poeta narra di un viaggio attraverso i tre regni ultraterreni, accompagnato nei primi due dal grande poeta Virgilio

6. L'italiano di Dante è complesso,

B

a. e una delle più grandi opere della letteratura universale, conosciuta e studiata in tutto il mondo.

b. e nell'ultimo da Beatrice, la donna amata da Dante e morta molto giovane.

c. ognuna delle quali è composta da 33 *canti*.

d. ma la difficoltà della lettura della *Divina Commedia* sta soprattutto nel riferimento continuo a fatti e personaggi del Trecento, alla mitologia, filosofia, letteratura classica, alla Bibbia e alla teologia cristiana.

e. composto nel 1300, scritto in terzine di versi, in lingua volgare toscana (e non in latino).

f. quindi l'intera opera conta più di 14.000 versi (è più lunga di opere quali l'*Eneide* di Virgilio e l'*Odissea* di Omero).

2ᶜ Ascolterai un commento di Roberto Benigni al V canto dell'*Inferno*. Questo canto è in buona parte dedicato a due giovani amanti. Guarda questo dipinto che li ritrae e fai ipotesi sulla loro storia d'amore.

- Secondo te come si chiamavano questi giovani amanti? Chi erano?
- Dove vissero?
- Come fu il loro amore?
- Come finì?

2d **In coppia. Ricostruite il testo (formato da 4 parti) che racconta la storia di Paolo e Francesca. Ognuno di voi riceverà due diverse parti del testo (Appendice, p. S34).**

a._____

b._____

c._____

d._____

 CD t.22

2e **Ascolta una prima volta e rispondi alle domande.**

1. Quale di queste terzine sull'amore Benigni commenta?

"Amor, ch'al cor gentil ratto s'apprende, prese costui della bella persona che mi fu tolta; e 'l modo ancor m'offende.

Amor, ch'a nullo amato amar perdona, mi prese del costui piacer sì forte, che, come vedi, ancor non m'abbandona.

Amor condusse noi ad una morte. Caina attende chi a vita ci spense."

(Dante, *Inferno* V, 100-108)

2. Secondo Benigni, quale sentimento prova Dante nello scrivere questi versi? E perché?

2f **Riascolta e scegli la risposta corretta.**

1. Il verso *Amor, ch'a nullo amato amar perdona* parla
- ☐ **a.** della legge fisica della gravità.
- ☐ **b.** della legge dell'amore.
- ☐ **c.** della legge del perdono.

2. Il verso *Amor, ch'a nullo amato amar perdona* significa
- ☐ **a.** non è possibile perdonare chi non ama.
- ☐ **b.** l'amore non permette a chi è amato di non riamare a sua volta.
- ☐ **c.** chi troppo ama, morirà d'amore.

3. Benigni considera Francesca
- ☐ **a.** una donna straordinaria perché, pur essendo finita all'inferno per amore, continua ad amare Paolo.
- ☐ **b.** un personaggio violento e pieno di odio che non accetta la pena che le è stata data.
- ☐ **c.** come Beatrice, la donna che Dante ha amato.

4. *Caina*, la zona più bassa dell'Inferno, è destinata
- ☐ **a.** ai lussuriosi.
- ☐ **b.** ai traditori dei parenti.
- ☐ **c.** agli assassini.

E 17 →

2g **In coppia. Che cos'è per voi l'amore? Scrivete cinque parole che collegate all'amore. Poi scegliete tre frasi celebri sull'amore tra quelle elencate di seguito e confrontatevi con un compagno.**

L'amore?

- "È una maledizione che piomba addosso e resistere è impossibile." (D. Buzzati)
- "È preferibile l'aver amato e aver perduto l'amore, al non aver amato affatto". (Lord Tennyson)
- "L'amore non è vero né puro se non è geloso". (V. Hugo)
- "L'amore coniugale, che persiste attraverso mille vicissitudini, mi sembra il più bello dei miracoli, benché sia anche il più comune". (F. Mauriac)

- "È più facile essere amante che marito, perché è più difficile essere dotati di spirito tutti i giorni che non dire cose graziose di tanto in tanto". (H. de Balzac)
- "È la fedeltà la vera utopia". (da *L'ultimo bacio* di G. Muccino)
- "Il miglior modo di amare una cosa è pensare che potremmo perderla". (K. Gibran)

2h **In coppia. Pensate alla storia d'amore più bella che avete letto o visto al cinema e raccontatela al vostro compagno.**

E 3, 14 →

Festival culturali

3ª Con la classe e l'aiuto dell'insegnante, rispondi alle domande.

- Hai mai sentito parlare del Festival della letteratura di Mantova?
- Quali eventi culturali ti aspetteresti di trovare in un festival letterario?
- Al Festival di Mantova ci sono sessioni intitolate "Scritture giovani", "Pagine nascoste", "Pronto soccorso grammaticale". A cosa sono dedicate, secondo te?

3ᵇ In coppia. Uno di voi legge la prima parte del testo (da r. 1 a 37) e l'altro la seconda (da r. 38 a 73). Sintetizzate con una frase l'idea centrale di ogni paragrafo. Poi fate una seconda lettura per aggiungere le informazioni di dettaglio e scambiatele con il compagno.

MODELLO MANTOVA: *il Festival della letteratura*

Par. 1   Nel Paese in cui più di metà della popolazione non legge nemmeno un libro all'anno, il *Festivaletteratura* di Mantova, iniziato nel 1997, si propone anche quest'anno come uno degli appuntamenti più attesi dal pubblico dei lettori, con un car-
5 tellone da posti in piedi.

Par. 2   Il successo della manifestazione è legato ad una formula che consente ad autori e lettori di avvicinarsi in modo informale, fuori dai luoghi canonici della diffusione culturale, utilizzando come spazi d'incontro le piazze, le strade, i locali, i palazzi e i
10 giardini della città gonzaghesca.

Par. 3   E così a Mantova è cresciuto un pubblico speciale: appassionato, curioso, fedele, che ama frequentare la pagina scritta e la parola ascoltata sapendo "fare comunità". Infatti ciò che più colpisce di questo festival è un *feeling* particolare che si crea tra
15 pubblico e scrittori, che nasce dal desiderio forte di confronto libero da soggezioni, in un'atmosfera quasi da bar, ma estremamente affascinante.

Par. 4   La scelta che ha ispirato la costruzione del programma di quest'anno è stata quindi quella di dare più forza alla presenza
20 degli autori anche stranieri, ai quali è stato chiesto di rimanere di più in città, di incontrare altri autori e di disporsi al confronto con il pubblico in occasioni diverse. Un esempio del tutto eccezionale è lo scrittore David Grossman, che ha deciso di incontrare il pubblico in una passeggiata in mezzo alla
25 natura, scendendo dal palco e parlando con i propri lettori tra i sentieri del Bosco Fontana.

Par. 5   Fra romanzieri e giornalisti, anche quest'anno, la lista dei relatori stranieri e italiani è ricca (per citarne alcuni, i premi Nobel Wole Soyinka e Orhan Pamuk e gli italiani Andrea
30 Vitali e Giuseppe Pederiali). È previsto anche un omaggio a Primo Levi, nel ventennale della sua scomparsa, con una formula inusuale: ci saranno per tre giorni tre interventi di mezz'ora ciascuno ispirati ad alcune parole chiave legate alla figura e all'opera di Levi (*lager*, autobiografia, ebraismo, ecc.),
35 mentre *Le stanze di Levi* rimarranno aperte per tutta la durata della manifestazione, con la possibilità di ascoltare e vedere i documenti radiofonici e televisivi Rai legati a questo autore.

Par. 6   Se si vuole guardare al festival dalla prospettiva del "di che cosa si parla", si può notare che questo festival, come sempre,
40 sceglie di non dedicarsi ad un unico tema, preferendo guardare in più direzioni e da più punti di vista.

Par. 7   Lo sconfinamento viene praticato, come già in passato, anche tra differenti arti e discipline, in modo che l'approccio a un tema risulti più avvincente e curioso. Alle periferie e alle

45 trasformazioni delle città, per esempio, si guarderà con gli occhi degli urbanisti, dei paesaggisti, dei fotografi e dei sociologi, in una serie di incontri a più voci.

Par. 8   Un'attenzione particolarissima quest'anno verrà dedicata alla grammatica: Palazzo della Ragione si trasformerà nel
50 *Palazzo della Grammatica*, dove adulti e ragazzi potranno trovare, oltre a un vero e proprio "Pronto soccorso grammaticale" gestito dall'Accademia della Crusca, incontri sulle lingue specialistiche (della cucina, della fisica, della medicina, della canzone), laboratori su lingue immaginarie e su lingue di popoli
55 sperduti.

Par. 9   La manifestazione consente anche di avvicinare giovani e adolescenti al mondo della cultura, con diversi laboratori, come quello dedicato all'impaginazione di una rivista musicale. Negli incontri dedicati ai ragazzi, una particolare attenzione
60 sarà rivolta agli animali, non solo come protagonisti di racconti e poesie, ma come spunti di riflessione sull'ambiente e sull'etica.

Par. 10   Non mancheranno peraltro alcune sezioni innovative già sperimentate con successo gli scorsi anni, come *Scritture*
65 *Giovani*, il progetto che punta alla promozione dei nuovi talenti letterari europei, che quest'anno sceglie una formula più incisiva: tre incontri serali in cui tre grandi scrittori presentano e interrogano i giovani autori a partire dai racconti da loro appositamente scritti per il progetto. Torna al Festival anche
70 *Pagine Nascoste*, la rassegna di documentari e film dedicati a scrittori e opere misteriosamente dimenticati.

Par. 11   Insomma, il Festival della letteratura non è fatto solo di parole: tra spettacoli di diverso genere e concerti, Mantova si trasforma in un vero e proprio connubio di letteratura e spetta-
75 colo, di arti visive e sonore.

per capire

3ᶜ Rileggi l'intero testo. Immagina di essere un giornalista che ha partecipato al Festival. Scrivi un articolo (di 100 parole) cercando di evidenziare:

● la peculiarità del Festival letterario di Mantova;
● il suo carattere multitematico, multidisciplinare e multimediale;
● l'edizione di cui si parla: novità e temi;
● l'omaggio a Primo Levi a vent'anni dalla sua scomparsa.

_____
_____
_____
_____
_____
_____
_____
_____

3ᵈ Trova nel testo un sinonimo delle parole seguenti (che qui sono nella forma di base) indicando la riga in cui si trova.

Paragrafo   2   1. usuale   r. _____

Paragrafo   3   2. imbarazzo   r. _____

Paragrafo   4   3. prepararsi   r. _____

Paragrafo   5   4. ventesimo anniversario   r. _____

Paragrafo   7   5. penetrazione in un altro territorio r. _____

Paragrafo   9   6. suggerimento   r. _____

Paragrafo 10   7. efficace/profondo   r. _____

Paragrafo 11   8. unione   r. _____

3ᵉ Completa con le parole derivate da _lettera_.

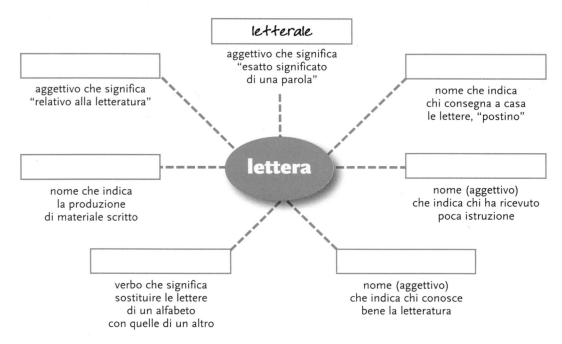

letterale
aggettivo che significa
"esatto significato
di una parola"

aggettivo che significa
"relativo alla letteratura"

nome che indica
chi consegna a casa
le lettere, "postino"

lettera

nome che indica
la produzione
di materiale scritto

nome (aggettivo)
che indica chi ha ricevuto
poca istruzione

verbo che significa
sostituire le lettere
di un alfabeto
con quelle di un altro

nome (aggettivo)
che indica chi conosce
bene la letteratura

3f Completa le espressioni con le preposizioni adeguate e verifica nel testo di p. 102.

1. legato _____
2. consentire _____ qualcuno _____
3. nascere _____
4. libero _____
5. un omaggio _____

6. ispirato _____
7. scegliere c _____
8. dedicato _____
9. rivolto _____
10. puntare _____

per capire

E 16 →

Confronto fra culture

Festival culturali

Conosci questi festival culturali italiani?
Raggruppali per tipo.
Se ce n'è uno che ti incuriosisce, con l'aiuto di Internet fai una breve ricerca.

● Festival del fumetto e dell'animazione
● Biennale di Venezia
● Festival di San Remo
● Festivaletteratura di Mantova
● Festival del noir
● Festival dei due mondi di Spoleto
● Mostra del cinema di Venezia
● Galassia Gutenberg
● Bergamo Scienza

LETTERATURA
CINEMA
MUSICA
ARTE
SCIENZA

E nel vostro Paese, quali festival importanti ci sono?
Raccogliete informazioni e fate una breve presentazione alla classe.

E 4 →

Letteratura

4ª **Nell'articolo sul Festival della letteratura di Mantova che hai letto (esercizio 3b) si accennava ad un omaggio allo scrittore Primo Levi. Ora leggerai un brano tratto dal suo romanzo *La tregua*. Prima di cominciare, completa la presentazione del libro con le parole seguenti:**

ritorno   testimonianza storica   ebreo
campo di concentramento   autobiografico   avventuroso

Una pagina di Primo Levi

La tregua è un romanzo di Primo Levi scritto tra il 1961 e il 1962, che raccoglie l'importante _____ dell'esperienza dell'autore _____ nel lungo e _____ viaggio di _____ in Italia dopo la permanenza nel _____ di Auschwitz.

4ᵇ **Ora leggi il brano, rispondi alle domande e confrontati con un compagno.**

Nell'infermeria del Lager di Buna-Monowitz eravamo rimasti in ottocento. Di questi, circa cinquecento morirono delle loro malattie, di freddo e di fame prima che arrivassero i russi, ed altri duecento, malgrado i soccorsi, nei giorni immediatamente successivi.
La prima pattuglia russa giunse in visita del campo verso il mezzogiorno del 27 gennaio 1945.
5 Fummo Charles ed io i primi a scorgerla: stavamo trasportando alla fossa comune il corpo di Somogyi, il primo dei morti fra i nostri compagni di camera. […] Erano quattro giovani soldati a cavallo, che procedevano guardinghi, coi mitragliatori imbracciati, lungo la strada che limitava il campo […]. A noi parevano mirabilmente corporei e reali, sospesi (la strada era più alta del campo) sui loro enormi cavalli, fra il grigio della neve e il grigio del cielo,
10 immobili sotto le folate di vento umido minaccioso di disgelo.
Ci pareva, e così era, che il nulla pieno di morte avesse trovato un suo centro solido, un nucleo di condensazione: quattro uomini armati, ma non armati contro di noi; quattro messaggeri di pace, dai visi rozzi e puerili sotto i pesanti caschi di pelo.
Non salutavano, non sorridevano; parevano oppressi, oltre che da pietà, da un confuso
15 ritegno, che sigillava le loro bocche, e avvinceva i loro occhi allo scenario funereo. Era la stessa vergogna a noi ben nota, quella che ci sommergeva ogni volta che ci toccava assistere o sottostare ad un oltraggio: la vergogna che i tedeschi non conobbero, quella che il giusto prova davanti alla colpa altrui, e gli rimorde che esista, che sia stata introdotta irrevocabilmente nel mondo delle cose che esistono, e che la sua volontà buona sia stata nulla o scarsa, e non abbia
20 valso a difesa.

1. Che cosa racconta Levi in questo primo capitolo?
2. Quale titolo daresti al brano?
3. Come descrive Levi i soldati russi?
4. Con quale sentimento li rappresenta?
5. Quali sensi di colpa prova chi sta dalla parte dei giusti?

4ᶜ **Rileggi il testo e sottolinea gli aggettivi e le espressioni con cui Levi descrive i quattro soldati russi.**

Il congiuntivo trapassato

1a **Rileggi il brano dell'esercizio 4b e sottolinea i congiuntivi (6). In quale tempo sono coniugati?**

1. _____   3. _____   5. _____
2. _____   4. _____   6. _____

1b **Osserva questo esempio di congiuntivo trapassato e indica come si forma:**

(r. 11) avesse trovato

1c **Riprendi i congiuntivi che hai sottolineato e completa la tabella come nell'esempio.**

frase principale	frase secondaria (dipendente)	congiuntivo
tempo presente	1. _che esista_	congiuntivo presente
gli rimorde	2. _____	
	3. _____	
	4. _____	
tempo passato	5. _prima che arrivassero_	congiuntivo imperfetto
morirono	6. _____	

1d **Rifletti sulla concordanza dei tempi e completa la regola sull'uso del congiuntivo trapassato.**

Il congiuntivo trapassato si usa quando nella frase principale c'è un tempo _____ ; esprime un'azione _____ rispetto a quella del verbo della principale.

1e **Trasforma le frasi seguenti al passato, come nell'esempio.**

Credo che si sia salvato. (anteriorità che dipende da un verbo al presente) →
Credevo che si fosse salvato. (anteriorità che dipende da un verbo al passato)

1. Gli dispiace che non abbiate trovato posto nell'agriturismo.

2. Temo che il treno non sia arrivato in orario e che Ada abbia perso la coincidenza.

3. Spero che Carlo, prima di partire per il Giappone, abbia almeno finito gli esami.

4. Suo padre è arrabbiato per il fatto che Silvio abbia deciso di non fare il servizio militare.

5. Mi sembra che Sandro abbia già comprato i regali di Natale per i bambini.

6. Nonostante sia appena nevicato, Giulia non rinuncia ad andare al concerto.

7. Mi pare di ricordare che abbia perso la mobilità delle gambe in un incidente stradale.

8. Sembra che mia figlia abbia finalmente trovato il ragazzo adatto a lei.

grammatica

1 Completa questi brevi brani tratti da *La Tregua* di Primo Levi, scegliendo tra il congiuntivo imperfetto e trapassato.

IN INFERMERIA

Avevo la scarlattina, la febbre, stavo all'infermeria: il magazzino delle scarpe era molto lontano, era proibito avvicinarsi, e poi si diceva che (*essere saccheggiato*) (1) _____ dai polacchi. E non avevo il diritto di credere che i russi avrebbero provveduto a darci le scarpe? Mi sembrava, oltre che comodo, estremamente naturale che qualcuno mi (*mantenere*) (2) _____, ed anche bello: avevo trovato bella, esaltante, l'esplosione di solidarietà nazionale, anzi di spontanea umanità della sera prima. Inoltre, pieno com'ero di autocommiserazione, mi appariva giusto, buono, che il mondo (*provare*) (3) _____ infine pietà di me.

Verso la fine di febbraio, dopo un mese di letto, mi sentivo non già guarito, ma stazionario. Avevo l'impressione netta che, finché non (*rimettermi*) (4) _____ in posizione verticale, e non (*mettersi*) (5) _____ le scarpe ai piedi, non avrei ritrovato la salute e le forze. Perciò, in uno dei rari giorni di visita, chiesi al medico di essere messo in uscita.

DURANTE IL VIAGGIO

Il convoglio si arrestò davanti a noi. Ne scesero alcuni contadini polacchi, da cui non riuscimmo a cavare alcuna informazione sensata: ci guardavano con facce chiuse e ci evitavano come se (*essere*) (6) _____ appestati.

Mentre perlustravamo la zona, tra i tronchi, sdraiati al sole, cotti dal sole, scovammo una dozzina di prigionieri tedeschi, bradi. Sembrava che (*essere dimenticati*) (7) _____ _____, abbandonati alla loro sorte. Ci videro, e alcuni tra loro mossero verso di noi con passi incerti da automi. Ci chiesero pane. Rifiutammo, poiché il nostro pane era prezioso. Ma Daniele, a cui i tedeschi avevano spento la moglie forte, il fratello, i genitori, e non meno di trenta parenti, trasse un pane e lo mostrò a quelle larve, e lo depose a terra. Ma pretese che (*venire*) (8) _____ a prenderlo strisciando a terra carponi. Il che essi fecero docilmente.

E 6, 7, 8 →

Il periodo ipotetico

2 Giuseppe Tornatore, Silvio Soldini e Paolo Virzì. Conosci questi tre registi italiani contemporanei? Confrontati con la classe e l'insegnante: qual è secondo voi il tema di questi loro film, di cui vedi sotto le locandine? Sulla base del titolo, provate a fare ipotesi sulla storia e sui protagonisti.

2b **Leggi le trame di questi film e associa ciascuna trama ad alcune battute del film.**

LA LEGGENDA DEL PIANISTA SULL'OCEANO

Il film è tratto dal romanzo di Alessandro Baricco, *Novecento*.
Racconta la storia di un neonato trovato in fasce il 1° gennaio del 1900 a bordo del transatlantico *Virginia* (che effettua il percorso tra l'Europa e l'America). T.D. Lemmons, detto Novecento, cresce sulla nave e non ne scenderà mai. Impara a suonare il piano, diventa l'attrazione dell'orchestra di bordo e la fama della sua bravura si diffonde anche a terra. Dopo la seconda guerra mondiale, quando la nave in disuso sta per essere demolita con la dinamite il suo amico Max, musicista e narratore della storia, è convinto che Novecento sia ancora a bordo. Lo trova e...

Elsa e Michele, una coppia felice, benestante e colta (lui imprenditore, lei sta lavorando per passione come restauratrice), stanno per andare incontro ad una crisi che cambierà la loro vita. Dopo la laurea di Elsa in storia dell'arte, Michele confessa alla moglie di essere stato fatto fuori dalla società che lui stesso aveva creato. La coppia è costretta a rinunciare agli agi (barca, cene fuori, casa) e si trasferisce in un quartiere popolare. Ma mentre Elsa sembra reagire trovando lavori *part-time* (come telefonista e segretaria), Michele non ne è capace e sprofonda nella depressione...

Tutta la vita davanti

Marta ha 25 anni, è una laureata con lode in Filosofia ed è in cerca di lavoro. Dopo una serie di tentativi falliti, accetta un impiego presso il *call center* della *Multiple*, un'azienda che vende un elettrodomestico futuribile. Spigliata e determinata, si avventura in un mondo fatto di giovani telefoniste e venditori invasati, danze motivazionali, *jingle* aziendali, premiazioni, applausi e penitenze concordate. Ben presto si renderà conto della cruda realtà che si cela dietro un ambiente apparentemente dinamico, che nasconde i lati oscuri del lavoro precario giovanile.

grammatica

a. da _____

● Non ci vado più in ufficio, Elsa.
○ Ma da quando?
● Da due mesi. Ho fatto colloqui, mandato *curriculum*.
○ E non mi hai mai detto niente? Ma è assurdo!
● Se ti avessi parlato due mesi fa, che cosa avremmo risolto? Scusa Elsa, ma ho voluto aspettare che ti laureassi.
○ Va bene, ma... adesso che cosa succede...

b. da _____

L'atro ieri, miracolo, uno è venuto in ufficio e mi ha detto: "Ma se il *team leader* della *Multiple* pensa che possa motivarmi, può non darmi lo stipendio?" Oppure un altro mi ha detto: "Se vado al bagno due volte è illegale?"

c. da _____

● È la sua musica quella! La musica di Danny Boodman T.D. Lemon Novecento, il più grande solleticatore d'avorio dei sette mari.
○ Robe da matti! Se fosse così allora questo disco varrebbe una fortuna!
● Quel disco non dovrebbe esistere. L'unica matrice esistente fu distrutta subito dopo la registrazione.

2c **Sottolinea nelle battute dei film i periodi ipotetici (4), cioè periodi formati da due frasi, una frase secondaria introdotta da se e una frase principale, come nell'esempio:**

Se ti piace il genere commedia amara,   *non puoi perderti l'ultimo film di Paolo Virzì.*
FRASE SECONDARIA (condizione)   FRASE PRINCIPALE (conseguenza)

2d **In coppia. Rifletti sul significato dei periodi ipotetici che hai sottolineato. A quale di questi tre tipi appartengono?**

1. PERIODO IPOTETICO DELLA REALTÀ: il fatto è sentito dal parlante come realistico, sicuro (accadrà o è accaduto)

   _____

2. PERIODO IPOTETICO DELLA POSSIBILITÀ: il fatto è sentito dal parlante come possibile, ma poco probabile (forse / probabilmente accadrà)

   _____

3. PERIODO IPOTETICO DELLA IRREALTÀ: il fatto è sentito dal parlante come impossibile (riguarda il passato e non è successo)

   _____

2e **Completa la tabella con i modi e i tempi usati nei tre diversi periodi ipotetici.**

REALTÀ	
Se _____	_____
POSSIBILITÀ	
Se _____	_____
IRREALTÀ	
Se Congiuntivo trapassato _____	Condizionale passato _____

2f **Come puoi osservare, in questo periodo ipotetico la condizione è sottintesa. Com'è la frase secondaria che manca?**

Ci vollero degli anni, ma alla fine, un giorno, presi il coraggio a quattro mani e glielo chiesi. "Novecento, perché cristo non scendi, una volta, anche solo una volta, perché non lo vai a vedere il mondo, con gli occhi tuoi, proprio i tuoi. Perché te ne stai su questa galera viaggiante, tu <u>potresti</u> fare quello che vuoi, suoni il pianoforte da dio, <u>impazzirebbero</u> per te, ti <u>faresti</u> un sacco di soldi, e <u>potresti</u> <u>sceglierti</u> la casa più bella che c'è, puoi anche fartela a forma di nave, che ti frega?

(da *Novecento* di A. Baricco)

_____

_____

_____

2^g Leggi questi brani di un'intervista a Giuseppe Tornatore sul film *La leggenda del pianista sull'oceano* e completa i periodi ipotetici.

Com'è nata l'idea di questo film?

Mi sono innamorato del monologo di Baricco la prima volta che l'ho letto. Mi ha conquistato subito il personaggio, Novecento, per la sua forte carica allegorica e di modernità.

Novecento nel film ha uno sguardo molto particolare.
Nel cinema lo sguardo è sempre importantissimo. Se gli occhi dei protagonisti (*essere*) (1) _____ lo specchio del loro modo di vedere le cose, quelli di Novecento (*essere*) (2) _____ semplici come un bicchiere di acqua fresca, mentre lo sguardo del suo amico Max (*essere*) (3) _____ inquieto.

L'innamoramento di Novecento per una giovane passeggera non esiste nel libro.
È una delle infedeltà al testo di Baricco. Ma non poteva essere un vero incontro, poteva essere solo uno sfiorarsi. Novecento rimane se stesso dall'inizio alla fine. Se (*avvicinare*) (4) _____ quella donna, (*essere*) (5) _____ come scendere dalla nave.

Come avrebbe reagito se (*trovarsi, Lei*) (6) _____ nei panni del suo personaggio?

Se ne (*avere*) (7) _____ la forza, immagino che (*fare*) (8) _____ come lui, (*rimanere*) (9) _____ sulla nave. "La terra è una nave troppo grande per me. È una musica che non so suonare. Al massimo posso scendere dalla mia vita", dice Novecento al suo amico trombettista.

La musica è una componente essenziale del film?
Sì, il risultato del film non (*essere*) (10) _____ così buono se la sceneggiatura non (*essere supportata*) (11) _____ dalla straordinaria composizione delle musiche da parte del maestro Ennio Morricone, che ci ha lavorato per un anno e mezzo.

Rivedendo il film nella sua versione definitiva, (*modificare*) (12) _____ ancora qualcosa se (*potere*) (13) _____?
No, non (*modificare*) (14) _____ nulla. Credo che il film sia compiuto così com'è adesso.

2^h Costruisci il periodo ipotetico che scaturisce logicamente dalla premessa, come nell'esempio.

La sveglia si è rotta e quindi non mi sono svegliata in tempo. → Se la sveglia non si fosse rotta, mi sarei svegliata in tempo.

1. Stefano è tornato nella tranquilla cittadina di provincia in cui è cresciuto, perché la sua ragazza l'ha tradito con un musicista più giovane di lui.
2. Non l'ha rivista e quindi non le ha regalato un braccialetto.
3. Marta ha abbandonato gli studi per dedicarsi al lavoro con i delfini in un parco acquatico e adesso è così soddisfatta della sua vita. (tipo misto)
4. È insicuro e depresso, probabilmente perché i suoi genitori si sono separati. (tipo misto)

E 9, 10, 11, 12

5. Non metti i vestiti che ti ho dato, allora per favore ridammeli.
6. Non sei un "figlio di papà" e quindi hai problemi a trovare un lavoro interessante.
7. Non hanno rinunciato al viaggio perché la moglie non sapeva che il marito aveva perso il lavoro.
8. È inevitabile che la stabilità familiare crolli quando non c'è la certezza del lavoro.
9. Hai bevuto troppo vino e adesso ti senti male.

2ⁱ In gruppo. Fatevi reciprocamente delle domande, come negli esempi che seguono, per aiutarvi ad inventare un diverso svolgimento e finale della storia di Novecento. Poi scrivete la nuova storia e leggetela alla classe, che voterà la più originale.

Che cosa sarebbe successo se fosse sceso dalla nave? Oppure se, sulla nave, si fosse innamorato di una donna? Se avesse dovuto smettere di suonare il pianoforte? Se i suoi genitori non l'avessero abbandonato?

produzione libera

1 Ipotesi possibili?

In coppia. Rispondete alle domande in Appendice (p. S34), poi confrontatevi con tutta la classe su un paio di ipotesi.

2 Intervista impossibile.

In coppia. Se potessi tornare indietro nel tempo e vivere nell'Italia del passato, in quale epoca storica ti sarebbe piaciuto vivere e quale personaggio famoso italiano saresti voluto essere? Fate una breve ricerca sul personaggio che sareste voluti essere e preparatevi a rispondere a turno alle domande sotto.

1. In quale epoca sei vissuto? In quale città italiana?
2. In quale ambiente familiare sei cresciuto?
3. Quando e come ti sei reso conto del tuo talento?
4. Qual è l'opera più importante che avresti voluto realizzare ma non ci sei riuscito?
5. Quali sono stati i tuoi amici? Hai avuto qualche rivale?
6. E la tua vita amorosa, com'è stata?
7. Che personaggi famosi della tua epoca ti sarebbe piaciuto incontrare?
8. Qual è il tuo più grande rimpianto? Che cosa avresti voluto fare che non hai fatto?

3 Talenti emergenti.

Immagina di partecipare ad un concorso letterario organizzato dalla tua scuola. Leggi l'*incipit* di due testi letterari scritti da autori italiani. Scegline uno. Lasciati ispirare dagli elementi che hai a disposizione per inventare e scrivere una tua storia. Dai anche un titolo alla narrazione. La storia più originale e ben scritta sarà votata dalla classe e premiata.

Dopo interminabile attesa, quando la speranza già cominciava a morire, Giovanni ritornò alla sua casa. Non erano ancora suonate le due, sua mamma stava sparecchiando, era una giornata grigia di marzo e volavano cornacchie. Egli comparve improvvisamente sulla soglia e la mamma gridò: "Ah benedetto!" correndo ad abbracciarlo. Anche Anna e Pietro, i due fratellini molto più giovani, si misero a gridare di gioia. Ecco il momento aspettato per mesi e mesi, così spesso balenato nei dolci sogni dell'alba, che doveva riportare la felicità.

(da D. Buzzati, «Il mantello», 1960)

Il tassista aveva una barba a pizzo, una reticella sui capelli e un codino legato con un nastro bianco. Pensai che fosse un *sikh*, perché la mia guida li descriveva esattamente così. La mia guida si intitolava: *India, a travel survival kit*, l'avevo acquistata a Londra più per curiosità che per altro, perché forniva sull'India informazioni assai bizzarre e a prima vista superflue. Solo più tardi mi sarei accorto della sua inutilità.

(da A. Tabucchi, *Notturno indiano*, 1984)

4 Poesia d'amore.

Segui le istruzioni dell'insegnante e scrivi una poesia dedicata ad un tuo grande amore. Il titolo è:

> *Se fossi...*
> *Se fossi un fiore saresti la rosa rossa*
> *più profumata del mio giardino*

un paesaggio • una stagione • un profumo • una musica • un rumore • una parte del giorno • un'epoca della vita • un vestito • un libro • un quadro • un pensiero • una luce

Dossier *cultura*

Arte e musei

1ª Con la classe. Durante i vostri viaggi in Italia, avete visitato qualche museo? Secondo voi gli italiani sono frequentatori di musei? Quali sono i tre musei più visitati d'Italia? Elencate tre caratteristiche che dovrebbe avere un buon museo.

1ᵇ Leggi il testo seguente e svolgi l'attività.

MUSEI ITALIANI: risultati conseguiti e nuovi scenari

Il *Touring Club Italiano* (TCI) ha raccolto in un dossier ("Dossier Musei 2008") i dati sull'andamento dei musei di casa nostra. Il panorama che ne esce è dinamico e multiforme, caratterizzato dalla continua apertura (come per es. del neonato MAMbo di Bologna) e riapertura di molti istituti.

Il TCI ci fornisce un'interessante notizia da cui partire sul ruolo attrattivo del nostro patrimonio culturale: nel 2007 nei 30 musei più visitati sono transitati 24,5 milioni di visitatori, mentre nel 2006 le manifestazioni calcistiche ne hanno totalizzati circa 20,4.

Le teste di serie dell'offerta museale si confermano Roma con i Musei Vaticani, Firenze con gli Uffizi e gli scavi di Pompei, quindi, nella "top 30", la categoria dei musei artistici fa la parte del leone con il 57%, a seguire i musei storico-archeologici (30%) e la categoria scientifica (13%). Per avere un termine di confronto internazionale, tra i musei più visitati al mondo, gli Uffizi di Firenze occupano il 21° posto con un quinto di biglietti emessi rispetto al Louvre di Parigi.

Un'atipicità significativa è costituita dal patrimonio archeologico del paese che, per consistenza ed importanza, ne costituisce un tratto distintivo; eppure i 10 musei archeologici più visitati registrano un calo di visitatori nel 2007, come per esempio il Museo Egizio di Torino. Questo perché, fatta eccezione per Pompei, il resto dei siti archeologici è poco conosciuto.

Gli unici a presentare un aumento totale rispetto al 2006 sono i musei scientifici: il fenomeno positivo è dovuto alla tipologia differenziata di offerta proposta da questi istituti, che spaziano dagli orti botanici, agli acquari, ai musei di storia naturale, di divulgazione del pensiero scientifico e tecnologico. Una novità è rappresentata dai musei d'impresa, depositari della storia e della cultura materiale del nostro paese, del *Made in Italy*: si pensi alla Galleria Ferrari – nel 2006 il suo pubblico è cresciuto più del 20%. I visitatori sono ancora pochi, soprattutto perché queste strutture sono spesso all'interno di spazi aziendali con orari di apertura limitati.

L'offerta museale, infatti, è la capacità di adeguarsi alle nuove esigenze dell'utente. Per questo, sempre più si è puntato su allestimenti – paralleli alle collezioni permanenti – di mostre temporanee, che attraggono il pubblico in quanto caratterizzano un elemento di novità e di unicità dell'evento. Ciò permette anche di valorizzare un patrimonio mai esposto, come nel caso della fortunata iniziativa "Brera mai vista", che ha consentito di recuperare dai depositi opere mai esposte e di grande valore.

Anche l'adeguamento dei servizi offerti restituisce un quadro ancora non uniforme: cresce il numero dei musei sempre aperti o che praticano aperture straordinarie per le festività; i servizi più diffusi sono il *bookshop* e le visite guidate, mentre in pochi organizzano percorsi *ad hoc* per bambini. Ha preso piede ormai ovunque la possibilità di affittare le audio guide, di prenotare telefonicamente e disporre di luoghi di ristoro interni alle strutture stesse.

Indica se le affermazioni seguenti sono vere o false. Correggi quelle false. **V F**

1. La realtà museale italiana è uniforme e dinamica. ☐ ☐
2. Gli italiani vanno più allo stadio che al museo. ☐ ☐
3. Tra i musei più visitati c'è il Museo Egizio di Torino. ☐ ☐
4. Tra i diversi tipi di musei, i più frequentati sono quelli artistici. ☐ ☐
5. Sono in calo i visitatori dei musei archeologici e in crescita quelli dei musei scientifici. ☐ ☐
6. Le mostre temporanee attraggono molto pubblico. ☐ ☐
7. Il successo dei musei è dato dal sapersi adeguare alle nuove esigenze del pubblico. ☐ ☐

1ᶜ Scegli da questo elenco i tre servizi che ormai sono presenti in tutti i musei italiani:

audioguide	visite guidate	orario continuato	prenotazione telefonica
bookshop	ristoro	questionario di gradimento	percorsi per bambini

1ᵈ Rispondi alle domande.

1. Qual è l'anomalia italiana di cui si parla?   2. Qual è la novità in fatto di categorie di musei?

MICHELANGELO.

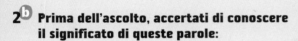

2a **Con la classe, raccogliete informazioni sulla vita artistica di Michelangelo:**

- periodo storico in cui visse;
- in quali città lavorò;
- le sue opere più famose.

2b **Prima dell'ascolto, accertati di conoscere il significato di queste parole:**

committenza   *Pietà* marmorea
affresco   volta
mausoleo

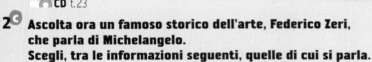

🔘 **CD** t.23

2c **Ascolta ora un famoso storico dell'arte, Federico Zeri, che parla di Michelangelo.**
Scegli, tra le informazioni seguenti, quelle di cui si parla.

☐ 1. Michelangelo a trent'anni era ancora poco conosciuto.
☐ 2. La sua fama cresce grazie alla committenza della *Pietà* per la basilica di San Pietro.
☐ 3. Papa Giulio II lo chiama a Roma e gli commissiona una tomba di marmo monumentale.
☐ 4. Finito questo mausoleo, il papa gli chiede di affrescare la Cappella Sistina.
☐ 5. Michelangelo affresca la volta della Cappella Sistina.
☐ 6. In quegli stessi anni Giulio II incarica anche Raffaello di affrescare le stanze del Vaticano.
☐ 7. La Cappella Sistina non era mai stata decorata prima di allora.
☐ 8. Prima di dipingere, Michelangelo ha fatto molti disegni e progetti che poi ha distrutto.

2d **Riascolta e scegli tra gli aggettivi seguenti quelli che meglio descrivono la personalità di Michelangelo.**

inconcludente   violento   vanitoso   perverso   scontroso

originale   misogino   equilibrato   aperto

2e **In coppia. Immagina di essere una guida turistica. Scegli una delle opere di Michelangelo, descrivila e racconta la sua storia al tuo compagno. Per prepararti, fai delle ricerche su Internet.**

GLI SCAVI DI POMPEI ED ERCOLANO

3a **Con la classe, raccogliete tutte le informazioni che conoscete sul sito archeologico di Pompei.**

3b **Prima di leggere il testo accertati di conoscere il significato di queste parole:**

eruzione   lava   cenere   lapilli   pomice

3c **Leggi il testo seguente e rispondi alle domande con le tue parole.**

CAMPANIA,
C'ERA UNA VOLTA POMPEI...

Era il 24 agosto del 79 a.C. quando il Vesuvio esplose, lanciando getti di lava incandescente sulle città circostanti. In pochi attimi Pompei, Ercolano e dintorni vennero sepolte dalla lava e dalla cenere, che le "cristallizzarono". Oggi i loro resti rappresentano i siti archeologici più visitati del nostro paese. Nel 1997, l'Unesco li ha dichiarati Patrimonio Mondiale dell'Umanità, in quanto costituiscono una testimonianza completa e vivente della società e della vita quotidiana in un momento preciso del passato, il tempo dei Romani, e non trovano il loro equivalente in nessuna parte del mondo.

Erano le 14,54 di un tranquillo pomeriggio estivo, quando i 15 mila abitanti di quella che era una delle più importanti città romane della Campania videro uno spettacolo insolito. Una pioggia di cenere che via via cominciò ad infittirsi sino a coprire i raggi del sole. Era solo l'inizio di una delle peggiori catastrofi dell'antichità.

Tra le vittime un romano eccellente, Plinio il Vecchio, ammiraglio di una flotta di navi, che appena iniziò l'eruzione volle avvicinarsi al luogo del cataclisma per poter osservare più da vicino il fenomeno. Sbarcato con enormi difficoltà in zona, morì poco dopo per le forti esalazioni, ma prima dell'ora fatale raccontò ciò che aveva visto al nipote, Plinio il giovane, che lo descrisse nei dettagli in alcune lettere a Tacito; queste lettere ancora oggi rappresentano la più vivida testimonianza di quello che avvenne quel giorno e sono un punto di riferimento per scienziati e archeologi.

Pompei non fu toccata dalla lava che fuoriuscì dal vulcano, come invece avvenne alla vicina Ercolano, che venne sommersa da un'enorme colata di fango. Furono i letali vapori solforosi a soffocare tutti coloro che cercavano di ripararsi dentro le case. Poi, Pompei fu completamente sommersa da sette metri di ceneri, lapilli e masse di pomice. Così rimase fino al 1748, anno in cui i primi scavi portarono alla luce la città "congelata" dalla catastrofe. Edifici, strade, sculture e dipinti rimasero conservati integri, così come molti dei suoi abitanti furono ritrovati fossilizzati nell'esatta posizione in cui li colpì la tragedia.

Lo spettacolo che si offre ai visitatori è straordinario e permette di rievocare l'atmosfera e la vita quotidiana in quel lontano passato. Ancora oggi, a tre secoli di distanza, quando gli archeologi rimuovono il fango, appaiono oggetti di vita quotidiana (es. contenitori di vino) e scheletri di abitanti che non fecero in tempo a mettersi in salvo. Ercolano e Pompei erano città ricche: lo testimonia la bellezza delle case lussuosamente decorate con decine di statue di bronzo conservate oggi al Museo Archeologico di Napoli, una vera e propria galleria di opere d'arte. Ma la scoperta più importante fu quella avvenuta all'interno della cosiddetta Villa dei Papiri (a Ercolano), dove fu trovata un'intera biblioteca con migliaia di papiri conservati sotto forma di rotolo, carbonizzati, ma integri.

1. Perché l'Unesco ha dichiarato gli scavi di Pompei Patrimonio Mondiale dell'Umanità?
2. A quale civiltà appartengono i resti rinvenuti?
3. Che cosa ha permesso di mantenere l'integrità delle due città?
4. Come morirono gli abitanti di Ercolano e quelli di Pompei?
5. Perché si ha una testimonianza precisa di ciò che avvenne quel giorno?
6. Quanti secoli dopo la catastrofe vennero scoperte le due città seppellite?
7. Dove sono conservate molte delle opere d'arte rinvenute durante gli scavi?

ROMA ANTICA

4ᵃ Con la classe, guardate queste figure e condividete tra voi tutte le informazioni sulla civiltà degli antichi romani.

CD t.24

4ᵇ Ascolta una prima volta l'intervista ad Alberto Angela, noto conduttore di trasmissioni di divulgazione scientifica. Scegli di quali temi si parla.

- La popolazione
- Il traffico
- La sporcizia della città
- L'insicurezza notturna
- La crisi degli alloggi con i prezzi alle stelle
- L'immigrazione selvaggia
- L'abusivismo edilizio

4ᶜ Riascolta e scegli la risposta giusta.

1. Alberto Angela (A.A.) si occupa di
   - ☐ **a.** giornalismo.
   - ☐ **b.** archeologia.
   - ☐ **c.** letteratura.
2. In questa intervista parla del suo libro, che racconta
   - ☐ **a.** una giornata nell'antica Roma.
   - ☐ **b.** delle grandi metropoli dell'antichità.
   - ☐ **c.** dei monumenti imperiali dell'antica Roma.
3. A.A. ha scelto di raccontare la Roma
   - ☐ **a.** dell'imperatore Adriano.
   - ☐ **b.** dell'imperatore Nerone.
   - ☐ **c.** dell'imperatore Traiano.
4. Parla di quest'epoca perché
   - ☐ **a.** Roma era al massimo della sua estensione e prosperità.
   - ☐ **b.** Roma e il suo Impero stavano decadendo.
   - ☐ **c.** Roma era diventata la capitale dell'Impero.
5. Qual era il primato di Roma antica?
   - ☐ **a.** Aveva un sistema della giustizia molto lento.
   - ☐ **b.** È stata la prima metropoli dell'antichità.
   - ☐ **c.** Era una città caotica dal mattino alla sera.
6. A.A. sostiene che
   - ☐ **a.** la Roma antica avesse gli stessi problemi della Roma moderna.
   - ☐ **b.** la Roma antica avesse problemi molto diversi dalla Roma moderna.
   - ☐ **c.** nella Roma antica ci fossero già costruzioni simili ai grattacieli.
7. Roma antica era
   - ☐ **a.** caotica, pericolosa e disorganizzata.
   - ☐ **b.** corrotta, illegale, sporca.
   - ☐ **c.** multietnica, plurilingue, amante degli spettacoli.
8. I romani
   - ☐ **a.** amavano le ville fuori città.
   - ☐ **b.** amavano mangiare e commerciare per strada.
   - ☐ **c.** amavano seguire i processi, che erano pubblici.

4ᵈ Lavorate in piccoli gruppi e poi confrontatevi con la classe sul significato delle espressioni seguenti:

vestirsi alla romana   pagare alla romana   tutte le strade portano a Roma   Roma città eterna
Roma non è stata costruita in un giorno   quando sei a Roma, vivi come i romani

4ᵉ Fate una ricerca su Internet su uno di questi aspetti della Roma antica e presentatela alla classe:

S.P.Q.R. • l'età dei re, la Repubblica, l'età degli imperatori • personaggi famosi (per es. Giulio Cesare, Nerone) • l'esercito romano • il Colosseo, gli acquedotti, le terme • le strade romane • le case • i pasti • i divertimenti • gli dei

appunti per imparare

Parole difficili da ricordare

	esempio	note/traduzione
sprecare	Non sprecare l'acqua rimasta, usala per bagnare i fiori!	consumare tempo, cose o denaro inutilmente

Espressioni idiomatiche

	esempio	note/traduzione
essere al verde	Non posso venire in vacanza, sono al verde!	senza soldi

Espressioni che reggono il congiuntivo

esempio	note/traduzione
Pazienza se non puoi venire: l'<u>importante è che tu</u> me lo faccia sapere al più presto.	(è come "è importante che...") (= "è importante che..." + congiuntivo)

Concordanza di tempi e modi verbali

esempio	note/traduzione
Penso che domani me ne starò a casa, ho la febbre.	<u>pensare</u> + futuro se esprimo un'intenzione

con VERBI	esempio
rivolgersi **a**	Per avere informazioni devi rivolgerti all'ufficio 32.

con NOMI	esempio
parrucca **da**	Per Carnevale mi sono messo una parrucca da strega.

con AGGETTIVI	esempio
pronto **a**	Che bello! Michele ha un furgone ed è pronto ad aiutarmi con il trasloco!

i miei errori più frequenti

errore	correzione	note
es. Secondo me tu _abbia_ ragione a convivere prima di sposarti.	Secondo me tu **hai** ragione a convivere prima di sposarti.	Secondo me → anche se indica un'opinione, non vuole il congiuntivo

esercizi

Livello [B2]

- comprensione orale
- comprensione scritta
- lessico
- grammatica

ripasso

espansione

S20 →

Rimando alla sezione
Sintesi grammaticale

1

a **Come viene visto all'estero il tipico maschio italiano? Scegli tra gli aggettivi seguenti.**

☐ mammone
☐ seduttore
☐ impacciato
☐ elegante
☐ galante
☐ deludente
☐ sicuro di sé

CD t.1

b **Ascolta questa rubrica che parla di come è cambiato il mito del "maschio italiano" secondo il quotidiano inglese *Times* e scegli tra le informazioni seguenti quelle effettivamente presenti nel testo.**

☐ **a.** Gli uomini italiani oggi sono abbastanza intimoriti dalle donne.
☐ **b.** Gli uomini italiani hanno meno relazioni che in passato.
☐ **c.** Gli italiani non sono più tanto *sexy*.
☐ **d.** Gli italiani non indossano più bei vestiti.
☐ **e.** Le donne italiane hanno una forte personalità.
☐ **f.** Molte donne non sono contente del rapporto con i loro compagni.
☐ **g.** Il 20% delle donne italiane è *single*.
☐ **h.** Le donne sono le responsabili del cambiamento di atteggiamento degli uomini.
☐ **i.** Di solito sono le donne a terminare una relazione.
☐ **j.** Quando è in difficoltà, l'uomo italiano chiede aiuto alla mamma.

c **Riascolta e completa le frasi con gli aggettivi usati nel servizio televisivo.**

1. I maschi italiani oggi sono (inserisci tre aggettivi) _____, _____, _____ (più risposte possibili).
2. Secondo le donne italiane, oggi gli uomini sono _____.
3. Il maschio italiano è in difficoltà perché le donne sono _____.

d **Prova a fare il test che è stato pubblicato sul *Times*. Ogni domanda nasconde uno stereotipo sull'uomo italiano: riesci ad individuarlo?**

Domanda 1 → **Stereotipo:** Tutti gli italiani dopo pranzo bevono un espresso macchiato.

Quanto è italiano il vostro uomo? (♀) / Quanto sei italiano? (♂)

1. Dopo pranzo beve/i

   ☐ **a.** un cappuccino.
   ☐ **b.** una camomilla.
   ☐ **c.** un espresso macchiato.

2. In autostrada

   ☐ **a.** guida/i al centro, superando senza nessun segnale.
   ☐ **b.** guida/i nella corsia dei veicoli lenti e ci rimane/i fino a quando non è assolutamente necessario.
   ☐ **c.** si muove/ti muovi nel traffico e si avvicina/ti avvicini a chiunque vada piano nella corsia di sorpasso, puntandogli le luci finché non si sposta.

3. A che età è/sei andato via di casa?

   ☐ **a.** 18.
   ☐ **b.** 28 (dopo che la madre ha smesso di fargli/ti il bucato).
   ☐ **c.** Che fretta c'è?

4. Per lui/te lo *scooter* è

   ☐ **a.** una cosa infantile.
   ☐ **b.** un modo per evitare la tassa sulle auto in centro.
   ☐ **c.** uno strumento per dimostrare la propria virilità.

5. Quante borse possiede/i?
   ☐ **a.** 1.
   ☐ **b.** Nessuna.
   ☐ **c.** 17 (ed è solo la collezione autunno-inverno).

6. Indossa/i il maglione

   ☐ **a.** sulla camicia.
   ☐ **b.** intorno alla vita.
   ☐ **c.** legato sulle spalle.

7. Quanti oggetti di *cachemire* possiede/i?

   ☐ **a.** Pochi, la maggior parte regalati da te/dalla tua fidanzata.
   ☐ **b.** Molti.
   ☐ **c.** Uno.

8. Che tipo di mutande indossa/i?

   ☐ **a.** Boxer.
   ☐ **b.** Attillate, comprate e stirate con amore dalla mamma.
   ☐ **c.** All'ultima moda.

9. Indossa/i la canottiera

   ☐ **a.** solo al picco dell'inverno.
   ☐ **b.** tutto l'anno, agosto compreso.
   ☐ **c.** non appena la temperatura scende sotto i 10 gradi.

10. Quando scia/scii

    ☐ **a.** si/ti comporta/i come un ragazzino.
    ☐ **b.** si/ti comporta/i in modo serio.
    ☐ **c.** prende/i lezione di sci con i ragazzini.

11. In spiaggia indossa/i

    ☐ **a.** pantaloncini.
    ☐ **b.** slip attillati neri.
    ☐ **c.** costumi dai modelli antiquati.

12. Nel fine settimana si occupa/ti occupi dei bambini

    ☐ **a.** chiedendo aiuto alla madre o alla sorella.
    ☐ **b.** portandoli a mangiare una pizza.
    ☐ **c.** ricordandosi/ti di un importante appuntamento che si terrà allo stadio e durerà per almeno 4 ore.

• **Calcola il punteggio e controlla il tuo profilo in appendice a p. S34.**

2 CD t. 2

Dettato puzzle. Ascolta più volte la registrazione e completa.

1. _____ _____ c'è 2. _____ _____ da parte soprattutto degli studenti

americani 3. _____ _____ _____ _____ romantica, 4. _____

_____ _____ la mia impressione è che ci sia 5. _____ _____ che

6. _____ _____ dai *media* che è 7. _____ _____

_____ ; poi 8. _____ _____ _____ _____ di poter dire che

9. _____ _____ hanno le idee un po' confuse 10. _____ _____

_____ _____. *Perché confuse?* 11. _____ _____

_____ hanno queste immagini che 12. _____ _____ _____

dal cinema 13. _____ _____ _____ _____ televisione, eppure nel mio contatto con gli

14. _____ _____ mi sembra che certe volte 15. _____ _____ ben chiara qual

è 16. _____ _____ _____ dell'Italia.

comprensione scritta

3

a **Leggi il testo e scegli la risposta giusta.**

FORSE FRATELLI, MA NON D'ITALIA

Par. 1 Cosa risponderebbero gli italiani se fosse loro chiesto di indicare un simbolo della propria identità nazionale? Il governo inglese ha invitato una commissione di esperti a stilare un elenco di dodici super-icone nazionali e in casa nostra ha raccolto l'invito *La Repubblica*, proponendo ai propri lettori di fare altrettanto. Certo non è la stessa cosa, perché il pubblico di lettori è indifferenziato e non può certo essere considerato un campione rappresentativo degli italiani. Ma anche con tutti i limiti del caso, vengono offerti spunti non banali per una riflessione sulla nostra identità di italiani.

Par. 2 Innanzitutto manca un richiamo forte al nostro essere italiani: l'elenco è uno specchio fedele delle anime multiple, regionali, del "Bel Paese" perché è lungo e creativo fino ai limiti della bizzarria; comprende Leonardo e Dante, Machiavelli e Beccaria, la Juventus e il Colosseo, la Ferrari e la pizza napoletana.

Par. 3 Il secondo dato significativo che emerge è la totale assenza di un riferimento alla sfera della cittadinanza civile: al nostro essere cioè, nel bene e nel male, una comunità di cittadini che non vivono solo entro determinati confini geografi-

ci, ma che coltivano anche un senso di appartenenza, senza il quale non saremmo un popolo. Per certi versi è naturale, in una società di massa, che sia la sfera del costume e del vivere quotidiano a offrire gli spunti più condivisi di un'identità collettiva. Anche gli inglesi hanno cara l'icona dell'autobus rosso a due piani, la bombetta o l'ombrello. Ma nel profondo si coglie una condivisione larga di un'identità collettiva, non troppo connotata da un punto di vista regionale, sociale o culturale.

Par. 4 La nostra ricerca di un'identità nazionale è invece lunga e tormentata, a partire dall'inno italiano che è sempre stato assai poco popolare. Quanto alla bandiera tricolore, abbiamo dovuto aspettare la vittoria dei Mondiali di calcio del 1982 per vederla sventolare gioiosamente per le strade. Non parliamo dei riti e delle feste ufficiali. Il 25 aprile è sempre stato celebrato da partiti e istituzioni, non sempre in spirito di concordia. Il 4 novembre ha dovuto cambiare pelle più volte per durare, perdendo peraltro il suo statuto di festività: da ricorrenza della Vittoria (del 1918) a Giornata delle Forze armate. Solo il 2 giugno è "Festa della Repubblica", ma a celebrarla sono prevalentemen-

te le autorità, molto meno i cittadini; diversamente da quel che avviene negli Stati Uniti con il 4 luglio o in Francia con il 14 luglio.

Par. 5 Il caso più imbarazzante è quello dei monumenti. Il Vittoriano, eretto ai primi del secolo scorso nel centro di Roma e voluto per celebrare il "re che ha fatto l'Italia", è diventato nel primo dopoguerra monumento al Milite ignoto e oggi è sede di eventi celebrativi degli uomini e delle donne che hanno fatto l'Italia unita e libera. La frammentazione, varietà e debolezza dei simboli della nostra identità nazionale sono lo specchio fedele della nostra storia. Giunti all'unità solo un secolo e mezzo fa, con alle spalle un passato di municipalismo, regioni e dinastie (addirittura importate), di economie e culture separate, una volta costruito lo Stato, gli italiani hanno scoperto di non essere ancora una nazione.

Par. 6 Non meraviglia a questo punto che manchino saldi e condivisi simboli dell'identità nazionale e che si ricorra preferibilmente a segni del vivere quotidiano e a icone di eccellenza nel campo dell'arte e della letteratura per trovare, se non altro, un punto d'incontro per una nazione ancora in costruzione.

1. Chi ha chiesto agli italiani quale fosse il loro simbolo nazionale?
   - ☐ **a.** Il governo italiano.
   - ☐ **b.** Un quotidiano.
   - ☐ **c.** Un sondaggio televisivo.

2. Gli italiani hanno individuato
   - ☐ **a.** un unico simbolo nazionale.
   - ☐ **b.** un numero limitato di simboli comuni.
   - ☐ **c.** un elenco ricco ed eterogeneo di simboli.

3. Gli italiani
   - ☐ **a.** si sentono profondamente parte di un popolo.
   - ☐ **b.** si sentono poco parte di un popolo.
   - ☐ **c.** non si sentono parte di un popolo.

4. L'identità nazionale in Italia
   - ☐ **a.** è uguale per tutti.
   - ☐ **b.** dipende dal luogo in cui si vive.
   - ☐ **c.** è diversa per tutti.

5. All'inno di Mameli e al tricolore gli italiani
   - ☐ **a.** sono molto affezionati.
   - ☐ **b.** non sono molto affezionati.
   - ☐ **c.** non sono per niente affezionati.

6. La festa del 4 novembre inizialmente celebrava
   - ☐ **a.** l'unità dell'Italia.
   - ☐ **b.** la fine della I guerra mondiale.
   - ☐ **c.** la fine della II guerra mondiale.

7. In Italia il 2 giugno
   - ☐ **a.** è festeggiato da tutti gli italiani.
   - ☐ **b.** è festeggiato solo da pochi italiani.
   - ☐ **c.** è festeggiato principalmente dalle istituzioni.

8. Cosa celebrava in origine il Vittoriano?
   - ☐ **a.** Il primo re d'Italia.
   - ☐ **b.** La vittoria dell'Italia nella I guerra mondiale.
   - ☐ **c.** Un soldato di cui non si conosce il nome.

9. Secondo l'autore l'Italia
   - ☐ **a.** non è più una vera nazione.
   - ☐ **b.** non è ancora una vera nazione.
   - ☐ **c.** non è mai stata una vera nazione.

b **Trova nel testo un sinonimo delle parole seguenti.**

Paragrafo 1   **1.** scrivere (un elenco) _____

Paragrafo 1   **2.** la stessa cosa _____

Paragrafo 1   **3.** ovvio/scontato _____

Paragrafo 2   **4.** eccentricità _____

Paragrafo 3   **5.** all'interno _____

Paragrafo 3   **6.** tradizione/stile _____

Paragrafo 3   **7.** caratterizzato _____

Paragrafo 4   **8.** faticoso _____

Paragrafo 5   **9.** divisione _____

4

Completa le frasi scegliendo tra i seguenti avverbi di modo.

certamente	decisamente	assiduamente
attentamente	profondamente	lentamente
vivamente	chiaramente	diametralmente

1. Raccomandiamo (1) _____ ai passeggeri di effettuare il *check-in* almeno un ora prima del decollo.

2. Al mattino gli italiani frequentano (2) _____ il bar per prendere un caffè.

3. Gli italiani sono (3) _____ rumorosi e loquaci, se paragonati agli svedesi.

4. Gli italiani al Nord e al Sud vivono in maniera (4) _____ opposta il loro essere italiani.

5. Si pensa che gli italiani siano un popolo (5) _____ religioso.

6. Marco ha seguito (6) _____ il dibattito politico alla TV.

7. La moka è (7) _____ uno degli oggetti più rappresentativi dell'Italia all'estero.

8. Il relatore ha parlato (8) _____ e (9) _____, in questo modo sono riuscito a capire tutto.

5

Completa queste frasi scegliendo l'espressione avverbiale di tempo o di modo più adatta tra le seguenti.

all'insaputa	per tempo	alla buona	all'improvviso
di quando in quando	di malavoglia	per sempre	alla rinfusa
a crepapelle	in un attimo	all'antica	in seguito
in tempo	a squarciagola	fino a	a poco a poco

1. Ho visto un film molto divertente ieri sera. Ho riso _____ per tutto il tempo.

2. Si erano stabiliti in Francia _____ al matrimonio del figlio.

3. Ieri _____ ha iniziato a piovere.

4. Marco sotto la doccia canta sempre _____.

5. Vi avevo avvisati _____ della verifica.

6. Silvia mi ha invitato all'opera, ma io ci vado _____ perché la trovo noiosa.

7. Marco e Giulia si ameranno _____.

8. Abbiamo mangiato insieme in una piccola trattoria in collina, è stato un pranzo _____, ma ci siamo divertiti molto.

9. Alcuni mariti sono un po' _____ e si ingelosiscono se le mogli escono da sole.

10. _____ Silvia mi viene a trovare.

11. Ho messo i libri _____ sulla libreria perché non avevo tempo di sistemarla.

12. _____ poco fa Luca era qui, ma ora non so dove sia.

13. Carla e Giovanni sono venuti tardi alla festa, ma sono arrivati _____ per vedere Michela che spegneva le candeline.

14. Giorgio e Pamela quando erano giovani sono andati in vacanza a Parigi _____ dei loro genitori.

15. _____ il cielo è diventato nero ed è venuto un forte temporale.

16. Il ristorante _____ si è svuotato e io e Giulio siamo rimasti soli.

6

Scegli l'aggettivo più adatto tra le due opzioni.

L'eurospot: pubblicità e stereotipi

Da quando Angelo, l'italiano della pubblicità, tranquillizzava una biondina (1) **tenace/affascinante** *con un cappuccino e ammetteva* (2) **scherzoso/arrogante** *che «non aveva davverrrrro una macchina per riportala a casa» o da quando la francesina in biancheria intima si stiracchiava* (3) **sensuale/sofisticata** *nel letto per pubblicizzare una birra, non è più possibile immaginare le pubblicità senza stereotipi. In tutta Europa è la stessa cosa: IKEA allude alle* (4) **pigre/fredde** *feste svedesi, Ricola evoca lo spirito* (5) **inventivo/divertente** *svizzero, mentre gli spagnoli* (6) **seri/allegri** *e* (7) **socievoli/formali**, *possono fare* fiesta *perché hanno usato* Fairy *per lavare la pentola incrostata di* paella. *Ma come dovrebbe essere l'eurospot? Forse si dovrebbero far scontrare frontalmente molti* cliché, *come ha fatto la Renault che, per dimostrare la sicurezza dei suoi veicoli, ha fatto combattere diversi stereotipi nazionali: due* (8) **pesanti /allegri** *lottatori di* sumo *giapponesi, due* (9) **seri/romantici** *tedeschi bavaresi, due* (10) **loquaci/sofisticati** *francesi, il cui urto finisce però in un "French Kiss".*

S2,3 →

7

Leggi questo brano e completalo con gli articoli e le desinenze che mancano.

il braccio → le braccia
il labbro → le labbra
il ginocchio → le ginocchia

Da dietro il suo bancone di granito rosa, Bepi mi stringe (1) __ man__ con entusiasmo. Si dichiara *"very 'appy"* di avere un inglese nel suo negozio. Mi regala un (2) sorris__ raggiant__. Ha la mia stessa età, ma in quanto a fisico è un (3) esemplar__ certamente più impressionante di me: è alto, ha due (4) bracc__ fort__, (5) le man__ sempre in tasca, una cascata di (6) ricciol__ castan__ sul (7) coll__ e (8) un__ sguard__ vivac__. Due (9) occh__ verdissim__. Mi infila nella borsa un (10) pai__ di kiwi in omaggio.

Mentre mi giro per andarmene entra il parroco, don Guido. E così assisto alla scenetta. Nella sua sottana nera, il prete si è fermato ad annusare l'aria: basso e minuto, (11) la test__ incassat__ tra (12) __ spall__, (13) __ orecch__ piccole, (14) __ labbr__ sottili. Bepi si irrigidisce e alza (15) __ sopraccigli__. Il prete fiuta l'aria con (16) __ nas__ cort__ rivolto verso l'alto, mentre i clienti girano con i cestini di plastica scegliendo frutta e ortaggi dalle cassette allineate contro il muro. Poi scrolla (17) __ spall__ in segno di impazienza. "C'è puzza di marcio" annuncia con (18) un'ombr__ minaccios__ nella (19) voc__.

Del tutto indifferente, mentre riceve o restituisce gli spiccioli muovendo velocemente (20) __ dit__, Bepi ribatte "Sarà la puzza dell'ultima carogna che è entrata."

(adattato da *Italiani*, Tim Parks)

grammatica

L'uso del passato non è del tutto corretto in questi brani da testi letterari che descrivono un viaggio in Italia. Correggi i verbi sottolineati utilizzando il passato prossimo, l'imperfetto o il trapassato prossimo indicativo. Abbina poi la citazione alla recensione del libro corrispondente.

a. Ho trattato Napoli alla sua stessa maniera: sono stato poco laborioso; ma (1) _vedevo_ molto e (2) _mi formavo_ un'idea generale del paese, degli abitanti e delle cose. L'altro ieri (3) _avevamo_ una violenta burrasca con lampi e tuoni. Oggi il cielo si è rischiarato.

b. Le strade di Roma, dove furti e borseggi (4) _si sono succeduti_ a ogni ora del giorno, non (5) _hanno presentato_ alcunché che ti potesse mettere in guardia. Ovunque gentilezza distesa e fannullaggine innocente; (6) _capivo_ che il furto lì, come la brocca del vino – digerito, assimilato da una civiltà molto matura – conservava le forme di una mezza cortesia.

c. Dopo che l'(7) _ha guardata_, si (8) _accorgeva_ di averla fatta andare troppo a fondo con quei discorsi, come si poteva portare in acque troppo profonde un nuotatore inesperto; allora (9) _cercava_ di rassicurarla. "Perdonami, Figlia. Gran parte di quello che dico è ingiusto. Ma è più vero delle cose che leggerai nelle memorie dei generali. Quando uno conquista una o più stellette per lui la verità diventa difficile da raggiungere come il Santo Graal al tempo dei nostri antenati".

☐ **1.** _Al di là del fiume e tra gli alberi._ Hemingway (10) _aveva scritto_ il romanzo nel 1950. Il protagonista, un generale degradato della II guerra mondiale, si innamora di una giovanissima nobildonna veneziana, Renata. La donna è per lui un freno contro il tempo. Come ha scritto Fernanda Pivano, mentre Renata avrebbe dovuto aiutare l'uomo ad affrontare la morte, in realtà lo (11) _conduceva_ ad affrontare la vita.

☐ **2.** Alle tre del mattino del 4 settembre 1786, quasi fuggendo, Goethe ha iniziato il suo _Viaggio in Italia_ dirigendosi verso il Brennero. Lo spirito d'osservazione dello scrittore non si (12) _era limitato_ a cogliere le bellezze dei luoghi visitati, ma si è spinto anche verso l'arte, gli usi e i costumi italiani. Goethe (13) _soggiornava_ a Verona, a Padova, a Venezia, a Roma, in Sicilia e a Napoli, dove ha incontrato personaggi come Filangieri e Beccaria.

☐ **3.** _Intorno ai 7 colli._ Julien Gracq (14) _scopriva e visitava_ Roma a sessantasei anni, durante l'estate del 1976. In questo romanzo sono racchiuse immagini di un vagabondare senza meta tra le meraviglie di Roma. Costantemente pronto alla critica, l'autore ci (15) _aveva offerto_ un punto di vista insolito rispetto alle ripetute celebrazioni della Città Eterna.

Completa la trama del film di Gianni Zanasi _Non pensarci_ con i tempi dei verbi tra parentesi al passato prossimo, imperfetto o trapassato prossimo indicativo.

Gianni Zanasi ha conquistato il pubblico con un ritratto ironico e sentito della provincia italiana.

Stefano Nardini era un chitarrista _punk rock_ che a trentasei anni (trovarsi) (1) _____ a suonare con dei ventenni in piccoli locali senza grandi risultati. Un giorno (scoprire) (2) _____ che la fidanzata lo (tradire) (3) _____ e (decidere) (4) _____ che (arrivare) (5) _____ il momento di prendersi una pausa e di lasciare Roma per ritornare dalla sua famiglia a Rimini, che non (vedere) (6) _____ da alcuni anni. Una volta arrivato a Rimini, (accorgersi) (7) _____ che più che ottenere conforto dai suoi cari, (essere) (8) _____ lui a cercare di risolvere i loro problemi. Suo padre, reduce da un infarto, (avere) (9) _____ in mente solo il golf. Suo fratello maggiore invece (essere) (10) _____ nel pieno di una crisi matrimoniale, non (riuscire) (11) _____ a mandare avanti l'azienda paterna e (perdere) (12) _____ la testa per una squillo di lusso. Sua sorella (lasciare) (13) _____ l'università per lavorare in un acquario con i delfini. Infine la madre (*darsi*) (14) _____ alle terapie *new age* per superare momenti di smarrimento. Nardini allora, una volta arrivato lì, (*prendere*) (15) _____ in mano la situazione e (*occuparsi*) (16) _____ di ognuno di loro ma, facendo questo, (*riuscire*) (17) _____ a ritrovare anche sé stesso e ad acquistare la forza per ripartire.

S27 → **10**

Completa queste frasi inserendo il verbo alla forma passiva al tempo e modo opportuni.

1. Le cartoline (*spedire*) _____ ogni giorno direttamente dall'ufficio postale.

2. L'anno scorso (*effettuare*) _____ diversi controlli nei musei di Firenze.

3. Il secolo scorso la polenta (*mangiare*) _____ regolarmente dai contadini del Nord.

4. A seguito di diversi furti nella zona, gli inquilini del condominio (*avvisare*) _____ di tenere chiuse a chiave le porte di ingresso.

5. I certificati di frequenza al corso (*inviare*) _____ a partire dalla prossima settimana.

6. Marco è in ospedale con una gamba rotta. Credo che (*investire*) _____ da un ciclista.

7. Ogni anno i Musei Vaticani (*visitare*) _____ da più di 4 milioni di turisti.

8. L'anno scorso al matrimonio di Carla (*invitare*) _____ più di 100 persone.

9. Il restauro della chiesa (*eseguire*) _____ dagli studenti durante un tirocinio.

S27, 28 → **11**

Trasforma in passive queste frasi sostituendo il si passivante con l'ausiliare venire.

1. A Roma si vendono molti *souvenir*.

   _____

2. Si è stabilito di aprire i musei anche la domenica.

   _____

3. Il 25 aprile si festeggia la fine della II guerra mondiale.

   _____

4. Quell'anno si affittavano a studenti degli appartamenti in via Ozanam.

   _____

5. Si è deciso che a marzo si faranno le elezioni.

   _____

6. Si ripareranno le TV non appena il tecnico tornerà al lavoro.

   _____

7. In Italia non si studiano molto le lingue straniere.

   _____

8. In Italia si produce molto vino.

   _____

12

Inserisci nelle frasi il congiuntivo presente alla forma corretta, scegliendo tra i verbi seguenti. Abbina poi a ciascuna frase la funzione corretta del congiuntivo.

andare	continuare	dovere	potere	sapere
avere	dare	essere	riuscire	venire

1. Credo proprio che in questo caso tu _____ ragione.
2. Ho i miei dubbi che Giulio in questo momento si _____ permettere di comprare una macchina nuova.
3. Mi auguro che tu _____ ad assistere alla prima della Scala a Milano.
4. Mi piace molto l'idea che Ilaria e Monica _____ a trovarci.
5. Spero che tu _____ a pensarla così anche in futuro.
6. Sono contento che tu _____ finalmente in vacanza. Te lo meriti.
7. Ho paura che loro _____ a Sergio tutta la colpa.
8. Non so se Michele _____ parlare inglese.
9. Penso che a questo punto tu _____ farti visitare da un medico.
10. Ritengo che la soluzione migliore _____ lasciare uscire Martina la sera.

a) Esprimere opinioni: _____
b) Esprimere dubbio o incertezza: _____
c) Esprimere sentimenti e stati d'animo: _____
d) Esprimere desiderio o volontà: _____

  13

Sostituisci in questo racconto (ispirato alla trama del film *Un americano a Roma*) i nomi sottolineati con il pronome corretto, scegliendo tra pronomi personali diretti e indiretti, il pronome ne, e modificando la frase di conseguenza.

In Italia nel 1954 l'America era un mito e era (1) un mito anche per Nando. Io conoscevo (2) Nando da diversi anni perché incontravo sempre (3) Nando al bar di Trastevere dove sognava l'America ad occhi aperti: era sempre in attesa di vedere (4) l'America da vicino o di incontrare qualche americano.

Una volta ho incontrato la sua fidanzata Elvira e ho visto (5) Elvira davvero disperata perché, diceva lei, Nando cercava di "americanizzare" tutto quello che incontrava. "Pensa", mi diceva, "ieri sera ho incontrato (6) Nando e mi ha chiamata Elvy, ha un guantone da *baseball* alla Joe di Maggio e tiene (7) il guantone sopra il letto come una reliquia, ieri si è vestito da poliziotto americano... Questa fissazione porta (8) Nando a vivere tutto come se fosse in un film".

Dopo questo incontro con Elvira, ho saputo che a Nando erano successe diverse disavventure che avevano creato (9) Nando non pochi problemi, ma poi non avevo saputo più niente (10) di Nando; fino a ieri, quando ho incontrato la signora Maria, la madre. Ho visto (11) la signora Maria davvero sconsolata e ho chiesto (12) alla signora Maria "Ma che cosa è successo (13) a Lei?" Allora mi ha raccontato che Nando, come nel film americano *14ma ora*, era salito in cima al Colosseo minacciando di gettarsi se qualcuno non avesse aiutato (14) Nando a partire per l'America. Proprio quando sembrava aver ottenuto il suo scopo, un funzionario americano ha riconosciuto (15) Nando come il falso poliziotto che aveva dato (16) al funzionario indicazioni sbagliate a forza di "*all right*" e che aveva fatto finire (17) il funzionario in un fosso.

"Il funzionario si è arrabbiato tantissimo" diceva la signora Maria in lacrime "e si è vendicato picchiando (18) Nando".

14

Inserisci nelle frasi seguenti il pronome combinato corretto.

1. Marco e Silvia vorrebbero vedere la TV, ma Giulio non _____ fa vedere.
2. I bambini volevano che la maestra spiegasse l'esercizio, ma lei non _____ spiegava.
3. Silvia, ecco il tuo caffè! Devo portar _____ in camera?
4. Mi piace molto il tuo nuovo CD di Giorgia, _____ _____ presti?
5. Il professore forse non ha ricevuto le tue e-mail, quando _____ hai inviate?
6. Mi piacciono molto le tue calze nere. Chi _____ _____ ha regalate?
7. Non avete bevuto il limoncello? Il cameriere non _____ _____ ha offerto?
8. George ti parla spesso dell'Inghilterra? No, finora non _____ _____ ha mai parlato.
9. Vorresti vedere il mio fumetto? Certo fam_____ vedere!
10. Io e Gianni non abbiamo capito quale sia la vostra soluzione? Perché non _____ _____ spiegate?

15

Completa le frasi inserendo che o cui con la preposizione corretta.

1. Conosco un giardiniere molto bravo _____ ti puoi rivolgere.
2. La collega _____ ti parlavo ieri, oggi è in ferie.
3. Saviano, _____ ha avuto così tanto successo, farà una conferenza in Università.
4. Questa è la casa _____ sono nata.
5. La conclusione _____ giungo è sempre la stessa.
6. Anna, _____ doveva essere sottoposta ad un'operazione alla gamba, è stata ricoverata ieri.
7. Silverio è un buon uomo _____ puoi avere solo buoni consigli.
8. Questo è il libro _____ ti avevo parlato.
9. Gli amici _____ sono stato in vacanza abitano a Napoli.
10. Lei è una donna straordinaria _____ ha attraversato indenne guerre e scandali.

16

Scegli la preposizione corretta.

Gli italiani e il calcio

È poco dire che (1) *per gli/agli/degli* italiani piace il calcio: in Italia si parla (2) *del/di/dal* calcio, si seguono le partite (3) *sulla/in/a* televisione o (4) *con gli/per gli/agli* stadi, si tifa (5) *a/per/con* tale squadra o tal altra, si sogna (6) *da/di/con* ragazzo di diventare un Baggio o un Totti, o, se si è una ragazza, di sposare uno dei divi dello stadio, si piange (7) *con la/nella/alla* sconfitta della propria squadra e se ne festeggia la vittoria. Insomma, per farla breve, si vive di calcio. Certo, gli altri sport italiani esistono! Abbiamo visto (8) *alle/dalle/sulle* Olimpiadi dei risultati piuttosto discreti in molte altre discipline: nuoto, vela, corsa, sci, tennis, pallavolo, ma nessuno ha raggiunto la popolarità del calcio. Quando arriva la stagione dei campionati c'è poca gente la sera (9) *per le/dalle/fra le* vie delle città, (10) *di/al/nel* solito animatissime. Sono tutti a casa o nei bar davanti allo schermo della TV! L'emozione giunge (11) *nel/al/sul* culmine quando gli undici giocatori scendono in campo, l'arbitro fischia l'inizio della partita e vola il pallone!

17

Inserisci nel testo i connettivi seguenti.

quando	appunto	mentre	anche se	poi
ma (2)	anche	dunque	in seguito	

La bandiera degli italiani

Il tricolore italiano nasce a Reggio Emilia il 7 gennaio 1797

(1) _____ il Parlamento della Repubblica Cispadana

decreta "che sia universale la Bandiera Cispadana di Tre Colori

Verde, Bianco, e Rosso". (2) _____ perché proprio

questi tre colori? Nell'Italia del 1796, attraversata dalle

vittoriose armate napoleoniche, le repubbliche che nascono

dopo la Rivoluzione adottano quasi tutte, con varianti di

colore, bandiere con tre fasce ispirate al modello francese.

(3) _____ i reparti militari "italiani", che si sono

costituiti per affiancare l'esercito di Napoleone, hanno stendardi dello stesso tipo. In particolare,

le bandiere della Legione Lombarda hanno, (4) _____, i colori bianco, rosso e verde:

il bianco e il rosso, infatti, compaiono nello stemma comunale di Milano (croce rossa su campo

bianco), (5) _____ verdi sono le uniformi della Guardia civica milanese. Gli stessi

colori, (6) _____, sono adottati anche negli stendardi della Legione Italiana, che

raccoglie i soldati dell'Emilia e della Romagna, e questo è probabilmente il motivo che spinge

la Repubblica Cispadana a confermarli nella propria bandiera.

È proprio durante il periodo napoleonico che la bandiera viene avvertita non più come segno

militare, (7) _____ come simbolo del popolo, delle libertà conquistate e,

(8) _____, della nazione stessa.

Nei tre decenni che seguono al Congresso di Vienna, il tricolore viene soffocato dalla

Restaurazione, (9) _____ quando inizia la stagione del Risorgimento la bandiera

diventa il simbolo di una riscossa ormai nazionale.

Il Regno d'Italia viene proclamato il 14 marzo 1861 e la sua bandiera continua ad essere il

tricolore a cui, nel 1925, viene aggiunto lo stemma la corona reale; lo stemma verrà

(10) _____ eliminato dopo la nascita della Repubblica.

18 L'accento

Inserisci nelle frasi l'accento solo dove manca.

1. Ho dimenticato la borsa in ufficio.
2. Giovanni è appena sceso giu in cortile.
3. Metti pure la quel maglione.
4. Qualche giorno fa ho visto un uomo che correva per strada.
5. Sono tornato ieri da Milano.
6. Smetti con tutte quelle sigarette, ne puoi fare tranquillamente a meno.
7. Carlo non si da molto da fare.
8. Si certo, sono tornato ieri da Roma.
9. Vieni qui da me.
10. Irene non aiuta mai e fa sempre i suoi comodi.
11. È ancora troppo piccolo: non voglio che mangi ne caramelle ne cioccolatini.
12. Se vieni, fammi una telefonata.

19 L'apostrofo

Correggi, dove necessario, gli errori nell'uso dell'apostrofo.

1. Vuoi dire che passeremo un altra estate in città?
2. Oggi al mio paese è la festa di Sant Anna.
3. Che bell amico che sei ad abbandonarmi proprio ora!
4. Qual è il nome di Mameli?
5. Solo per questa volta posso fare un eccezione.
6. Cos è questo affare, un gioco?
7. Il regalo di Natale per Ilaria ci è costato un occhio della testa!
8. Il padre di Marco è davvero un gran signore.
9. Ieri a Milano cè stato un forte temporale.
10. Silvia, da qualcosa da mangiare a quel povero cane!
11. Thomas è proprio un bel bambino.
12. Ti prometto che verremo senz altro.

 ### 20 Punteggiatura

Inserisci nel testo il punto (.) o la virgola (,) - 9 occorrenze - e le lettere maiuscole dove necessario.

Una storia americana

Una storia americana, quella di Giorgio Armani che è cominciata trent'anni fa solo con un desiderio: cambiare il guardaroba alla modernità. Oggi non può attraversare a piedi una strada di New York senza bloccare il traffico molti lo fermano o lo fotografano senza sapere chi è: "Una faccia famosa, uno del cinema" dicono.

Sulla Quarantaduesima strada, da Cipriani stasera il *Fashion Group* International gli ha conferito il premio "Superstar", che è un Oscar alla carriera senza i lustrini di Los Angeles ma con gli stessi protagonisti, perché se Armani in America è un mito è soprattutto grazie a Hollywood: "Da quando Giorgio ha vestito Richard Gere in *American Gigolò*, nel cinema americano è tornato il *glamour*" ci ha detto Robert De Niro.

New York lo ha accolto con i giornali che danno il benvenuto all'uomo che "ha griffato vent'anni della nostra storia" michelle Pfeiffer racconta che quindici anni fa le proposero di indossare gli abiti di un certo Armani, che aveva solo due negozi oltreoceano (oggi sono settantadue tra boutique Empori e negozi per la linea *Exchange*). "Da allora non ho mai smesso di dire: io vesto Giorgio Armani. Lui ha scoperto le donne americane, le ha fatte parlare con il loro corpo" il regista americano Martin scorsese confida: "Parla la lingua della bellezza, ecco perché può anche permettersi di non parlare inglese: gli americani lo amano perché non appartiene al mondo del superfluo lo amano perché è classico, italiano e soprattutto perché si è fatto con le sue mani".

2 unità

S.O.S. ambiente

comprensione orale

1 Inquinamento e mobilità urbana

a CD t. 3

Ogni anno, in settembre, l'Unione Europea promuove la "Settimana europea della mobilità", in cui vengono organizzate iniziative per dimostrare che è possibile muoversi in modo diverso e sostenibile. Ascolta una trasmissione radiofonica su questo tema e indica se le affermazioni sono vere o false.

	V	F
1. Secondo M. Ponti, i mezzi privati sono comunque più comodi e funzionali di quelli pubblici.	☐	☐
2. A Londra i mezzi pubblici sono più utilizzati che in Italia perché sono più economici.	☐	☐
3. In Inghilterra lo stato spende meno per i trasporti pubblici perché c'è maggiore competizione tra gli operatori del settore.	☐	☐
4. In tutti i comuni della provincia di Roma il centro storico è chiuso alle auto.	☐	☐
5. Il *bike sharing* è un servizio di affitto delle biciclette per i turisti.	☐	☐
6. Le postazioni dove si possono prendere le biciclette si trovano a tutte le fermate della metropolitana.	☐	☐
7. Il *bike sharing* è una soluzione poco costosa per gli spostamenti brevi.	☐	☐

b CD t. 4

Le due persone intervistate nella prima parte (M. Ponti, docente di Economia dei trasporti, e A. Colaceci, assessore alla mobilità della provincia di Roma) hanno due posizioni diverse. Riascolta la prima parte della trasmissione e indica quali sono, scegliendo tra quelle indicate di seguito.

Per ridurre le emissioni nocive dovute al traffico:
☐ 1. è necessario chiudere i centri storici e far pagare una tariffa per entrare in centro.
☐ 2. bisogna investire per far crescere l'uso dei mezzi pubblici e dei trasporti alternativi.
☐ 3. è importante coinvolgere tutti i cittadini e aumentare la disponibilità di mezzi pubblici.
☐ 4. è più utile investire per migliorare le tecnologie che non cercare di spingere i cittadini a usare i mezzi pubblici.

c CD t. 5

Riascolta la seconda parte della trasmissione e completa la tabella sul *bike sharing* a Roma.

a. numero postazioni	
b. numero prelievi	
c. persone coinvolte	
d. riduzione dell'anidride carbonica	
e. costi: da 0 a 30 minuti	
da 30 a 60 minuti	

2 CD t.6

Dettato puzzle. Ascolta più volte la registrazione e completa.

R.: Allora (1) _____ _____ domani mattina (2) _____ _____
_____ all'Accademia Carrara?

G.: *Ah, benissimo, dai, ti passo a prendere in macchina e andiamo.*

R.: (3) _____ _____ _____ _____ a prendere in macchina, domani è domenica
e il centro è chiuso alle macchine!

G.: *Mado', ma ancora una volta* (4) _____ _____ _____ _____, *non ce la
faccio più, mamma mia.*

R.: Ma, ma stai scherzando, cioè, (5) _____ _____ _____, in cui si può andare in bici...

G.: *Ma scusa, ma non* (6) _____ _____ *lo smog* (7) _____ _____,
e tu pensi che tutto torna... come vent'anni fa, ma (8) _____.

R.: Beh, (9) _____, però almeno (10) _____
un po' lo smog non sarebbe così...

G.: *Ascolta, l'inquinamento è prodotto soprattutto dalle* (11) _____ *e dal* (12) _____,
le macchine hanno una (13) _____ _____ *in questa...*

R.: Ok, l'inquinamento è prodotto da tantissime cose, ma se almeno un po' non si cerca di ridurlo non
(14) _____.

G.: *E tra l'altro perché* (15) _____ _____ _____ *i mezzi pubblici, allora.*

R.: (16) _____ _____ _____, non devo potenziarteli io i mezzi pubblici, posso
anche (17) _____ _____ su questo, però iniziamo a usare quelli che ci sono.

G.: (18) _____ _____, *però io se vado in giro con la famiglia*
(19) _____ *che siano potenziati i mezzi.*

R.: Ma vai a piedi, non andare con la..., con i mezzi pubblici, prendi la bici, vai sui pattini.

G.: *Ma non posso andare a piedi, ma secondo te* (20) _____ _____ *il passeggino da un
punto all'altro della città è facile?* (21) _____
_____ *non hai i bambini. Però se c'hai un paio di bambini...*

3

**Verifica di avere compreso il significato di alcune espressioni che hai trovato
nell'esercizio 2 e usale per completare le frasi.**

non si arriva da nessuna parte   almeno (2)   tra l'altro
per te è facile parlare   non ce la faccio più

1. – Ma perché non vai al lavoro con i mezzi? Spendi un sacco di soldi in benzina e parcheggio...
   – Andare al lavoro in autobus? _____ che abiti in città!

2. – I miei bambini hanno un sacco di giochi che vanno a pile, ne consumiamo tantissime...
   – Lo sai vero che sono molto inquinanti? Potreste _____ usare quelle ricaricabili!

3. – Nella parte vecchia della città non c'è ancora la raccolta differenziata.
   – È vero, _____ ci sono tanti uffici che buttano un sacco di carta...

4. – Sei un polentone, non cammini mai. _____ la domenica potresti fare
   due passi in montagna!

5. – Sai che i commercianti hanno bloccato il centro perché non vogliono la pista ciclabile?
   – Basta con 'sti commercianti, _____, non hanno ancora capito che se il
   centro è più tranquillo la gente ci va più volentieri? Lo so che non è l'unica cosa da fare, ma se
   non si comincia a ridurre il traffico _____.

4 E tu, quanto "eco" sei?

a Rispondi alle domande dell'eco-test per scoprire quanto il tuo stile di vita è accettabile sotto il profilo ecologico. Poi calcola il tuo punteggio e leggi il profilo alla pagina successiva.

1. Mangi spesso carne o derivati (affettati, uova, latticini)?
Non ne mangio mai.   0
Molto spesso (anche 7 giorni su 7).   3
Spesso (da 3 a 5 volte la settimana).   2
Raramente la carne, spesso uova e latticini.   1

2. Come scegli frutta e verdura?
In base a come si presentano, alla qualità.   2
Quando riesco prendo prodotti di stagione.   1
Compro solo prodotti di stagione.   0
Scelgo quelli che più mi piacciono, anche non di stagione.   3

3. Dove hai passato le vacanze nell'ultimo anno?
Niente vacanze, purtroppo.   0
In un altro continente.   3
Nella mia regione.   1
In Europa.   2

4. Con quali persone condividi la tua abitazione?
Vivo da solo.   3
Due/Tre.   1
Una.   2
Quattro o più.   0

5. Abiti
in un grande condominio.   0
in una palazzina piccola.   1
in una casa indipendente a più piani.   3
in una casa indipendente a un piano.   2

6. Compri abitualmente magliette
in cotone.   3
in tessuti sintetici.   2
in canapa.   0
in cotone biologico.   1

7. Quando lavi i capelli usi
uno shampoo e un balsamo.   3
solo lo shampoo.   1
uno shampoo ecologico.   0
shampoo e balsamo in un unico prodotto.   2

8. Hai acquistato elettrodomestici nell'ultimo anno?
No.   0
Da 1 a 2 apparecchi.   1
Da 3 a 5 apparecchi.   2
Più di 5.   3

9. Come ti piace lavarti?
Faccio sempre la doccia.   0
Preferisco fare il bagno.   3
Regolarmente la doccia, di rado il bagno.   1
Regolarmente il bagno, di rado la doccia.   2

10. Quando lavi il bucato
cerchi di fare bucati a 40°, qualche volta a 60° o a 90°.   1
non sali mai sopra i 40°, se serve fai l'ammollo.   0
usi le alte temperature per motivi igienici.   2

11. Quale detersivo usi?
Pochi e preferibilmente ecologici.   0
Indifferente, basta che sia di marca.   3
Non uso candeggianti e ammorbidente.   1
Solo concentrati.   2

12. Quando vai a fare la spesa
usi un sacchetto in canapa o comunque sempre la stessa borsa.   0
usi i sacchetti di carta del supermercato.   1
prendi le borse di plastica che poi usi per la spazzatura.   2

13. L'olio che hai usato per friggere
lo getti nell'immondizia.   2
lo raccogli in bottiglie che poi porti in discarica.   0
lo butti con la parte "umida" dei rifiuti.   1
lo versi nel lavandino.   3

14. Se devi andare da Milano a Roma (600 km)
prendi l'aereo.   2
se sei con altre persone vai in auto.   1
vai in treno.   0

15. Se vuoi regalare dei fiori
preferisci i fiori esotici.   2
scegli semplici piante italiane.   1
raccogli fiori di campo o del giardino.   0

16. Ogni quanto cambi il telefonino?
Più o meno una volta all'anno.   2
Solo quando si rompe.   1
Ne ho più di uno, lo cambio spesso.   3
Non ho il telefonino.   0

17. Per mobili in legno o parquet
scegli essenze robuste e pregiate come mogano e teak.   3
preferisci i legni locali.   1
scegli prodotti certificati FSC.   0
guardi l'estetica e non il tipo di legno.   2

18. Acquisti spesso oggetti in oro?
Sì, per tutti i regali importanti.   2
No, mai.   0
Raramente.   1

19. Bevi acqua...
in bottiglie di plastica.   3
in bottiglie di vetro.   2
solo dal rubinetto.   0
in genere dal rubinetto, qualche volta in bottiglia.   1

20. Consumi spesso cibi "esotici" (banane, caffè, tè, cioccolata)?
Solo se provengono da commercio equo e solidale.   1
Sì, in genere li compro al supermercato.   2
Sì, ma che provengano dall'agricoltura biologica.   1
Solo bio e equo-solidali.   0

b **Completa i profili inserendo il paragrafo che manca.**

Da 0 a 12 punti: ECOLOGICO

Se tutti fossero come te, il mondo sarebbe un luogo idilliaco dove l'uomo vivrebbe in armonia con il pianeta e i suoi limiti naturali. _____ Per esempio usi l'acqua dell'acquedotto, il che non implica particolari cautele ambientali se non quella di limitarne lo spreco. In ogni caso vivi e consumi nel rispetto dell'ambiente.

Da 13 a 28 punti: ABBASTANZA ECOLOGICO

Hai un impatto sull'ambiente inferiore alla media, ma forse segui principi sostenibili più per motivi di gusto o stile che per scelta ecologica. _____ Per i legnami è importante che ci sia la certificazione ecologica, cioè che il legno non provenga dalle ultime foreste naturali; il taglio illegale di queste foreste danneggia l'ecosistema, nonché le popolazioni indigene.

Da 29 a 40 punti: PIUTTOSTO INQUINANTE

Il tuo comportamento può sembrare tollerabile, ma è già al limite della sostenibilità e richiede alcune misure di compensazione. _____ Per esempio, per produrre un chilo di carne bovina servono 7 chili di cereali. Pur senza diventare vegetariani, il nostro pianeta apprezzerebbe un contenimento del consumo di carne.

Da 41 a 58 punti: INQUINANTE

Se tutti consumassero come te, non basterebbero le risorse di 5 pianeti! _____ Ti aspetta un lungo lavoro per rivedere i tuoi consumi e i tuoi comportamenti, ma con un piccolo sforzo puoi diventare anche tu un *homo ecologicus*. Bisogna consumare meno ma soprattutto meglio: non è né impossibile né difficile!

A Certamente dovresti fare più attenzione ai prodotti che acquisti, scegliendo tessuti e detersivi ecologici; dovresti anche ridurre il consumo di carne, perché mangiarne spesso significa stimolare la produzione di allevamenti intensivi, che richiedono grandi spazi e grandi quantità di acqua e mangimi.

B Quando mangi qualcosa, per esempio, ti preoccupi di conoscerne la provenienza e ti interessi anche delle sue modalità di produzione. Sei consapevole dell'impatto ambientale che ha ogni comportamento e consumo: scegli sempre il più ecologico.

C Cambi telefonino appena ne esce uno più bello, usi l'aereo come se fosse un taxi, consideri il riciclo uno sforzo inutile e non ti preoccupi se la cioccolata che mangi proviene da Paesi in via di sviluppo con monoculture intensive ad altissimo impatto sociale e ambientale.

D Riducendo un po' i viaggi in aereo, usando prodotti per la pulizia ecologica e stando attento alla provenienza del legname e del cibo, potresti essere quasi perfetto.

5

Leggi l'articolo e inserisci i sostantivi e gli aggettivi mancanti.

sostantivi		aggettivi	
danni	normative	sostenibile	eco-compatibili
impatto ambientale	emissioni	usa e getta	tossiche
sfruttamento	prezzo	cancerogene	etico
pesticidi	ingiustizie		
mercato			

La moda *low cost* fa male al pianeta: così inquina l'abito usa e getta

L'HANNO battezzata *"fast fashion"* perché i segreti del suo successo sono gli stessi che rendono immortale il *cheeseburger*: piace, costa poco e si consuma in fretta. Al (1) _____ di una maglia da boutique puoi comprarne 20 e cambiarne una al giorno per quasi un mese, sfamando il tuo bisogno di essere alla moda con 10 euro.

Questo meccanismo però non alimenta solo lo (2) _____ della manodopera, spesso minorenne, ma inquina l'ambiente in modo silenzioso e progressivo. La denuncia arriva dal quotidiano britannico *The Guardian* che, in una approfondita inchiesta, ha analizzato l' (3) _____ di diversi materiali tessili a basso costo, rivelando che la *"McFashion"*, con il suo menu a base di jeans & t-shirt, produce ogni anno oltre 3 milioni di (4) _____ di diossina. Difficile però contrastare un (5) _____ che vive grazie alla riduzione del potere d'acquisto, che non segue la moda ma la detta, con *star* come Jennifer Lopez e Madonna che disegnano le collezioni e un assortimento pazzesco. Peraltro è un sistema che dà lavoro a milioni di persone e permette a tutti di vestire alla moda. Per Alexandra Shulman, la moda (6) _____ fa bene all'umore e al portafogli, due aspetti da non

sottovalutare nell'era del trionfo degli psicofarmaci. "Basta colpevolizzare le case produttrici di moda, trovo meraviglioso che si possa acquistare un vestito da sera per 20 sterline e cambiare abito ogni volta che si vuole".

Daniela Tramontano è invece l'ideatrice del progetto "Il filo che unisce", concorso italiano sulla moda etica e (7) _____ che nasce per sensibilizzare designer e consumatori a un approccio (8) _____ all'abbigliamento. "Nei Paesi asiatici c'è un tasso di suicidi altissimo, dovuto alle condizioni in cui si è costretti a raccogliere il cotone, coltivato con (9) _____ che provocano tumori e altre malattie. Una maglietta venduta a 10 euro cela un mondo di (10) _____ e danni ambientali che noi possiamo

solo intuire. Perciò è importante sostenere le aziende che coltivano in India cotone biologico".

Secondo Paolo Zegna, vicepresidente di Confindustria, il mercato di qualità è comunque in crescita: "Questo non è in contraddizione con lo sviluppo della *"cheap fashion"*, direi che va in parallelo ed è su questo binario che dobbiamo attestarci".

Il tessile di qualità italiano ed europeo è (11) _____ rispetta (12) _____ severe e non causa (13) _____ all'uomo con l'utilizzo di tinture (14) _____ e altre sostanze (15) _____.

I vestiti prodotti da questo circuito costano decisamente di più ma, come dice una famosa pubblicità, ci sono cose che non hanno prezzo.

(da La Repubblica, 26/08/2008)

6 I verbi causativi

a **Rifletti sul significato dei verbi sottolineati nel testo dell'esercizio 5 e completa.**

- colpevoli**zzare** = far sentire colpevole

  nome che indica l'azione: **1.** _____

- sensibili**zzare** = far diventare/ rendere sensibile

  nome che indica l'azione: **2.** _____

	verbo	sostantivo
1. rendere *banale*, semplificare eccessivamente	_____	_____
2. far diventare *legale*	_____	_____
3. rendere più *acuto*, più intenso	_____	_____
4. far diventare *polvere*	_____	_____
5. rendere *privato*	_____	_____
6. organizzare in modo *razionale*	_____	_____
7. far acquistare *valore*	_____	_____

b **Sostituisci le espressioni sottolineate con un verbo causativo derivato dalla parola in corsivo. Poi trasforma la frase usando il sostantivo corrispondente come nell'esempio, facendo attenzione alle modifiche necessarie.**

Trasformare i documenti in formato *digitale* dovrebbe permettere di risparmiare carta.

→ *Digitalizzare i documenti* dovrebbe permettere di risparmiare carta.

→ *La digitalizzazione dei* documenti dovrebbe permettere di risparmiare carta.

1. Non è possibile estendere i mercati su scala *globale* senza una diffusione omogenea e capillare delle telecomunicazioni.

_____

2. Trasformare secondo criteri *industriali* le aree agricole può avere pesanti conseguenze sul piano sociale.

_____

3. Il turismo ha progressivamente portato ad adattare ai costumi dell'*Occidente* alcuni paesi asiatici.

_____

4. Per migliorare le condizioni dell'ambiente è necessario rendere *responsabili* tutti i cittadini a partire dalla prima infanzia.

_____

5. Il comune ha promesso di rendere accessibili solo ai *pedoni* le strade del centro storico.

_____

7

Completa il testo con le parole che hai imparato in questa unità.

Consumatori sì, ma responsabili!

La prima regola è fare una spesa consapevole: ricordiamoci che, per contrastare l' (1) _inquinamento_, bisogna prima di tutto ridurre gli (2) _____. Scegliamo le confezioni con il minore (3) _____ ed evitiamo le confezioni in PVC e polistirolo, difficilmente (4) _____.

Come seconda regola, usiamo la sporta di tela, invece delle buste di (5) _____ del supermercato: è vero che possono essere usate per i rifiuti, ma ne rimangono sempre troppe in giro e servono 400 anni per distruggerle. Pensate che se ne producono 300mila ogni anno, con un (6) _____ di 430mila tonnellate di petrolio. Se ci portiamo la borsa da casa, offriamo il nostro contributo al (7) _____ di petrolio e alla (8) _____ dell'anidride carbonica. Dopo aver consumato i prodotti, separiamo bene i (9) _____ con la raccolta (10) _____. Innanzitutto procuriamoci i (11) _____ più adatti e informiamoci sulle modalità di raccolta dei materiali che si possono (12) _____. Chiediamoci sempre se vecchi mobili o elettrodomestici non possano essere utili a qualcun altro, prima di essere portati alla (13) _____: non solo faremo felice qualcuno, ma ridurremo così anche il volume dei rifiuti da (14) _____.

8

Per ciascuna frase, indica qual è il significato della parola mezzo.

1. Paolo può permettersi persino una Lamborghini, è un uomo di molti mezzi.

2. Per convincerlo a partire gli ho dovuto dire una piccola bugia, ma qualche volta "il fine giustifica i mezzi".

3. Avevo sonno, e me ne sono andato nel bel mezzo dello spettacolo.

4. Per andare in centro di solito uso i mezzi.

5. Ho cercato il certificato in mezzo alle mie carte, ma non sono riuscito a trovarlo.

6. L'Mp3 è un buon mezzo per ascoltare la musica facendo sport.

a. modo, strumento per compiere un'attività

b. veicoli per il trasporto pubblico

c. momento centrale in un periodo di tempo

d. sistema, modo per raggiungere un obiettivo

e. dentro, tra

f. ricchezza, patrimonio, risorse

9 I verbi pronominali idiomatici

S26 →

Sostituisci le parti sottolineate utilizzando uno dei verbi nell'elenco. Fai attenzione all'uso dei pronomi.

| cercarsela | sentirsela | sbrigarsela | infischiarsene | farcela |
| cavarsela | prendersela | approfittarsene | intendersene | avercela |

● Mi dispiace, vorrei intervenire all'assemblea ma non (1) ho il coraggio _____ di parlare in pubblico…

○ Ma dai, come insegnante sei già abituato a farlo. E poi non ci sarà molta gente, secondo me puoi (2) riuscire _____ senza problemi.

20 venti

- Com'è finito il processo per la discarica abusiva che hanno scoperto vicino a Milano?
- Male, i responsabili (3) <u>hanno risolto i loro problemi soltanto</u> _____ con una multa salata, niente di più.

- Un sacco di gente (4) <u>non si preoccupa affatto</u> _____ della raccolta differenziata e butta tutto nel sacco nero.
- Eh, sì, i controlli sono pochi e loro (5) <u>sfruttano la situazione a loro vantaggio</u> _____.

- Vorrei darti una mano a installare i pannelli fotovoltaici, ma non (6) <u>ho molta competenza in questo settore</u> _____ …
- Non preoccuparti, (7) <u>lo faccio io senza problemi</u> _____ in pochi minuti da solo.

- Perché mi tratti male? (8) <u>sei arrabbiato</u> _____ con me?
- No, ma ho preso una multa perché ho lasciato la macchina in divieto. 'Sti vigili sono davvero tremendi.

- È inutile che (9) <u>ti arrabbi</u> _____ con i vigili, fanno solo il loro lavoro. È che tu lasci sempre la macchina in divieto e te ne freghi. Mi dispiace, ma (10) <u>è il tuo comportamento che ha portato a questa situazione</u> _____!

  10

Completa questa lettera da un blog sul tema "Vivere in città" con le espressioni mancanti. Se sei in difficoltà, aiutati con l'elenco in fondo.

Ultimi Messaggi

Basta! Voglio andare in pensione, sono stufo di lavorare in città e perdere il mio tempo chiuso in macchina, fermo (1) _____ a qualche (2) _____, o semplicemente bloccato in un (3) _____…

Tra l'altro questo mi fa sempre arrivare in ritardo, perché non so mai che cosa sia meglio fare.

Prendete l'esempio di stamattina. Di solito vado al lavoro in autobus, ma mia moglie, che era uscita prima di me, mi ha detto che il centro era completamente (4) _____ dal (5) _____, e così ho deciso di usare la macchina e prendere la (6) _____… peggio che andar di notte! Tutti si erano spostati lì, e così ci ho messo quasi un'ora, un altro quarto d'ora per trovare un (7) _____ libero e altri dieci minuti (8) _____ perché il mio ufficio è in una zona del centro in cui c'è un' (9) _____. Totale: un'ora e venti per fare circa quattro chilometri… Fino all'anno scorso prendevo la bicicletta, ma poi ho avuto un (10) _____ e non mi fido più: senza (11) _____ è davvero pericoloso.

BLOG

Contatta l'autore
Nickname:

Msg   Cupido
Mail   SMS

Sesso: M
Età: 30

traffico	in coda	bloccato	ingorgo
circonvallazione	pista ciclabile	semaforo	parcheggio
isola pedonale	a piedi	incidente	

grammatica

  11

Completa la lettera sulle "domeniche a piedi" con i verbi mancanti al condizionale. Da quale città è stata scritta?

Io (*essere*) (1) _____ del parere che la circolazione alle auto

ed ai motoveicoli (*dovere*) (2) _____ essere vietata, nelle

grandi città capoluogo di provincia, tutte le domeniche dalle 8 del mattino fino alle 20, e non soltanto

qualche volta d'inverno.

Questo non solo (*fare*) (3) _____ bene alla salute degli

abitanti dei grossi agglomerati urbani, ma (*dare*) (4) _____

anche la possibilità alla popolazione di apprezzare e conoscere meglio la propria città.

Vi assicuro che la mia città è particolarmente bella, (*dire*) (5) _____

fantastica quando le auto non circolano.

Il nostro lungomare è unico al mondo, con Capri ed il Vesuvio sullo sfondo, ed è meraviglioso

percorrerlo a piedi senza il pericolo di essere travolti e respirando l'aria profumata del mare.

Ora che arriva l'estate e l'aria diventa sempre più irrespirabile, le amministrazioni comunali

(*fare*) (6) _____ bene a riprendere questa

iniziativa validissima, magari estendendola anche al sabato: visto che in quel giorno molti italiani non

lavorano, (*potere*) (7) _____ godersi in pace la città

e magari, prendendo i mezzi pubblici, (*scoprire*) (8) _____

posti che mai avevano visto.

Ne (*beneficiare*) (9) _____ molto anche i ragazzi,

che sono ormai all'inizio delle vacanze, e poi i bambini e gli anziani che finalmente

(*essere*) (10) _____ liberi di passeggiare nella

tranquillità e nel silenzio.

Che ne pensate? (*volere*) (11) _____ un vostro parere in merito.

Scrivi una lettera di risposta al messaggio precedente.

  12

Osserva nell'esempio diversi modi di esprimere una condizione o un'ipotesi. Completa le frasi con il condizionale e poi trasformale usando un nome o il verbo della secondaria al gerundio, come nell'esempio.

Se riducessimo gli imballaggi, ci *sarebbe* meno spazzatura da raccogliere.
→ *Riducendo gli imballaggi, ci sarebbe meno spazzatura da raccogliere.*
→ *Con la riduzione degli imballaggi, ci sarebbe meno spazzatura da raccogliere.*

1. Se riciclassero tutti i tipi di materiali, i comuni (*potere*) _____ diminuire la tassa sui rifiuti.
2. Se facessimo una vita meno sedentaria, (*avere*) _____ meno problemi di salute.
3. Se installassimo dei pannelli solari, (*risparmiare*) _____ sui costi del riscaldamento.
4. Se si coltivassero più prodotti biologici, la qualità dei terreni (*migliorare*) _____ .
5. Se si diffondesse il *car sharing*, (*esserci*) _____ meno problemi di parcheggio.

13

Completa le frasi usando il congiuntivo imperfetto.

1. Cosa ci fai qui? Credevo che (*essere*) _____ a Roma…
2. Non sapevo che Giorgio (*avere*) _____ quattro figli!
3. I miei genitori non volevano che (*fare*) _____ teatro, secondo loro fare l'attore non è un vero mestiere…
4. Pensavo che Silvia (*studiare*) _____ Psicologia, invece ho saputo che è iscritta a Scienze politiche.
5. Speravo che mi (*dare*) _____ un incarico annuale, invece ho ancora un contratto di sei mesi.
6. Che bello, siete già arrivati! Avevo paura che (*essere*) _____ fermi in autostrada, c'è stato un incidente.
7. Per le vacanze, mio marito voleva che (*andare*) _____ in albergo, ma io ho preferito un appartamento.
8. Non importa che non ti abbia ascoltato, era comunque importante che tu gli (*dire*) _____ che cosa doveva fare.

14

S23 →

a **Osserva le frasi e per ciascuna indica quale funzione esprime il verbo** pensare.

    a. opinione/incertezza   **b.** suggerimento/consiglio   **c.** intenzione

    ☐ 1. Penso che cambieremo la macchina, consuma davvero troppo.
    ☐ 2. Penso che sarebbe meglio usare dei contenitori in vetro, anche se sono meno pratici.
    ☐ 3. Penso che ognuno debba fare qualcosa per ridurre l'inquinamento.

b **Sottolinea i verbi che dipendono da** pensare **e indica i tempi e i modi usati con le diverse funzioni.**

    opinione/incertezza: _____
    suggerimento/consiglio: _____
    intenzione: _____

c **Completa le frasi con i tempi e i modi che ti sembrano più adeguati.**

1. Non sono bene informata, ma penso che la scadenza per il concorso (*essere*) _____ domani.
2. Credo che (*dovere*) _____ partire un po' prima, per non arrivare con il buio.
3. Mio figlio non sa ancora cosa vuole fare dopo il Liceo, comunque penso che (*iscriversi*) _____ all'Università.
4. Non c'ero quando hanno litigato, ma penso che Paolo (*avere*) _____ ragione.
5. Credo che (*fare*) _____ meglio a studiare di più, se non vuoi essere bocciato.
6. Non conosco suo marito, ma penso che (*essere*) _____ straniero.
7. Penso che per le vacanze (*tornare*) _____ in Abruzzo, l'anno scorso ci è piaciuto molto.
8. Non puoi continuare a dirgli bugie. Penso che (*dovere*) _____ parlargli e chiarire le cose una volta per tutte.

Completa l'articolo coniugando i verbi all'indicativo (presente e passato prossimo), al condizionale (presente) oppure al congiuntivo (passato e imperfetto).

In difesa del Val di Noto ■ di ANDREA CAMILLERI

I milanesi come (*reagire*) (1) _reagirebbero_ se (*dire*) (2) _____ loro che c'è un progetto avanzato di ricerche petrolifere proprio davanti al Duomo? (*rifare*) (3) _____ certo le Cinque Giornate.

E i veneziani, se (*venire*) (4) _____ a sapere che (*volere*) (5) _____ fare degli scavi a San Marco?

E i fiorentini, (*sopportare*) (6) _____ le trivelle a Santa Croce?

I rispettivi abitanti che ne (*dire*) (7) _____ di scavi per la ricerca del petrolio a Roma tra i Fori imperiali e il Colosseo o a piazza De Ferrari a Genova?

Non (*sentirsi*) (8) _____ offesi e scempiati nel più profondo del loro essere? Ebbene, in Sicilia, e precisamente in una zona che è stata dichiarata dall'Unesco "patrimonio mondiale dell'umanità", il Val di Noto, dove il destino e la Storia (*radunare*) (9) _____ gli inestimabili capolavori del tardo barocco, una società petrolifera americana, la "Panther Eureka", (*essere autorizzata*) (10) _____ a compiervi trivellazioni per la ricerca di idrocarburi nel sottosuolo. In caso positivo (positivo per la "Panther Eureka", naturalmente) è già prevista la concessione per lo sfruttamento dell'eventuale giacimento.

Questo significa distruggere, in un sol colpo e totalmente, paesaggio e storia, cultura e identità, bellezza e armonia, il meglio di noi insomma, a favore dell'arricchimento di pochi. E inoltre si (*dare*) (11) _____ un colpo mortale al turismo, che in questa zona è in forte in crescita.

L'inizio dei lavori (*essere fermato*) (12) _____ nel 2005, dal Governatore Cuffaro, ma (*cominciare*) (13) _____ subito quel balletto tutto italiano fatto di ricorsi al Tar (Tribunale amministrativo regionale), annullamenti e sospensioni temporanee, che da noi di solito (*finire*) (14) _____ con la vittoria del più forte a danno degli onesti, dei rispettosi dell'ambiente, di coloro che accettano le leggi.

Vogliamo, una volta tanto, ribaltare questo prevedibile risultato e far vincere lo sdegno, il rifiuto, la protesta e l'orrore (sì, l'orrore) di tutti, al di là delle personali idee politiche?

Per la nostra stessa dignità di italiani, facciamo in modo che (*essere annullata*) (15) _____ in modo irreversibile quella contestata concessione e facciamo anche che (*essere resa*) (16) _____ impossibile ogni ulteriore iniziativa che (*potere*) (17) _____ in futuro violentare e distruggere, in ogni parte d'Italia, i nostri piccoli e splendidi paradisi.

Trasforma i consigli in obblighi, usando in alternanza la forma impersonale con dovere oppure la forma passiva con dovere o andare.

10 CONSIGLI PER RISPARMIARE ACQUA

1. Per innaffiare i giardini, usare l'acqua piovana.
2. Innaffiare i giardini di sera, non nelle ore più calde.
3. Per bagnare le piante di casa, sfruttare l'acqua con cui si è lavata la verdura.
4. Quando ci si lava, tenere il rubinetto aperto solo se necessario.
5. Fare i lavaggi in lavatrice solo a pieno carico.
6. Prima del lavaggio, mettere i piatti sporchi in ammollo nell'acqua.
7. Per evitare perdite inutili, controllare regolarmente i rubinetti.
8. Non lavare troppo spesso l'automobile.
9. Applicare riduttori ai rubinetti dei lavandini.

1. Per innaffiare i giardini **usare** l'acqua piovana.

    → Per innaffiare i giardini   **si deve usare** l'acqua piovana.
    deve essere usata l'acqua piovana.
    va usata l'acqua piovana.

2. _____
3. _____
4. _____
5. _____
6. _____
7. _____
8. _____
9. _____

Completa le frasi trasformando al plurale i nomi tra parentesi.

1. I (*sindaco*) _____ dei capoluoghi della Lombardia hanno assegnato degli (*incarico*) _____ per il monitoraggio dell'inquinamento acustico.

2. Il ritiro dei (*farmaco*) _____ scaduti rientra tra gli (*obbligo*) _____ dei (*farmacista*) _____ .

3. I pannelli solari sfruttano l'energia dei (*raggio*) _____ solari per generare calore.

4. Tra i rifiuti ho trovato due (*paio*) _____ di sci da bambini praticamente nuovi.

5. Per la Giornata mondiale della biodiversità (22 maggio), le (*oasi*) _____ e le riserve della LIPU saranno aperte agli studenti, che potranno così apprezzare oltre 7mila (*specie*) _____ animali e vegetali.

6. Dopo numerosi (*rinvio*) _____, il comune ha finalmente applicato le nuove normative europee sui (*gas*) _____ di scarico.

7. Ieri sera c'è stato un incontro con i (*funzionario*) _____ del comune, che hanno illustrato i (*principio*) _____ della raccolta differenziata che sarà obbligatoria a partire dal mese prossimo.

Completa l'articolo con le preposizioni semplici o articolate.

UN APPLAUSO ALLE "SENTINELLE" DEL FUOCO

Grande e sentita partecipazione da parte (1) _____ _____ cittadini italiani (2) _____ campagna *Incend-diario WWF*, il diario collettivo *on line*, realizzato (3) _____ collaborazione con *Repubblica.it*, dove sono stati raccolti (4) _____ corso dell'estate 2008 dati e informazioni (5) _____ incendi avvenuti nella nostra penisola (6) _____ danno (7) _____ aree naturali più pregiate. I cittadini hanno accolto (8) _____ entusiasmo l'invito del WWF (9) _____ inviare segnalazioni, racconti e testimonianze, mobilitandosi (10) _____ fianco delle istituzioni (11) _____ un faticoso lavoro di lotta (12) _____ incendi, con l'obiettivo (13) _____ completare la mappa dell'Italia andata (14) _____ fumo. La situazione, dati (15) _____ mano, è sensibilmente migliorata anche (16) _____ seguito degli interventi dello Stato (17) _____ spingere i Comuni (18) _____ dotarsi di un registro degli incendi (19) _____ territorio.

Inserisci nel testo i connettivi seguenti.

inoltre	infatti (2)	oppure	innanzitutto	quindi	tuttavia
se	anzi	in secondo luogo	benché	invece	anche

RUBINETTO O BOTTIGLIA?

Negli ultimi giorni è stato dato il via a una campagna per favorire il consumo dell'acqua del rubinetto, che non comporta rifiuti inquinanti. Vediamo le ragioni della campagna.

(1) _____ è necessario tenere presente che, per produrre il Pet, cioè la plastica usata per le bottiglie, si utilizza molta energia e si va ad aumentare l'inquinamento atmosferico. (2) _____ alcune aziende stiano studiando l'uso di materiali biodegradabili per l'imbottigliamento, diversi studi hanno dimostrato che le bottiglie progettate per biodegradarsi più velocemente rilasciano particelle che possono essere nocive per chi beve l'acqua. Bisogna (3) _____ considerare l'inquinamento legato al trasporto. (4) _____ solo il 25% delle acque in bottiglia bevute in un Paese provengono dalle industrie nazionali, le altre devono varcare uno o più confini. (5) _____ deve essere valutata la purezza delle sorgenti da cui si preleva l'acqua minerale. Molto spesso (6) _____ si pensa che le acque delle sorgenti siano purissime e più controllate rispetto ad ogni altra riserva d'acqua. (7) _____ ciò non è necessariamente vero, (8) _____, le acque vicino alla superficie possono raccogliere inquinanti che difficilmente si trovano nelle acque prelevate dai pozzi municipali a centinaia di metri di profondità. È (9) _____ assicurato che dai rubinetti, almeno dei Paesi industrializzati, esca acqua realmente potabile grazie alle severe leggi sulle sostanze permesse, in genere più restrittive rispetto a quelle delle acqua in bottiglia. È stato dimostrato (10) _____ che non esiste un'ampia differenza di gusto fra l'acqua di rubinetto e l'acqua in bottiglia: secondo un'indagine realizzata da Legambiente in 6 città italiane, affidandosi al palato nemmeno 2 italiani su 10 sono riusciti a individuare qual era l'acqua imbottigliata e quale quella uscita dalle tubature domestiche. Bisogna (11) _____ saper valutare la situazione, cioè capire (12) _____ è meglio continuare a acquistare l'acqua in bottiglia (un prodotto a volte di qualità, ma che può essere nocivo per noi stessi e per l'ambiente), (13) _____ usufruire dell'acqua corrente, un bene che troviamo direttamente nelle nostre case a un prezzo molto ridotto, con proprietà molto simili a quelle del precedente, ma senza rischio di inquinamento.

⑳ Punteggiatura
Qualche regola per l'uso della virgola.

sì
– per dividere le frasi di un periodo:
Jane è un'ambientalista impegnata, io no.
Nei paesi piccoli si fa una vita più tranquilla, **ma** io preferisco vivere in città.
– per separare gli elementi di un elenco:
In questo contenitore si possono mettere bottiglie di vetro, lattine, barattoli e fogli di alluminio.
– per separare un inciso (cioè un'espressione o una frase indipendente che si inserisce in un'altra):
Il comune, come tutti sanno, ha attivato da tempo la raccolta differenziata.
L'iniziativa, organizzata in collaborazione con il WWF, si è tenuta il 22 maggio.
R. Della Seta, presidente di Legambiente, è intervenuto al convegno sulla mobilità sostenibile.

no
– tra nome e aggettivo:
È stata una bella ✗ manifestazione. / È un'iniziativa ✗ interessante.
– tra soggetto e verbo:
L'iniziativa delle associazioni ambientaliste ✗ ha avuto un grande successo.
– tra verbo e complemento oggetto:
Ho visto ieri sera alla TV ✗ una bella trasmissione sulle energie rinnovabili.

Inserisci nell'articolo seguente le virgole mancanti.

Il Fondo per l'Ambiente Italiano: salvate i "luoghi del cuore" vittime del degrado ambientale

Sono già stati segnalati edifici orripilanti spiagge piene di spazzatura, parabole televisive, parcheggi di motorini file di cassonetti. Il quarto censimento nazionale dei "luoghi del cuore" promosso dal FAI il Fondo per l'Ambiente Italiano non chiede quest'anno di segnalare, come in passato i luoghi più belli e magici del paese ma le brutture che li minacciano ciò che più rovina il paesaggio che amiamo. In altre parole i "corpi estranei" come li definiva Pier Paolo Pasolini, a cui si ispira la nuova iniziativa in difesa dell'ambiente e dell'arte.

"Sono sbigottita perché nell'ultima campagna elettorale nessun politico né di destra né di sinistra ha mai parlato del nostro paesaggio da difendere. Né della nostra arte della nostra cultura – denuncia G. M. Mozzoni Crespi presidente del FAI. – Con questa nuova campagna che prenderà il via la prossima settimana vogliamo invitare gli italiani a non essere ciechi a fermarsi e guardare con attenzione quello che li circonda".

Come cambia la società italiana

1 CD t.7

a Prima di ascoltare, leggi i titoli che seguono e prova a fare ipotesi sul tema cui si riferiscono (chi, che cosa, quando, dove e perché).
Poi ascolta una prima volta le notizie di un radiogiornale e mettile nell'ordine in cui vengono presentate.

- ☐ **a.** Ennesimo caso di truffa.
- ☐ **b.** Cresce il debito degli italiani.
- ☐ **c.** Un marchio del *Made in Italy* diventa americano.
- ☐ **d.** Napoli, crolla un palazzo.
- ☐ **e.** In salita benzina, gasolio e inflazione.
- ☐ **f.** Agricoltori intossicati dai pesticidi.
- ☐ **g.** *Orange* contro *Apple*: nuovo cellulare facile ed economico.
- ☐ **h.** Il prezzo dell'"oro nero" non si ferma.

b Riascolta il radiogiornale e scegli la risposta giusta.

1.
- ☐ **a.** Una palazzina abitata da una famiglia filippina è crollata a Napoli. Fortunatamente erano tutti al lavoro.
- ☐ **b.** Un palazzo disabitato ha ceduto improvvisamente a Napoli nei quartieri spagnoli. Sotto le macerie potrebbero esserci delle persone.
- ☐ **c.** Tragedia a Napoli per il crollo di un vecchio edificio che stavano ristrutturando. Morte undici persone. I vigili del fuoco continuano a scavare sotto le macerie.

2.
- ☐ **a.** Molti agricoltori sono stati portati al pronto soccorso dopo aver respirato delle sostanze chimiche che avevano usato per trattare i campi.
- ☐ **b.** Alcuni contadini sono stati male per aver raccolto in grande quantità prodotti agricoli trattati con sostanze chimiche dannose per la salute.
- ☐ **c.** In un'azienda agricola in cui erano in corso dei trattamenti chimici, un centinaio di agricoltori si è sentito male.

3.
- ☐ **a.** Un operaio ha denunciato un impostore che gli aveva chiesto una consistente somma di denaro in cambio di magie contro le sue sfortune in amore.
- ☐ **b.** A Pordenone è stato girato un film sulle vicende del noto Mago Amadeus, che ha raggirato più di 52 persone.
- ☐ **c.** Ennesima truffa alle spalle di un uomo di 52 anni ad opera del mago Amadeus, noto per risolvere problemi sentimentali.

4.

☐ **a.** Sta per essere commercializzato un nuovo cellulare di marca francese, economico e di facile utilizzo, per contrastare l'appena uscito *I-phone* della *Apple*.

☐ **b.** È già uscito anche in Italia il nuovo cellulare della *Apple*, accessibile a tutti per costo e semplicità d'uso.

☐ **c.** Il nuovo *I-phone* della *Orange*, compagnia francese, costerà solo 49 euro e sarà in commercio in Italia quest'estate.

5.

☐ **a.** A causa di 70 milioni di euro di debiti, un famoso marchio italiano di moto è stato ceduto ad un'azienda americana.

☐ **b.** Una compagnia americana si è indebitata per aggiudicarsi un prestigioso marchio del *Made in Italy*.

☐ **c.** Una nota marca di moto italiana, la *Mw Agusta*, è stata comprata da una compagnia americana.

CD t. 8

Ascolta le ultime tre notizie e completa con i numeri mancanti.

1. Ad aprile il debito pubblico italiano è salito, sfiorando _____ miliardi di euro rispetto ai _____ di marzo.

2. Alla Borsa di New York il petrolio ha raggiunto il nuovo record di _____ dollari al barile.

3. Nuovo record dei prezzi di benzina e gasolio, che sfiorano quota _____ euro al litro. Un euro è quotato _____ dollari. L'inflazione a giugno sale al _____ dal _____ di maggio.

2 **CD** t. 9

Dettato puzzle. Ascolta più volte la registrazione e completa.

PAOLA: Lo so, però tu e Carlo non siete cattolici (1) _____, io rispetto pienamente le vostre idee e dal momento che voi non credete al matrimonio (2) _____, siete liberi, secondo me, di fare questo tipo di scelta, (3) _____ _____. Però Laura, che è cattolica e praticante come me, secondo me, è (4) _____ _____ con quelle che sono le indicazioni della nostra religione.

LAURA: Mah, non sono d'accordo, (5) _____ _____ _____ anche all'interno della Chiesa ci sono diverse posizioni, e la tua (6) _____ è quella più intransigente di sicuro, tant'è vero che alla stesura dei *DICO* hanno partecipato anche molti cattolici.

PAOLA: Mah! Il mio (7) _____ _____ _____ sinceramente è questo, cioè, se tu sei cattolica, se tu credi in qualcosa, non puoi prendere solo quello che ti (8) _____ _____.

LAURA: Ma io non prendo solo quello che mi fa comodo, prendo eh, prendo un (9) _____ _____ _____ per poter essere sicura di quello che sto facendo.

PAOLA: In realtà stai un po' (10) _____ la religione a quello che vuoi tu.

ELENA: La scelta della convivenza (11) _____ _____ quella del matrimonio in chiesa o civile, è una questione di (12) _____ _____, io penso.

3

a Prima di leggere l'articolo di p. 31, scegli i quattro lavori che pensi siano svolti in maggioranza dai lavoratori immigrati in Italia. E nel tuo Paese com'è la situazione?

badante	addetto alle pulizie	muratore
raccoglitore di frutta e verdura	magazziniere	operaio
tassista	infermiere	ristoratore
domestica (colf)	commesso	facchino

b Leggi l'articolo e indica se le affermazioni che seguono sono vere o false.

V F

1. Per la cura dei familiari malati e anziani, gli italiani preferiscono le badanti straniere alle case di riposo, perché costano di meno. ☐ ☐
2. Lo Stato italiano aiuta molto le famiglie nell'assistenza agli anziani. ☐ ☐
3. Gli occupati stranieri lavorano più nell'industria e nell'edilizia che nel settore dei servizi. ☐ ☐
4. I luoghi di lavoro in cui gli immigrati sono in maggioranza rispetto agli italiani sono quelli in cui è richiesta forza fisica e turni di lavoro pesanti. ☐ ☐
5. Gli italiani contrari all'immigrazione hanno ragione a sostenere che gli stranieri rubano loro il lavoro. ☐ ☐
6. Nei cantieri edili muoiono sul lavoro nella stessa misura italiani e stranieri. ☐ ☐
7. Non ci sono più italiani che vogliano raccogliere a mano i prodotti agricoli. ☐ ☐
8. Negli ultimi anni sono in aumento gli immigrati che occupano posti di lavoro più specializzati e che aprono attività in proprio. ☐ ☐

Ora correggi le affermazioni false.

_____   _____

_____   _____

c Trova nell'articolo, nelle righe indicate, un sinonimo di:

1. (da r. 6 a r. 19) costo mensile del vitto, alloggio e cure _____

2. (da r. 46 a r. 61) necessaria _____

3. (da r. 46 a r. 61) posto di lavoro non fisso _____

4. (da r. 62 a r. 77) ricavato dalle vendite _____

5. (da r. 92 a r. 101) fotografia _____

6. (da r. 107 a r. 122) che non hanno voglia di lavorare _____

7. (da r. 107 a r. 122) settore delle costruzioni _____

d Associa le espressioni metaforiche presenti nel testo al loro significato.

1. (r. 9-10) ritorno al *focolare domestico*   a. fallire
2. (r. 11) *esercito* di badanti   b. contare, calcolare la statistica
3. (r. 50) facendo l'appello   c. non in regola
4. (r. 79-80) andrebbe in malora   d. una grande quantità
5. (r. 87) lavorando *in nero*   e. fare la casalinga

Se non ci fossero
Come sarebbe l'Italia senza gli immigrati

Forza lavoro. Ecco dove senza immigrati l'Italia chiuderebbe

La famiglia italiana è diventata una multinazionale che senza la manodopera straniera chiuderebbe i battenti da un giorno all'altro.
5 Infatti, se si togliessero le *baby-sitter* e le *colf* filippine, equadoregne e colombiane, molte donne italiane rischierebbero il ritorno
10 al focolare domestico. C'è poi l'esercito di badanti ucraine e rumene che assistono i nostri anziani facendo risparmiare miliardi di euro sia allo Stato ita-
15 liano, che provvede solo all'1% dei bisogni delle famiglie non autosufficienti, sia ai privati, che spendono meno rispetto alla retta di una casa di riposo.
20 Ancora più fragile il materiale umano maneggiato dai 22.800 infermieri stranieri che fermano l'emorragia della sanità nazionale, in cui mancano oltre 60.000
25 professionisti a causa di turni di lavoro duri e alte responsabilità. Insomma, la categoria degli occupati stranieri nei "servizi" è la più numerosa, il 55,2% secondo
30 l'elaborazione Censis, su dati Istat. Poi viene l'industria manifatturiera (23,7%), le costruzioni (17,2%) e l'agricoltura (3,8%). La galassia dei servizi non ruota
35 però solo intorno alla persona. C'è la logistica. La cooperativa *Gruppo Facchini Emiliano* di Reggio Emilia, per esempio, carica e scarica materiali di ogni
40 genere, gestisce magazzini, svuota container. Roba da spaccarsi la schiena. Su 900 dipendenti, 560 sono extracomunitari, indiani perlopiù, soprattutto nei week-
45 end o nei turni di notte. Migranti vuol dire forza fisica, vitalità, quella resistenza indispensabile che ci vuole alla catena di montaggio o per lavorare
50 il ferro. Facendo l'appello nelle varie regioni si scopre che nelle fabbriche le mani che si alzano sono sempre più nere, oliva e gialle. Un solo esempio, la *Fin-*
55 *cantieri* di Sestri, che costruisce le navi della *Costa Crociere*: su 2500 addetti nella fase clou della produzione, 811 sono italiani, gli unici assunti, il resto è precariato
60 fatto di bengalesi, sudamericani e croati. I luoghi di lavoro in cui gli italiani costituiscono la minoranza sono in aumento, come dimostrano i
65 laboratori cinesi che fanno ormai il 90% del fatturato tessile di Prato o quasi altrettanto nell'*hinterland* vesuviano. L'argomento classico della vulga-
70 ta anti-immigrazione che gli stranieri tolgano lavoro agli italiani non regge, perché "sino ad oggi gli extracomunitari coprono le mansioni che i nazionali non
75 vogliono più", come ci ricorda Tito Boeri, economista della Bocconi. Senza di loro il cantiere Italia, e

non è una metafora, andrebbe in
80 malora. A Milano e Roma un muratore su due è ormai rumeno, albanese, maghrebino. Perfettamente integrati solo nella malasorte. Infatti, il tasso delle
85 vittime sul lavoro è circa il doppio tra gli immigrati perché, lavorando spesso in nero, non possono fare i difficili e, senza le dovute protezioni, cadono dai
90 ponteggi o vengono travolti dalle ruspe. Anche in agricoltura sarebbe la paralisi. A Caserta fragole, tabacco e pomodori resterebbero
95 a terra come i rifiuti se non ci fossero le braccia straniere a raccoglierli. L'istantanea del lavoro multietnico registra oggi un milione e
100 mezzo di stranieri su circa 28 milioni di occupati complessivi. E parliamo di persone con un tasso di fecondità triplo rispetto al nostro (3 figli a testa contro
105 l'1,1 italiano) e con quella determinazione che li fa progredire sulla scala sociale. Il dato più nuovo infatti è che negli ultimi anni gli occupati immigrati sono
110 in aumento tra i tecnici intermedi, gli operai specializzati e gli impiegati, senza contare i 200 mila imprenditori etnici presenti sul territorio. "Altro che fan-
115 nulloni". Quello di uno sciopero generale dei migranti è uno scenario da incubo: molte madri e padri dovrebbero rinunciare al lavoro, si fermerebbe l'edilizia,
120 una quantità impressionante di fabbriche e la verdura marcirebbe nei campi . Un paese in tilt.

(adattato da *Il Venerdì di Repubblica*, 15 febbraio 2008)

4

Completa il testo scegliendo tra le parole seguenti.

aborto   si intrometta   divorzio   riconoscimento

convivenza   coppie di fatto   emerge   adozione

indagine   gravidanza   omosessuali   fede

DICO: cosa ne pensano i cattolici

Più di metà della popolazione italiana che si professa di (1) _____ cattolica è favorevole ai *DICO* (il 68,7%). È quanto è emerso da un' (2) _____ Eurispes. Il 39% pensa infatti che la (3) _____ serva a testare il matrimonio e poco più di metà della popolazione cattolica vorrebbe il riconoscimento delle (4) _____ dalla Chiesa. Dall'indagine (5) _____ uno scollamento tra gerarchie ecclesiastiche ed esigenze reali dei fedeli. Inoltre il 65,6% difende il (6) _____ . Ma i veri discriminati restano gli (7) _____: sono pochi i cattolici favorevoli al (8) _____ della loro unione e tanto meno ad estendere l' (9) _____ di bambini anche a questo tipo di coppie. Forti prese di posizione anche per quanto riguarda l'(10) _____: l'83% è favorevole a interrompere la (11) _____ se la vita della madre è in pericolo o per gravi malformazioni del feto. Infine il 44% ritiene che la Chiesa (12) _____ troppo nelle questioni socio-politiche, mentre il 48% crede che ciò sia opportuno.

5

Completa le frasi scegliendo tra le espressioni idiomatiche che riguardano la sfera semantica del "denaro".

sbarcare il lunario   piangere miseria   essere una formica

essere al verde   avere le mani bucate   stringere la cinghia

1. Potresti farmi un piccolo prestito, che _____ .

2. I nostri vicini di casa _____, ma poi si fanno quindici giorni di vacanza a Natale e un mese di mare in estate!

3. Non vorrei mai _____ come mia sorella che ha sempre solo lavorato, messo da parte soldi. Ma che vita è la sua senza mai uno svago e un piacere?

4. Mia figlia _____, spende quasi tutto il suo stipendio in vestiti e trattamenti di bellezza. È vero che può permetterselo, ma mi sembra che esageri.

5. Con i tempi che corrono, salari bassi e rincaro dei prezzi, le famiglie di ceto medio sono costrette a _____ e a fare dei grandi sacrifici.

6. Per un giovane al suo primo stipendio non è facile riuscire a _____, deve imparare a spendere in maniera oculata i pochi soldi che gli restano dopo aver pagato affitto, spese per l'automobile e cibo.

Osserva ogni frase e inventane una con una parola tratta dallo stesso box di quella evidenziata in corsivo nella frase originale.

| il doppio
il triplo
il quadruplo | la metà
un terzo
un quarto | decina → decine
centinaio → centinaia (plur.)
migliaio → migliaia (plur.) | raddoppiare (raddoppiato)
triplicare (triplicato) |

1. Per avere una vita agiata dovrei guadagnare almeno *il doppio* del mio attuale stipendio.

_____

2. Solo *un quarto* degli italiani compra prodotti biologici saltuariamente.

_____

3. All'inaugurazione del nuovo negozio di giocattoli c'erano *centinaia* di mamme con bambini.

_____

4. Quest'anno le spese per la benzina (si) sono *raddoppiate*.

_____

Ordina gli aggettivi seguenti, che indicano una quantità, in uno dei tre box, poi completa le frasi.

marcato   considerevole   limitato   certo   egemone   consistente   discreto   contenuto

1. Una parte _____ degli intervistati, il 48%, afferma di comprare prodotti tecnologici ed elettrodomestici in negozi specializzati.

2. Il fatto che i centri commerciali siano aperti anche di domenica riveste una _____ importanza nella scelta, considerato che le famiglie di oggi sono assillate dalla mancanza di tempo.

3. Quest'anno ci hanno concesso un _____ aumento dello stipendio (2%), comunque inferiore rispetto alla crescita dell'inflazione, che è del 2,3%.

4. Il calo delle vendite di automobili nel mese di giugno è stato più _____ (−4,3%) rispetto all'anno scorso (−5,1%).

5. In Italia il ruolo _____ assunto dai centri commerciali ha determinato la chiusura di molti negozi di piccole e medie dimensioni in tutti i settori.

6. Nonostante la propensione al risparmio, un numero _____ di italiani, il 62%, continua a valutare la marca "famosa" come un sinonimo di qualità.

7. Nei paesi europei si registra un rallentamento sempre più _____ dei consumi, dovuto alla perdita del potere d'acquisto dei salari.

8. Quest'anno abbiamo una disponibilità _____ di soldi, perché abbiamo dovuto sostituire la lavatrice e il frigorifero che si erano rotti.

grammatica

8

Completa le frasi scegliendo tra i verbi seguenti, che dovrai coniugare al congiuntivo presente o passato.

| investire | volere | avere | riuscire | decidere |
| lasciare | usare | duplicare | essere | risultare |

1. È ovvio che gli italiani _____ poco i mezzi pubblici, data la scarsa frequenza delle corse e la mancanza di puntualità.

2. Io penso che il debito italiano _____ mastodontico perché troppo numerosi sono gli evasori fiscali e gli sprechi nel settore pubblico.

3. Non sono sicura, ma mi sembra di aver letto che, rispetto all'anno scorso, il tasso di scolarità dell'università _____ un lieve aumento (dal 9,4 al 9,7%).

4. Non c'è da stupirsi che gli italiani, che restano in famiglia oltre i 30 anni, _____ tra i papà più vecchi del mondo.

5. Carla è contenta che sua figlia _____ di convivere prima di sposarsi.

6. Non riesco a capire perché i divorzi e le separazioni negli ultimi dieci anni _____.

7. È incredibile che in Italia il 20% circa delle donne _____ il lavoro dopo aver avuto il primo figlio.

8. Dubito che Paola _____ a trovare un posto presso l'asilo nido comunale perché mi ha detto che sta cercando una *baby-sitter*.

9. Spero che il governo _____ più soldi della spesa pubblica nell'istruzione.

10. Non è che non _____ venire, sono solo stanca morta.

9

S22→

Trasforma queste domande in frasi interrogative indirette iniziando con le espressioni indicate.

| Es.: | Giulio è già arrivato? | Non so se Giulio **sia** già **arrivato**. |
| | INTERROGATIVA DIRETTA | INTERROGATIVA INDIRETTA + CONGIUNTIVO |

1. Carlo ha telefonato? (*Mi chiedo*)

2. Perché Laura non è venuta alla nostra festa? (*Non so*)

3. Perché non ci vuoi andare? (*Non capiamo*)

4. Di che nazionalità è? (*Non sono certo*)

5. Che facoltà ha scelto all'università? (*Non so*)

6. Dove hai trovato un cellulare così piccolo? (*Mi domando*)

7. Giulia si è sposata o convive? (*Non sono certa*)

8. Perché non fai la spesa nel *discount* che hanno appena aperto? (*Non capisco*)

10

Completa le risposte, che iniziano con l'espressione "Non è che", con un verbo al congiuntivo.

 Non ti piace il dolce? *Non è che* non mi _____*piaccia*_____, ma ho già mangiato troppo.

1. Sei arrabbiato? Non è che _____ arrabbiato, sono solo un po' nervoso.

2. Perché non sei voluta uscire con noi? Non è che non _____ uscire con voi, ero solo molto stanca e ho preferito riposarmi.

3. Allora non ti fidi di me? Non è che non _____ di te, sono solo molto prudente.

4. Alessia è diventata molto aggressiva. Non è che _____ aggressiva, lo è sempre stata.

5. Non ti è piaciuto vivere in Italia? Non è che non _____, ma avevo molta nostalgia della mia famiglia.

6. Ma Olga ha dei problemi con Mauro? Non è che _____ solo dei problemi, hanno già deciso di separarsi.

11

Leggi i dati Istat sulla società italiana e completa con i comparativi e i superlativi scegliendo tra le parole seguenti.

le più	più	la maggiore	inferiore (2)	meno
maggioranza	maggiori	rispetto a	superiore	di
che (2)				

LA SOCIETÀ ITALIANA: ALCUNE CIFRE

Famiglie

Le famiglie italiane sono sempre (1) _____ numerose. Nel Nord-Est la diminuzione del numero dei componenti familiari è (2) _____ evidente: dai 4,2 famigliari nel dopoguerra ai 2,5 di oggi.

Reddito medio

Le famiglie italiane vivono in media con 2300 euro al mese, circa 28.000 l'anno.
Ma il 50% percepisce meno (3) _____ 1900 euro.

Nord-sud

Le disuguaglianze tra una famiglia e l'altra sono fra (4) _____ forti in Europa.
Il divario è più evidente al Sud (5) _____ al Nord (la Calabria è la regione con (6) _____ distribuzione asimmetrica dei redditi).
In media le famiglie dell'Italia meridionale e insulare hanno un reddito disponibile (7) _____ del 30% (8) _____ quelle del Nord. Pesa, secondo i dati Istat, l'alto tasso di disoccupazione femminile e il fatto che nella (9) _____ delle famiglie lavori un solo genitore.

Lavoro

Malgrado l'occupazione femminile abbia registrato ad oggi un incremento (10) _____ ad ogni aspettativa, in Italia c'è ancora un basso livello di partecipazione delle donne al lavoro (50,8%).

Disservizi

Gli italiani combattono ogni giorno con numerose forme di disservizio. I tempi di attesa per l'erogazione dei servizi sono più lunghi nelle Asl (Aziende sanitarie locali) (11) _____ negli uffici postali. I disagi colpiscono soprattutto i cittadini che risiedono nel Mezzogiorno, i quali denunciano (12) _____ difficoltà di accesso ai servizi, in particolare al pronto soccorso, alle forze dell'ordine e agli uffici comunali.
Tra le principali questioni di lamentela ci sono poi le lungaggini del fisco: nel 70% dei casi l'attesa per il rimborso non è (13) _____ ai sei anni.

S4,5 →   **12**

Costruisci dei superlativi relativi con le parole date.

> La regione (+ ricca) d'Italia è la Lombardia.
>
> La regione _più ricca_ d'Italia è la Lombardia. | (ART. + NOME + _più/meno_ + AGG.)
> L'aggettivo dopo il nome ha valore **restrittivo**.
>
> La _più ricca_ regione d'Italia è la Lombardia. | (ART. + _più/meno_ + AGG.+ NOME)
> L'aggettivo prima del nome ha valore **descrittivo**.

1. La regione (+ povera) d'Italia è il Molise.

2. La regione che ha (parchi nazionali + estesi) è l'Abruzzo.

3. La Sardegna ha (percentuale + bassa) di immigrati in relazione alla popolazione.

4. (Tre città + popolose) dell'Italia sono Roma, Milano e Napoli.

5. La regione con (numero + grande) di province è la Lombardia che ne ha 12.

6. La Campania ha (+ alto tasso) di natalità e di matrimoni tra tutte le regioni italiane.

7. Il Piemonte è la regione con (rete stradale + lunga).

8. La Valle d'Aosta è la regione con (numero + basso) di imprese.

9. Il Veneto è la regione con (+ grande numero) di supermercati.

10. Le regioni con (+ buoni servizi) sociali (ospedali, scuole, biblioteche, ecc.) si trovano nel Nord-Est.

S23 →   **13**

a Leggi questa intervista e rispondi.

Se potessi avere...

"Di quanti soldi avrebbe bisogno la sua famiglia al mese per vivere bene e che cosa farebbe con questi soldi in più?"
Ecco la domanda di un sondaggio rivolto a donne di diversi ceti sociali e nazionalità.
Mirela è rumena e fa l'edicolante a Parma, dove vive con la figlia di sedici anni e il marito. _"Ora ci entrano 2600 euro, se ne avessi 4000, pagherei il mutuo per una casa più grande, farei un paio di massaggi al mese. Abiti e cibo non mi interessano, invece farei dei viaggi. Per ora siamo riusciti a visitare solo Roma, Firenze e Venezia"._

1. Che tipo di ipotesi esprime il periodo sottolineato?
   ☐ **a.** Un'ipotesi reale di sicura realizzazione.
   ☐ **b.** Un'ipotesi possibile ma di difficile realizzazione.
   ☐ **c.** Un'ipotesi irreale che non si è realizzata.

2. Quale congiuntivo si usa nella frase secondaria con _se_?

3. E nella frase principale, quale condizionale si usa?

b Ora completa questi "sogni ad occhi aperti", coniugando i verbi al congiuntivo imperfetto o al condizionale presente.

Emanuela, impiegata, una figlia e un marito.
"Guadagno 1100 € al mese, ma i soldi non bastano mai! L'ideale (*essere*) (1) _____ averne 2000, ma (*accontentarsi*) (2) _____ anche di 1500. Se (*ricevere*) (3) _____ quel denaro in più, (*prendere*) (4) _____ una donna delle pulizie, perché il sabato e la domenica non ho voglia di passarli con il ferro da stiro in mano, ma con la famiglia. (*Pagare*) (5) _____ il corso d'equitazione che mia figlia desidera e (*andare*) (6) _____ dall'estetista una volta al mese anziché ogni tre".

Anna, imprenditrice con due figlie studentesse e musiciste a carico.
"Mi do uno stipendio di circa 4000 € al mese, ma ne (*potere*) (7) _____ spenderne il triplo. Non piango miseria, ma a Firenze sopravvivo: le ragazze fanno dei lavoretti, ma costano. Lo scorso mese ho speso 3800 € per le iscrizioni all'università, a due conservatori e ad una scuola di cinema. Se (*riuscire*) (8) _____ a guadagnare 12.000 € all'anno, la mia vita (*migliorare*) (9) _____ un po'. (*Fare*) (10) _____ viaggi, (*andare*) (11) _____ più spesso ai concerti e (*regalarsi*) (12) _____ qualche gioiello in più.

S20, 25 → **14**

a Leggi le frasi che seguono e completa la regola.

1. Penso **di rientrare** presto. (azione contemporanea o futura)
2. Penso **di essere rientrata** presto. (azione anteriore)
3. Penso che Carlo **rientri** presto. (azione contemporanea o futura)
4. Penso che Carlo **sia rientrato** presto. (azione anteriore)

Nelle frasi 1 e 2 si usa *di + infinito*, perché il soggetto della frase principale e quello della frase secondaria sono _____

Nelle frasi 3 e 4 si usa il *congiuntivo*, perché il soggetto della frase principale e quello della frase secondaria sono _____

b Trasforma le frasi inserendo il soggetto indicato tra parentesi. Scegli tra di + infinito o infinito passato o che + congiuntivo presente o passato.

Sono contenta di riuscire ad andare in Canada. (*mia madre*) → Sono contenta che mia madre riesca ad andare in Canada.

1. Per il pranzo di Natale credo che mia madre abbia speso un centinaio di euro. (*io*)
2. Negli ultimi anni mi sembra che i ceti medi debbano tirare la cinghia per arrivare alla fine del mese. (*io*)
3. Ci spiace di non poterti aiutare. (*Franca*)
4. Leo è molto spiaciuto che sua figlia si sia separata. (*lui*)
5. Paola pensa di aver fatto una buona scelta a sposarsi in comune. (*la sua amica*)
6. Siamo contenti che Silvio abbia comprato casa tre anni fa, perché oggi i prezzi sono triplicati. (*noi*)
7. Spero che Viola sia assunta a tempo indeterminato. (*io*)
8. Non sono sicura che mio marito riesca a venire all'appuntamento. (*io*)
9. Hanno paura che Paola abbia fatto un mutuo troppo alto per l'acquisto della casa. (*loro*)

15 Completa questo racconto coniugando i verbi all'infinito presente, passato e al congiuntivo imperfetto.

Scusi, lei è italiano?

Dopo (*finire*) (1) _____ la scuola d'infermiera professionale, Akolè, di origine africana, aveva trovato un posto di lavoro presso una casa di cura.

Minuta, con modi carini, era molto apprezzata sul lavoro per la sua efficienza, gentilezza e proverbiale disponibilità.

Eppure, quella sera, in corsia c'era un paziente che insisteva nel (*mettere*) (2) _____ alla prova i suoi nervi.

Non le pesava di certo il fatto che il paziente del letto 124 (*suonare*) (3) _____ a ripetizione, né che (*atteggiarsi*) (4) _____ a onnipotente perché aveva la bocca piena di soldi.

Quello che irritava Akolè era che dalla prima chiamata, appena lei entrò nella stanzetta, lui dopo (*scrutare*) (5) _____ la sua bella faccettina "abbronzata" disse: "Tu portare me pappagallo per pss! Capito?"

Dopo (*espletare*) (6) _____ il suo bisogno fisiologico, l'energumeno chiamò di nuovo: "Io finito, tu portare via pappagallo!"

Alla quarta chiamata l'ostrogoto disse: "Adesso avere freddo, tu chiudere finestra! Capito?"

A questo punto sull'orlo dell'esasperazione, la nostra amica lo squadrò dall'alto al basso e gli chiese con voce dolciastra e soave in perfetto italiano: "Mi scusi signore, ma lei è italiano? Mi vergognerei da morire se qualcuno (*parlare*) (7) _____ così la mia lingua!". E, dopo (*girarsi*) (8) _____, uscì.

Chissà poi se avrà capito!

A metà corridoio la nostra infermiera si ricordò di non (*chiudere*) (9) _____ la finestra, ma stranamente il bipede non chiamò più (almeno per quella sera). Forse aveva capito.

16

S4 →

Inserisci l'aggettivo certo prima o dopo il nome a seconda del significato.

> Il marito di Gianna ha un **certo** fascino.
> **certo** + NOME (aggettivo prima del nome) "discreto/buon"
> È una notizia **certa**: Mario finalmente si sposa.
> NOME + **certo** (aggettivo dopo il nome) "sicuro"

1. Solo frutta e verdura biologica denotano una __certa__ attenzione _____ da parte dei consumatori italiani, con un 42% di acquirenti.

2. Sono ancora poche le persone in Italia che negli acquisti danno una _____ importanza _____ ai principi etici, consumando prodotti del commercio equo e solidale.

3. Se vuoi ascoltare musica di un _____ livello _____, non puoi perderti il Festival di Spoleto.

4. Una ricerca in Gran Bretagna ha dimostrato che si verificano _____ danni _____ alla salute se si mangiano cereali OGM.

5. Fare attività di volontariato richiede un _____ impegno _____ e una _____ disponibilità _____ di tempo.

6. Con gli slogan sui tagli alle tasse e sulla lotta alla criminalità, il *leader* del centro-destra si è aggiudicato una _____ vittoria _____ .

7. Senza un _____ reddito _____ , come fanno i giovani d'oggi ad andare a vivere da soli?

17

Completa il testo scegliendo tra gli aggettivi indefiniti seguenti (attenzione: ce ne sono due in più).

altri	ciascuno	ognuno	alcuni
certe	tanti	qualche (2)	troppi

L'avanzata inevitabile

Ho scritto di recente che il fenomeno dell'immigrazione è inarrestabile e (1) _____ lettore mi ha chiesto se mi rendo conto delle sue (disastrose) conseguenze.

Capisco. Il tema è complesso. È vero che di fronte a questo fenomeno si può reagire in (2) _____ modi diversi e che (3) _____ reagisce nel proprio modo. (4) _____ sono mossi da sentimenti di fratellanza e pensano che gli immigrati, che arrivano da noi spinti dalla miseria, vadano accolti con carità cristiana. (5) _____ , sospettabili di egoismo, riflettono invece sull'effetto destabilizzante dell'immigrazione. Non mancano poi (6) _____ persone che attribuiscono agli immigrati tendenze criminali, cattive qualità per meglio giustificare i sentimenti ostili.

Ma a mio parere i sentimenti di (7) _____ di noi hanno un'importanza relativa: se viene un terremoto possiamo pensare quel che vogliamo, il terremoto viene lo stesso. Il paragone non è casuale. Mi rendo conto delle conseguenze di un fenomeno che ritengo anch'io, tutto sommato, destabilizzante. E sono consapevole che i vantaggi dell'immigrazione per (8) _____ nostra azienda in cerca di mano d'opera, o per il lavoro domestico nelle nostre case, non bastano a bilanciare i (9) _____ pericoli che la nostra società sta correndo. Ma ritengo che il divario tra il tenore di vita loro e nostro sia troppo grande per arrestare l'inevitabile avanzata del Terzo Mondo.

18

Completa queste lettere al giornale con i pronomi personali adeguati (riflessivi, tonici, atoni diretti, indiretti, combinati, ci, ne).

Il mio ex ragazzo è gay! Che fare?

Sono stata per nove mesi con un ragazzo. Inizialmente __ci__ vedevamo una volta al mese, poi siamo andati a convivere. Ma dopo solo due mesi lui (1)_____ ha lasciata! Era in difficoltà nel dir (2) _____ _____ e sembrava spiaciuto! Prima di metter (3) _____ assieme avevo il dubbio che fosse gay (tutti i miei amici (4) _____ _____ dicevano), però dopo essere stati amici lui (5) _____ è messo con (6) _____ ! (7) _____ so che non è una dimostrazione di nulla. E ora come posso affrontare la situazione? Non so se (8) _____ _____ farò a perdonar (9) _____ . Ho le idee molto confuse: non so con chi prender (10)_____ _____ , se con (11) _____ o con me.

Un italiano sconfortato

Ma esiste ancora qualcuno che difenda l'Italia? Siamo un paese con tasse inique e politici inaffidabili. Ora questo governo (1) _____ _____ prende con rom e extracomunitari senza permesso di soggiorno. Ma la nostra criminalità organizzata, (2) _____ _____ (impersonale) è dimenticata?

Un italiano che ci lascia

Me ne vado. Ho venduto attività e casa e (1) _____ trasferisco alle Canarie, dove gli interessi del mutuo (2) _____ paga lo stato e l'IVA è al 4%. (3) _____ dispiace, ma sono convinto che (4) _____ valga la pena. Addio Italia, che (5) _____ togli più di quello che (6) _____ dai!

19

Completa con le preposizioni seguenti, semplici o composte.

a   di   su   da

1. Gli italiani ricorrono _____ diversi tipi di negozi per fare la spesa: si rivolgono _____ supermercato per i prodotti tipo pasta e scatolame, _____ mercato di quartiere per i prodotti freschi e _____ negozi sotto casa per i generi di prima necessità.

2. Il 9,2% _____ italiani partecipa _____ attività gratuite di volontariato, mentre il 16% _____ persone si limita _____ versare soldi ad un'associazione.

3. Il 16% delle famiglie italiane fa fatica _____ arrivare a fine mese.

4. Otto italiani _____ dieci vivono in appartamenti propri, ma sono molti i proprietari che hanno un mutuo _____ pagare.

5. Il mancato accesso _____ alcuni beni di consumo può emarginare. Non dico il cellulare, posseduto oggi _____ 83% delle famiglie, ma non avere alcun telefono (succede _____ 3,8% delle famiglie) è un segno di povertà. E nel futuro lo sarà sempre di più non saper far uso _____ computer.

6. L'aumento di razzismo tra gli italiani è dovuto _____ crescita della micro-criminalità attribuita _____ extracomunitari.

20

a **Associa ciascun connettivo concessivo con il modo con cui deve essere usato.**

Molti italiani battezzano i loro figli **anche se** non si riconoscono
nella religione cattolica.

CONNETTIVI CONCESSIVI	MODI
anche se	congiuntivo
nonostante	
benché	gerundio
sebbene	
pur	indicativo

b **Trasforma queste frasi con il connettivo concessivo indicato tra parentesi.**

1. Nel pubblico impiego non mancano i dipendenti che lavorano il meno possibile o
   che si assentano spesso dal lavoro pur incassando lo stipendio pieno. (*anche se*)
   Anche se incassano

2. Il Ministro degli interni di centro-destra sostiene di non essere razzista, anche se nei
   fatti ha ordinato la schedatura, con impronte digitali, dei minorenni rom. (*sebbene*)

3. Il matrimonio misto non è più difficile, benché in Italia resistano ancora molti
   pregiudizi verso gli stranieri immigrati. (*anche se*)

4. Credo di essermi abbastanza integrato, anche se continuo a sentirmi uno straniero.
   (*pur*)

5. Oggi in Italia l'influenza della Chiesa cattolica è ancora dominante sul modo di
   pensare delle famiglie, anche se gli italiani si stanno laicizzando. (*nonostante*)

6. Gli italiani consumano cibi etnici, anche se sono tendenzialmente tradizionalisti in
   fatto di cucina. (*pur*)

7. Gli stranieri pensano che vivere in Italia sia molto piacevole, anche se città come
   Roma non sono a livello europeo in fatto di trasporti e servizi pubblici. (*benché*)

L'Italia dei campanili

Napoli

comprensione orale

1

a **Cerca sulla cartina all'interno della copertina le città di Trieste e Napoli. Cosa conosci della loro storia e delle loro tradizioni?**

○ CD t. 10

b **Ascolta questa descrizione di Trieste fatta dallo scrittore Mauro Kovacic e svolgi le attività indicate.**

1. Secondo Kovacic Trieste è una città
   ☐ **a.** popolare.
   ☐ **b.** antica.
   ☐ **c.** nobile.

2. Trieste in passato è stata
   ☐ **a.** un punto di passaggio importante per l'impero austriaco.
   ☐ **b.** una città importante dell'impero austriaco.
   ☐ **c.** un posto molto rinomato per gli scrittori letterari.

Trieste

3. Kovacic paragona Trieste a _____
   (una città del Sud), perché anche Trieste è una città molto
   _____ .

4. Qual è, secondo Kovacic, il complesso più grande di Trieste?
   _____

5. Trieste potrebbe risolvere questo problema
   ☐ **a.** sfruttando la sua vicinanza ai Paesi dell'Est Europa e cercando di avere
       con loro il maggior numero di contatti possibili.
   ☐ **b.** sfruttando la sua posizione centrale in Europa e cercando di essere un punto
       di unione tra Est e Ovest.
   ☐ **c.** cercando di difendere meglio la sua identità italiana e imitando quello
       che fanno i Paesi dell'Est.

6. Entrando in uno dei caffè letterari più famosi di Trieste, Kovacic ha la sensazione che
   ☐ **a.** il tempo si sia fermato cento anni fa.
   ☐ **b.** le persone che ci lavorano si vestano in modo strano.
   ☐ **c.** si incontrino persone celebri del passato.

CD t.11

c **Ascolta questa descrizione di Napoli fatta dallo scrittore Erri De Luca e rispondi alle domande.**

1. Secondo De Luca perché Napoli è una città "civile"?

   _____

2. Perché a Napoli ci sono state così tante dominazioni?

   _____

3. Perché i napoletani sono invincibili secondo De Luca?

   _____

4. Perché De Luca dice che Napoli è una "città di sangui"?

   _____

5. Perché aggiunge che Napoli è una città "doppia"?

   _____

6. Quale danza popolare di Napoli cita De Luca?

   _____

7. Che significato ha il mare per i napoletani? Perché?

   _____

 CD t.12

Le contrade senesi. Ascolta queste interviste a persone che parlano della tradizione del Palio di Siena e decidi se le informazioni che seguono sono vere o false.

> Siena è famosa in tutto il mondo per il suo Palio, una corsa di cavalli di origine medievale che si svolge ogni anno nella piazza centrale (Piazza del Campo).
> La corsa dura pochi minuti, ma la città vive tutto l'anno per questo avvenimento.

V F

1. Le contrade sono delle squadre.   ☐ ☐
2. Le contrade sono 17.   ☐ ☐
3. Le contrade sono cambiate molto nel tempo.   ☐ ☐
4. Tutte le contrade hanno un Santo protettore.   ☐ ☐
5. Ogni contrada ha una contrada che è sua acerrima nemica e avversaria. ☐ ☐
6. I contradaioli sono persone molto potenti.   ☐ ☐
7. Un po' di spirito medievale sopravvive nella tradizione del Palio. ☐ ☐

Dettato puzzle. Ascolta più volte la registrazione e completa.

Friuli-Venezia Giulia

Oggi faremo insieme un viaggio nella parte nord-orientale dell'Italia, in una regione costituita nel 1948. Il suo (1) _____ _____ molto variegato con un equilibrio (2) _____ _____, _____ e mare. Tutta la (3) _____ _____ è occupata da Alpi e Prealpi, la (4) _____ _____, _____ _____ Adriatico, è invece occupata dalla (5) _____ _____. Il Tagliamento è (6) _____ _____ _____ principale, insieme all'Isonzo.

Trieste, vicinissima (7) _____ _____ _____ la Slovenia, è il (8) _____ _____, una città che detiene un curioso record: è la (9) _____ _____ _____ e con il minor (10) _____ _____ _____ (sei). Le altre città principali sono Udine, Pordenone e Gorizia.

Emilia-Romagna

Un territorio variegato, che va (11) _____ _____ _____, il (12) _____ _____ è il Cimone con 2165 metri. È (13) _____ _____ cucina e dei motori. Il suo capoluogo è una città definita a volte la dotta, altre la grassa: (14) _____ _____ Bologna.

Le altre province: Modena, Parma, Reggio Emilia, Ravenna, Rimini, Ferrara e Forlì.

Friuli-Venezia Giulia

Emilia-Romagna

comprensione scritta

4

a **Prima di leggere il testo a p. 45 scegli il significato di queste parole chiave tra le definizioni seguenti.**

☐ **1.** senso civico
☐ **2.** patria
☐ **3.** patriottico
☐ **4.** municipalismo
☐ **5.** Lega Nord

a) Che riguarda ciò che è ispirato da un forte attaccamento al proprio Paese.

b) Tendenza ad interessarsi soprattutto a ciò che riguarda il luogo in cui si vive e a disinteressarsi della propria nazione.

c) Amore e rispetto per lo Stato.

d) Partito politico autonomista diffuso soprattutto al Nord.

e) Luogo a cui ogni persona sente di appartenere come parte di una collettività, perché ci è nata o per legami affettivi o culturali.

 **Ora leggi l'intervista al linguista Raffaele Simone e scegli tra le diverse affermazioni quelle che corrispondono ai contenuti del testo.**

IL BELPAESE

Chi siamo e dove andiamo. L'inquieta identità dei figli di Manzoni.

L'Italia si prepara a celebrare il cento cinquantennale dell'Unità (1861), ma dopo un secolo e mezzo bisognerebbe ancora rifare gli italiani? Un sondaggio evidenzia che solo il 52% dei cittadini italiani considera l'unità un bene irrinunciabile.

E a Nord la percentuale scende al 45%, per non dire che oltre un quarto dei settentrionali la considera una realtà storica modificabile. Ma perché? L'abbiamo chiesto al linguista Raffaele Simone, che ha pubblicato un libro polemico sull'Italia, *Il Paese del pressappoco*, che rivela, fra l'altro, un <u>inquietante</u> primato italiano. "L'<u>adesione</u> al patriottismo sarà collegata al <u>ceto</u> e alla cultura" sospetta il professore: "Da noi, cala se cresce l'istruzione". In effetti, sono ben 24 i punti di differenza nell'attaccamento al sacro suolo fra gli anziani e i giovani, che non saranno tutti fini intellettuali, ma più scolarizzati dei nonni sì.

Professor Simone, solo il 25% degli italiani considera un elemento della nostra identità il fatto di parlare la stessa lingua. Lei che ne pensa?

"La storia linguistica italiana è una storia di separazione. Tende faticosamente verso l'unificazione e un livellamento non ancora raggiunto. Non c'è uno standard decente dell'italiano: laureati che parlano una mezza lingua, giornalisti che ne scrivono di tutti i colori. Poi la varietà dei nostri dialetti è un'enorme ricchezza, ma anche uno straordinario elemento di divisione e debolezza. Siamo un piccolo Paese con una piccola storia.

Non abbiamo eventi <u>fatali</u> che producano un mito di fondazione, come la presa della Bastiglia o la Guerra di Secessione: ci abbiamo provato con il Risorgimento e la Resistenza, ma non reggono, non furono eventi di massa.

Non abbiamo un valore forte come la grandezza nazionale o la laicità in Francia, non abbiamo glorie militari".

Nel sondaggio scarso senso civico, menefreghismo e individualismo sono indicati, quasi all'unanimità, come i peggiori difetti nazionali. Da cosa dipende l'incapacità di un sentire comune?

"Le ragioni si trovano in un libro, *I promessi sposi*, che di solito non viene letto in questa <u>chiave</u>. Credo che all'epoca di Manzoni, come nel Seicento che il romanzo rappresenta, i tre fattori fondamentali dell'<u>arretratezza</u> civica italiana fossero già evidenti: la Chiesa, le dominazioni straniere e la mafia. Tutti insieme questi tre fattori non si trovano in nessun altro paese d'Europa. L'Italia poi non si è mai data l'opportunità di distinguere i poteri civili da quelli religiosi. È debolissima: il papa qui fa cose che non si permetterebbe di fare in Spagna o in Irlanda".

Sottomessi con il clero, ma <u>furenti</u> con la politica: per oltre la metà degli intervistati, i responsabili della divisione sono i partiti. Si può leggere la mancanza di coesione come il conflitto con uno Stato che non onora gli elementari diritti e bisogni dei cittadini?

"Lo Stato si presenta in due modi <u>paradossali</u>, uno pressappochista e l'altro drastico. Ci sono condannati a trent'anni per reati <u>ignobili</u> che circolano a piede libero e ci sono le carceri piene di disgraziati: questo dà la misura di come è blanda, bizzarra l'applicazione della legge. Che diventa crudele se si passa alle sanzioni amministrative: ci si inguaia di più non pagando una multa che ammazzando uno per strada. Qui si scambiano la giustizia e la legalità con il sopruso e la prepotenza, concetti tipicamente mafiosi. Uno Stato che si presenta così non giova allo spirito nazionale".

Minacciato da un'ulteriore demarcazione: 50 settentrionali su 100 pensano di differenziarsi dai meridionali proprio per il rispetto della legge.

"Direi che lo credono soltanto. Basta percorrere la Milano-Venezia per vedere tutti i reati ambientali. Forse confondono onestà con operosità".

Quanto nuoce la Lega Nord all'unità?

"Ha intercettato un movente della storia italiana, il municipalismo, e lo ha riscaldato e enfatizzato agendo sul *danè**. La cosa grave e interessante è che ha riacceso e cronicizzato per la prima volta nella nostra storia recente l'odio interetnico".

La Lega lamenta il fatto che nello Stato lavorino troppe persone di origine meridionale.

"Lo Stato, l'amministrazione della giustizia e, in buona parte, l'insegnamento sono svolti da persone di origine meridionale e forse sarebbe meglio favorire una maggiore circolazione di personale di origine locale. Ma il problema non è di personale, quanto di stile amministrativo".

*Termine dialettale per *denaro*

1. ☐ **a.** Nell'intervista si cerca di capire perché gli italiani siano poco patriottici.
    ☐ **b.** Nell'intervista ci si domanda perché gli italiani non festeggino il cento cinquantennale dell'Unità d'Italia.
    ☐ **c.** Nell'intervista si spiega perché i giovani italiani siano più scolarizzati dei nonni.

2. ☐ **a.** I dialetti italiani sono poco comprensibili tra di loro, per questo gli italiani non hanno ancora imparato a parlare bene l'italiano.
    ☐ **b.** La storia dell'Italia ha favorito la diffusione dei dialetti e questo aiuta gli italiani a sentirsi un popolo unico.
    ☐ **c.** La storia dell'Italia e le caratteristiche della lingua italiana non aiutano a creare un senso di unità.

3. ☐ **a.** Secondo Simone l'arretratezza civica dell'Italia dipende dal fatto che non si è mai modernizzata e ora è davvero debolissima.
    ☐ **b.** Secondo Simone lo scarso senso civico degli italiani dipende da una serie di fattori, tra cui il fatto che in Italia il potere religioso non è nettamente separato dal potere civile.
    ☐ **c.** Secondo Simone il fatto che gli italiani abbiano uno scarso senso della patria dipende da quello che ha scritto Manzoni ne *I promessi sposi*.

4. ☐ **a.** Lo Stato italiano non è giusto verso i criminali, perché non si preoccupa di costruire nuove carceri e lascia, quindi, liberi molti delinquenti che dovrebbero essere detenuti.
    ☐ **b.** Lo Stato italiano non è giusto verso gli italiani, perché non punisce, o punisce poco chi commette gravi reati e si accanisce invece contro chi commette "piccoli" reati.
    ☐ **c.** Lo Stato italiano è crudele verso i suoi cittadini, perché applica misure molto drastiche nei confronti di tutti i criminali.

5. ☐ **a.** Non è vero che gli italiani del Nord rispettino la legge più di quelli del Sud.
    ☐ **b.** Non è vero che gli italiani del Nord siano più operosi di quelli del Sud.
    ☐ **c.** Non è vero che gli italiani del Sud commettano più reati ambientali di quelli del Nord.

6. ☐ **a.** La Lega Nord ritiene che la cosa più importante in Italia siano i *danè*.
    ☐ **b.** La Lega Nord sottolinea le differenze razziali che esistono in Italia.
    ☐ **c.** La Lega Nord ha interpretato la mancanza di unità sottolineando le differenze tra Nord e Sud.

7. ☐ **a.** È vero che nello Stato lavorano molte persone di origine meridionale, ma il problema reale è legato al modo in cui si amministra lo Stato.
    ☐ **b.** Non è vero che nello Stato lavorano molte persone di origine meridionale, perché il problema reale è legato al modo in cui si amministra lo Stato.
    ☐ **c.** È vero che lo Stato al Nord funziona meglio che al Sud, perché il modello amministrativo cambia in base alla regione.

Scegli i sinonimi di queste parole sottolineate nel testo.

1. inquietante	**a.** determinante/decisivo
2. adesione	**b.** classe sociale
3. ceto	**c.** illogico
4. fatale	**d.** spregevole/vergognoso
5. chiave	**e.** preoccupante
6. arretratezza	**f.** prospettiva/punto di vista
7. furente	**g.** arrabbiato
8. paradossale	**h.** sostegno
9. ignobile	**i.** sottosviluppo/ritardo

Da quali espressioni derivano queste parole? Costruisci una frase per ciascuna.

menefreghismo: _____

pressapochista: _____

lessico

5

Guarda questi due paesaggi e abbina i numeri al nome corrispondente.

_____ foce
_____ affluente
_____ vetta
_____ collina
_____ flora
_____ costa
_____ fauna
_____ arcipelago
_____ penisola
_____ valle
_____ golfo

6

a **Sai spiegare il significato di questa filastrocca che descrive le caratteristiche degli abitanti delle principali città del Veneto?**

Veneziani gran signori, padovani gran dottori, vicentini magnagatti, veronesi tutti matti.

La filastrocca fa riferimento ai nomi di abitanti di una città. Come si dice abitante...

1. di Venezia: _venezi-ano_

2. di Padova: _____

3. di Milano: _____

4. di Verona: _____

5. di Napoli: _____

6. di Vicenza: _____

7. del meridione: _____

8. del settentrione: _____

b **Partendo dai nomi delle città, costruisci il nome dell'abitante corrispondente, scegliendo il suffisso che serve a formare il nome dell'abitante (e l'aggettivo) tra i seguenti.**

-ino   -ano   -ese   -asco

1. Agrigento: _agrigent-ino_

2. Bergamo: _____

3. Bologna: _____

4. Brindisi: _____

5. Crema: _____

6. Genova: _____

7. Perugia: _____

8. Torino: _____

9. Roma: _____

10. Bari: _____

11. Brescia: _____

12. Como: _____

13. Cremona: _____

14. Pisa: _____

15. Siracusa: _____

7

a Associa questi prodotti alla regione di provenienza.

1.	mozzarella di bufala	**a.**	Sicilia
2.	parmigiano	**b.**	Veneto
3.	pomodoro di Pachino	**c.**	Piemonte
4.	taleggio	**d.**	Emilia-Romagna
5.	fontina	**e.**	Friuli-Venezia Giulia
6.	pesto al basilico	**f.**	Campania
7.	speck	**g.**	Valle d'Aosta
8.	prosciutto di San Daniele	**h.**	Toscana
9.	Chianti	**i.**	Trentino-Alto Adige
10.	tartufo	**j.**	Liguria
11.	pecorino	**k.**	Lombardia
12.	riso	**l.**	Umbria
13.	Bardolino	**m.**	Lazio
14.	pecorino romano	**n.**	Sardegna

b Trasforma ora i nomi delle regioni in aggettivi.

1. mozzarella di bufala della Campania -> mozzarella di bufala campana

2. _____   9. _____
3. _____   10. _____
4. _____   11. _____
5. _____   12. _____
6. _____   13. _____
7. _____   14. _____
8. _____

8

Sostituisci l'aggettivo sottolineato scegliendo un sinonimo tra le espressioni seguenti.

alla mano   d'oro   a posto   della domenica   un pezzo di pane
un'oca   a pezzi   una cima   un libro aperto

1. Marco non è <u>molto intelligente</u>: ha tentato più volte il test di ammissione alla facoltà di Medicina, ma non l'ha mai superato.

2. Se hai bisogno di aiuto puoi chiedere a Giulia, che è sempre disponibile con chiunque: è una ragazza <u>molto preziosa</u>.

3. Carlo dipinge solo per hobby, è un pittore <u>poco esperto</u>.

4. L'amica di Carlo ha parlato tutta la sera di stupidaggini, è davvero <u>molto stupida</u>.

5. Torno solo ora a casa dopo 10 ore di lavoro e sono <u>molto stanco</u>.

6. Giada ha un nuovo fidanzato: l'ho visto ieri sera e mi sembra un <u>bravo</u> ragazzo.

7. I romagnoli sono conosciuti come persone <u>semplici e cordiali</u>.

8. Elena non ha nessun segreto e soprattutto dice sempre quello che pensa: è <u>molto sincera</u>.

9. Andrea non si arrabbia mai, neanche quando dovrebbe, è davvero <u>molto buono</u>.

grammatica

9

Completa il testo di questa famosa canzone degli anni Sessanta con i verbi seguenti.

si riversò   si mise   sbocciò   arrivò   spuntò

passò   dissi   lanciò   baciò   sorrise (2 volte)

Una tristezza così non la sentivo da mai,

ma poi la banda (1) _____ e allora tutto (2) _____ ;

volevo dire di no quando la banda passò,

ma il mio ragazzo era lì e allora (3) _____ di sì.

E una ragazza che era triste (4) _____ all'amor

ed una rosa che era chiusa di colpo (5) _____

ed una frotta di bambini festosi (6) _____ a suonar come fa la banda.

E un uomo serio il suo cappello per aria (7) _____ ,

fermò una donna che passava e poi la (8) _____ ,

dalle finestre quanta gente spuntò

quando la banda passò cantando cose d'amor,

quando la banda passò nel cielo il sole (9) _____ ,

ma il mio ragazzo era lì e allora dissi di sì;

la banda suona per noi, la banda suona per voi.

E dai portoni quanta gente cantando sbucò

e quanta gente da ogni vicolo (10) _____

e per la strada quella povera gente marciava felice dietro la sua banda.

Se c'era un uomo che piangeva, (11) _____ perché

sembrava proprio che la banda suonasse per lui,

in ogni cuore la speranza spuntò quando la banda passò.

⑩ Gli indefiniti e il congiuntivo

S22 →

ⓐ Abbina gli indefiniti sottolineati al significato corrispondente.

☐ **1.** In <u>qualunque supermercato</u> siate entrati in America, vi sarete trovati di fronte a un *Romano Cheese*.

☐ **2.** L'osteria Bottega di Bologna è un esempio per <u>chiunque</u> oggi in Italia voglia aprire un locale nuovo.

☐ **3.** <u>Ovunque</u> tu vada, troverai delle imitazioni della tradizione culinaria italiana.

☐ **4.** <u>Qualsiasi prodotto</u> alimentare con marchio italiano, che venga venduto all'estero, è percepito come prodotto di alta qualità.

☐ **5.** <u>Comunque</u> vada l'esame, ho deciso di partire per la Liguria e di farmi una meritata vacanza.

    a. tutte le persone che – ogni persona che

    b. tutti i prodotti / ogni prodotto (aggettivo)

    c. in tutti i supermercati in cui – in ogni supermercato in cui (aggettivo)

    d. in tutti i luoghi in cui / in ogni luogo in cui

    e. in ogni modo in cui

Inserisci in queste frasi l'indefinito corretto, scegliendo tra i seguenti.

chiunque   ovunque   qualunque   comunque

Gli indefiniti **chiunque, ovunque, comunque, qualunque,**
quando collegano due frasi, hanno valore di pronome relativo
e si usano sempre con il congiuntivo.

1. _____ Lei sia, non le è permesso entrare.

2. Marco non si trovava bene a Milano: _____ andasse, si ricordava della sua
   vecchia casa.

3. _____ cosa tu decida di fare, ricorda che io sono dalla tua parte.

4. _____ vada a trovare Silvia, per favore, me la saluti.

5. _____ tu la pensi, io resterò sempre della mia idea.

6. Luca sembra essere a suo agio _____ si trovi.

7. Devi essere onesto con te stesso, _____ lavoro tu faccia.

8. _____ gioco si faccia, bisogna rispettare le regole.

9. _____ sia, io penserò a te.

10. _____ fosse al tuo posto, farebbe la stessa cosa.

11. _____ vadano le cose, non mi pentirò della mia scelta.

Completa le frasi collegando la colonna di sinistra con quella di destra e scegliendo la forma giusta del verbo.

o	Rapporto di contemporaneità	
Frase principale	**Frase secondaria**	
Presente o futuro Io **sto** dalla tua parte, Marco **sarà** contento,	**Congiuntivo presente** comunque tu la **pensi**. ovunque **decida** di vivere.	
Passato Carla **si ricordava** della sua vecchia casa	**Congiuntivo imperfetto** ovunque **andasse**.	

1. Ovunque tu *decidi/decida/decidessi* di vivere,

2. Ieri sera ho incontrato un uomo che non conoscevo:

3. Qualunque cosa tu *decidi/decida/decidesse* di fare,

4. Le tue origini ti resteranno sempre nel cuore,

5. Comunque *si comportasse/si comportassi/si comporti,*

6. Qualsiasi cosa tu *cucinassi/cucini/cucina,*

7. Penso che per essere in forma

8. Non preoccuparti,

9. Chiunque *è/fosse/sia,*

a. qualunque cosa *succedesse/succede/succeda.*

b. chiunque *deve/debba/dovesse* dormire 8 ore.

c. non voglio vederlo.

d. io starò dalla tua parte.

e. sarà sicuramente una delizia.

f. io ti seguirò.

g. riusciva sempre a farmi arrabbiare.

h. ovunque tu *voglia/vuoi/volessi* vivere.

i. chiunque *sia/fossi/fosse,*
   mi è sembrato poco rassicurante.

12

Leggi questi itinerari eno-gastronomici della Puglia e trasforma le parti sottolineate utilizzando il si impersonale. Fai attenzione ai verbi riflessivi.

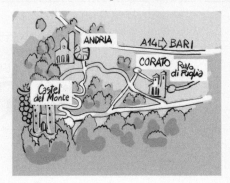

ANDRIA

In città potete visitare (1) _si può visitare_ l'Azienda Vinicola Rivera. Se prendete (2) _____ la strada per Castel del Monte arrivate (3) _____ al castello e vi fermate (4) _____ a godere dello splendido panorama. Dopo pranzo potete imboccare (5) _____ la strada per Bari e potete fermarvi (6) _____ a Ruvo di Puglia, celebre per la cattedrale del XIII secolo.

LECCE

A Lecce vi dirigete (7) _____ verso la chiesa di S. Croce, di architettura barocca, e imboccate (8) _____ via Umberto I, da dove potete raggiungere (9) _____ piazza S. Oronzo, centro della città vecchia. Durante il tragitto passerete (10) _____ davanti alla bella chiesa di S. Irene e, proseguendo, vi troverete (11) _____ nella suggestiva piazza del Duomo. Una volta lasciata la città, giungerete (12) _____ a Salice Salentino dove, in via Senatore De Castris 50, c'è l'Antica Azienda Vitivinicola in cui, tramite prenotazione, potrete visitare (13) _____ la cantina e degustarne gli ottimi vini.

   13

Completa queste notizie coniugando il verbo indicato al futuro semplice.

Festa a Napoli dal 19 al 21 settembre.

Il tema (*essere*) (1) _____ : «I saperi e i sapori del Sud».

A piedi da Messina alla Calabria.

Gli esperti prevedono che tra qualche anno lo Stretto (*prosciugarsi*) (2) _____ per il sollevamento delle due sponde.

Presentato il novantesimo Giro d'Italia.

(*partire*) (3) _____ il 12 maggio da La Maddalena in Sardegna, (*esserci*) (4) _____ 5 tappe in montagna e (*finire*) (5) _____ il 3 giugno a Milano.

Ritratti del meridione in mostra in banca.

Il titolo della mostra è "Storie di uomini che hanno fatto la storia". Gli organizzatori (*esporre*) (6) _____ i ritratti di uomini determinanti per la storia del meridione. La mostra (*avere*) (7) _____ inizio giovedì alle 19 nella Banca Popolare di Bari, a Lecce in viale Otranto 119. (*essere*) (8) _____ _____ possibile vistare l'esposizione fino al 15 luglio.

Che cosa sarà successo? Guarda i disegni e fai ipotesi usando il futuro anteriore.

1. _____

2. _____

3. _____

4. _____

S8, 10 →

 Completa questa lettera alla rubrica _on line_ "Italians" con i pronomi personali adeguati (tonici e atoni) e con il partitivo ne.

Cibo italiano: esperienze internazionali

Caro Beppe,

vorrei raccontar (1) _____ un po' di aneddoti che ho raccolto in giro per il mondo; e in quasi dieci anni

(2) _____ ho raccolti molti!

– Il cappuccino dopo pranzo o cena è reato? Anni fa, con due amici sudafricani, sono andata in pizzeria a Londra.

(3) _____ ho preso pizza e Coca Cola; (4) _____: una pizza (piccante), una

porzione di patatine (con sale e aceto, come si fa qui) e cappuccino. Alle mie proteste e segni di disgusto hanno risposto:

"Il cappuccino (5) _____ puoi bere con tutto".

– Errori di trascrizione: 'pannini' invece di 'panini'; caffè 'macciato' e non 'macchiato'; 'camberi' e non 'gamberi' e via

dicendo. Se poi (6) _____ fai notare, (7) _____ prendono per scema: quando ho

detto alla cameriera inglese del bar del campus che si scrive 'macchiato' e non 'macciato', (8) _____

ha detto che si può scrivere anche così e che comunque il libro lo riporta in quel modo.

– Qualcuno di (9) _____ ha capito cosa sono i 'fettuccini alfredo'?

– Modi di cucinare la pasta:

• in Gran Bretagna, Messico, Sudafrica e altri posti mettono la pasta in acqua fredda e (10) _____

  fanno cuocere per almeno mezz'ora.

• in Australia prendono la pasta dalla pentola e (11) _____ lanciano al muro: se resta attaccata allora

  è pronta.

Buon appetito a tutti.

(Claudia Tavani – "Italians" del 19/07/2007)

16

Questo brano descrive le origini della tradizionale Corsa dei Ceri, che si svolge in primavera a Gubbio (in Umbria). Completalo con i verbi tra parentesi al tempo e modo opportuni.

Parlare della storia della Festa dei Ceri non è facile, perché è tra le più antiche manifestazioni folcloristiche italiane. La festa (*avere*) (1) _____ ed ha tuttora un ruolo fondamentale per gli abitanti di Gubbio; le ipotesi sulla sua nascita sono sostanzialmente due: una di tipo religioso e una di tipo pagano.

La prima ipotesi (*fare*) (2) _____ risalire la tradizionale Corsa dei Ceri (enormi candele) al 1160. In quell'anno infatti, dopo che l'amatissimo Vescovo Ubaldo Baldassini (*venire*) (3) _____ a mancare, gli abitanti della città (*decidere*) (4) _____ di rendergli omaggio con dei ceri: si crede che quell'anno alla processione (*partecipare*) (5) _____ moltissimi eugubini, ciascuno con un cero, in segno di omaggio per quello che poi sarebbe diventato il Santo Patrono della città. I candelotti di cera, che allora (*offrire* – passivo) (6) _____ dalle corporazioni di Arti e Mestieri, si pensa che (*diventare*) (7) _____ nel tempo tanto grandi da renderne difficile il trasporto e (*sostituire* – passivo) (8) _____ per questo, verso la fine del 1500, con tre strutture di legno agili e moderne che, nella loro forma originaria, (*arrivare*) (9) _____ fino ai nostri giorni.

La processione, già nella versione originale, (*svolgersi*) (10) _____ tutti gli anni il 15 maggio, giorno della vigilia della morte, e (*percorrere*) (11) _____ le vie della città fino al Monte Ingino (dove dall'11 settembre 1194 (*riposare*) (12) _____ il corpo di S. Ubaldo nell'omonima Basilica). Anche oggi la data e il percorso (*rimanere*) (13) _____ gli stessi.

La seconda ipotesi, che è però molto poco documentata, fa invece risalire la tradizione ad una antichissima festa pagana in onore di Cerere, la dea delle messi; sembra che la festa (*arrivare*) (14) _____ fino a noi attraverso la storia dei Comuni, delle Signorie, del dominio pontificio e delle lotte risorgimentali, e che (*rimanere*) (15) _____ immutata nel tempo.

  17

Leggi le frasi e rifletti sui diversi significati che può avere la parola magari. Poi collega le definizioni che seguono alla frase corrispondente.

☐ 1. "Sei qui in Liguria in vacanza?" "Magari! Purtroppo sono qui per lavoro." _____

☐ 2. Magari avessi una casa al mare tutta mia! _____

☐ 3. Questo fine settimana vado a Venezia e magari nel ritorno mi fermo anche a Verona. _____

☐ 4. Sai che mi ha scritto Luca dall'Inghilterra? Magari potessi rivederlo! _____

☐ 5. "Vorresti partire domani?" "Magari!" _____

☐ 6. Vieni pure quando vuoi, magari chiamami però, così sono sicuro di restare a casa. _____

☐ 7. Non preoccuparti, Giulio oggi avrà avuto da fare e magari verrà domani. _____

☐ 8. Marco non mi ha salutato. Magari si è offeso perché ieri l'ho preso in giro. _____

☐ **9.** Magari non esco stasera, ma domani è sabato e voglio assolutamente vedere i miei amici. _____

☐ **10.** Sarebbe disposto magari a rimetterci, ma vuole comunque partire per le vacanze. _____

☐ **11.** "Vuoi dell'insalata?" "Magari!" _____

☐ **12.** Magari aspetto un'ora, ma devo assolutamente parlargli. _____

magari:

a. interiezione: esprime vivo desiderio, speranza

b. congiunzione: con valore di possibilità e desiderio, seguito da congiuntivo, con il significato di *volesse il cielo che*

c. avverbio: con il significato di *probabilmente, forse,* ma anche *eventualmente, semmai*

d. avverbio: con il significato di *addirittura, persino*

e. avverbio: familiare, con valore di *piuttosto*

  18

Correggi nel testo dieci errori nell'uso delle preposizioni (semplici e articolate).

Il Carnevale Dauno anche quest'anno consentirà di ammirare una sfilata di carri allegorici

Manfredonia (Foggia). Il divertente Carnevale Dauno di Manfredonia rappresenta una nelle tradizioni più colorate e affascinanti del sud Italia. La manifestazione si inaugura il 17 gennaio e i festeggiamenti proseguono fino della fine di febbraio. Come a Viareggio, tutto ruota attorno di una sfilata di carri allegorici alla cartapesta. La maschera tipica è "Ze Pèppe", un allegro contadino che viene in città per divertirsi: durante il carnevale lo zio esagera per i bagordi, si ammala con influenza e muore. Il suo corpo, come vuole la tradizione, viene cremato il giorno di martedì grasso. Impossibile non riconoscere, in questa allegoria, tutta la filosofia del meridione, fatta per un continuo mescolarsi di ironia e disperazione.

Per qualche anno a questa parte la manifestazione è impreziosita dalla "Sfilata delle meraviglie". Si tratta di una parata originalissima, che vede i bambini della zona sfilare in le strade della città, vestiti di sorrisi e colori vivacissimi. Il dolce tipico carnevalesco qui è la "farrata", un dolce rustico di grano della ricotta pecorina, menta, cannella e pepe.

19

Completa con le preposizioni corrette (semplici e articolate).

1. Non è vero che i siciliani non facciano niente _____ mattina _____ sera.

2. Conosco i nomi dei comuni italiani _____ primo _____ ultimo.

3. Ma che cosa è successo a Marco? L'ho visto uscire di casa _____ fretta e furia.

4. Dire che gli italiani del Nord siano freddi è una stupidaggine: non sta né _____ cielo né _____ terra.

5. Pensavo di vedere un documentario su Dario Fo e invece ho incontrato lui _____ carne ed ossa.

6. Non posso uscire ora dall'ufficio: mi è arrivato un lavoro urgente _____ capo e collo.

7. Gli italiani sono campanilisti, è vero, ma alla fine finisce sempre tutto _____ tarallucci e vino.

8. Carlo mi ha raccontato tutto _____ A _____ Z.

20 Ortografia

Si scrive provincie **o** province? **Trasforma al plurale le parole che seguono.**

Le parole femminili singolari in *-cia* o *-gia* formano il plurale perdendo la i:
provincia –> province
Eccezioni:
• se c'è una vocale prima dell'ultima sillaba: va-li-gia –> valigie
• se l'ultima i è accentata: bu-gi-a –> bugie

1. freccia _____
2. minaccia _____
3. farmacia _____
4. audacia _____
5. ciliegia _____
6. goccia _____

7. arancia _____
8. frangia _____
9. camicia _____
10. pioggia _____
11. pronuncia _____

S31, 32–> ## 21 Punteggiatura

Inserisci nel testo la punteggiatura al punto giusto e le maiuscole dove necessario.

punto di domanda / ? /   virgola / , / (4)   punto e virgola / ; / (3)
punto / . /   virgolette / "..." /   parentesi / (...) /

Le virgolette ("...") si usano per
- riportare il discorso di qualcuno –> *Marcello ha detto: "Voglio partecipare alla Corsa dei Ceri".*
- enfatizzare una parola o un'espressione –> *La punteggiatura ha un "impatto" stilistico importante.*
- indicare il significato di una parola (ma si usano anche '...') –> *La parola inglese week-end, "fine settimana", è ormai usata normalmente in italiano.*

Che cos'è il campanilismo

Per campanilismo si intende il cieco attaccamento alla propria città ai suoi usi e alle sue tradizioni che può determinare uno spirito di rivalità con i centri vicini. Normalmente il campanilismo si manifesta nell'odiare o invidiare, spesso senza motivazione gli usi dei "vicini di casa".

Il termine deriva dalla parola campanile ed ha un significato importante, in quanto è proprio il campanile a determinare la divisione tra paesi il campanilismo dunque caratterizza soprattutto le divisioni culturali sociali e sportive tra piccoli paesi o province oppure anche tra quartieri della stessa città.

Esempi di campanilismi storici sono quelli tra le contrade che partecipano al palio di siena ci sono poi campanilismi di diverso tipo, più "romantici" e spesso utilizzati nella letteratura ad esempio in *Romeo e Giulietta*, come quelli tra famiglie che sono sfociati in guerre e faide di importanza storica il campanilismo nella città di Firenze tra guelfi e ghibellini.

Tra i campanilismi contemporanei, anche essi spesso con profonde radici storiche rientrano le rivalità tra le città vicine, soprattutto legate alle competizioni sportive.

Media e dintorni

1 🔵 CD t.14

a **Ascolta questa trasmissione e scegli le affermazioni che meglio sintetizzano ciò che hai ascoltato.**

1. Nella trasmissione si presentano dati:
   - ☐ **a.** sulle vendite dei libri in Italia.
   - ☐ **b.** su quanto leggono gli italiani.
   - ☐ **c.** sulla diffusione dei libri per bambini.

2. Il tema su cui vengono intervistati i due esperti è:
   - ☐ **a.** come deve essere il rapporto tra lettori ed editori.
   - ☐ **b.** come favorire la conoscenza e il contatto con gli scrittori.
   - ☐ **c.** come gli editori possono favorire la diffusione della lettura.

b **Riascolta e completa gli appunti con le informazioni mancanti.**

• Dati sulla lettura (ricerca TeleSurvey)

(1) _____ %	non legge libri
1/3 del 43% restante	in media (2) _____ all'anno
1/3 del 43% restante	(3) _____ libri all'anno
(4) _____ %	più di 11 libri all'anno

• Bambini e adolescenti:
   – 6-10 anni: meno della metà legge almeno un libro all'anno;
   – tra 11 e 14 anni questo numero (5) _____, poi (6) _____ progressivamente.

• Secondo A. Scuderi della casa editrice De Agostini, per promuovere la diffusione della lettura è necessario (7) _____; oggi, per gli editori questo è possibile grazie a (8) _____.

• Secondo G. Marchetti Tricamo le fiere del libro, come quella di (9) _____, sono utili perché (10) _____.

2 CD t. 15

a **Stai per ascoltare una trasmissione in cui si parlerà di quanto sono ritenuti credibili e affidabili i mezzi di comunicazione. Secondo te, quali argomenti verranno trattati? Quale mezzo di comunicazione trovi più adatto per informarti?**

b **Ascolta e indica quali tra le affermazioni seguenti vengono fatte durante la trasmissione.**

☐ 1. La maggioranza degli italiani ascolta la radio soprattutto per informarsi.

☐ 2. Le informazioni diffuse per radio sono considerate affidabili.

☐ 3. Le radio musicali sono le più diffuse.

☐ 4. Alla radio si trovano trasmissioni per tutti i gusti.

☐ 5. La radio è uno dei *media* più ascoltati perché è gratuita.

☐ 6. Internet ha cambiato il modo di usare la radio.

☐ 7. Oggi la radio può essere ascoltata ovunque e in qualsiasi momento.

☐ 8. La radio è uno strumento di comunicazione facile: usa un linguaggio adatto a tutti.

☐ 9. La radio è meno influenzata dal potere politico rispetto alla televisione.

☐ 10. La radio è più libera perché in genere non si occupa di politica.

☐ 11. La radio risponde meglio ai bisogni concreti dei cittadini.

CD t. 16

c **Dettato puzzle. Riascolta una parte dell'intervista e completa.**

Ma io credo, un altro aspetto molto interessante…, (1) _____ _____ _____ ancora due. Un altro, appunto… per sua natura la radio è un qualche cosa… uno (2) _____ _____ ; con questo non (3) _____ _____, anzi, voglio dire (4) _____ che è uno strumento che si può ascoltare ad esempio al di là dei… non ci sono (5) _____, perché siamo in radio e la ascoltiamo, con il *podcasting* peraltro andiamo anche a (6) _____ _____ _____, i limiti (7) _____ perché ci possiamo (8) _____, con un lettore Mp3 possiamo ascoltarci i programmi anche (9) _____ _____, anche più impegnati, quello che vogliamo.

E poi c'è un altro aspetto che mi sembra che invece stia (10) _____ _____ toccando la televisione ma non la radio è il fatto che la radio (11) _____ _____ come lottizzata da (12) _____ _____ politico, le radio appunto sono tante ma non (13) _____, viste legate ad un partito (14) _____ _____ un altro.

comprensione scritta

(a) Leggi il titolo del testo. Secondo te, quale sarà l'argomento trattato?

☐ **a.** Il problema dei bambini che mangiano guardando la televisione.
☐ **b.** Gli effetti della pubblicità alimentare televisiva sui bambini.
☐ **c.** Il problema dell'obesità sempre più diffusa tra i bambini.

(b) Leggi l'inizio del testo e riordina i paragrafi dell'articolo.

Bambini: fame da TV

① (a) Un bambino italiano che guarda una media di tre ore di televisione al giorno subisce circa 32.850 spot pubblicitari di alimenti nell'arco di un anno; in sostanza uno ogni 5 minuti (uno ogni 10 nel resto d'Europa).

☐ (b) Emerge infatti che le differenze rispetto ai paesi considerati sono enormi: la Svezia ad esempio trasmette solo un decimo degli spot trasmessi in Italia. Se poi entriamo nei contenuti dei messaggi trasmessi, ci accorgiamo che in Italia gli spot che pubblicizzano alimenti ricchi di zuccheri, grassi e sali – quindi con elevata presenza di calorie – sono il 36% della pubblicità e ovviamente in nessuno avverte di consumare questi prodotti con moderazione.

☐ (c) L'idea di usare la pubblicità per insegnare a mangiare bene è invece una pratica utilizzata in Spagna, Gran Bretagna, Polonia e Portogallo. In Francia, ad esempio, i messaggi pubblicitari a favore di prodotti alimentari calorici devono contenere anche un'informazione a carattere sanitario, (es. "Per la tua salute mangia almeno cinque frutti e verdure al giorno" oppure "Pratica un'attività fisica regolare").

☐ (d) Per concludere, la ricerca affronta anche la questione di norme e leggi che dovrebbero tutelare i minori. L'Italia possiede organismi di tutela dei minori e regolamenti che prevedono fasce orarie pomeridiane protette, ma la situazione resta ben diversa da paesi come Svezia, Norvegia e Gran Bretagna, dove le reti pubbliche non vendono inserzioni pubblicitarie e quindi i bambini non subiscono gli effetti della pubblicità.

☐ (e) "È in assoluto la prima volta che in Italia si fa uno studio comparato di questa portata per capire il rapporto tra spot alimentari e bambini – spiega Marina d'Amato, docente di sociologia all'Università di Roma Tre, che ha condotto la ricerca in collaborazione con l'Osservatorio di Pavia. E i risultati mostrano che la situazione italiana appare peggiore della media europea".

☐ (f) Un massiccio bombardamento che Coop, catena di distribuzione e al tempo stesso organizzazione di consumatori, ha fatto monitorare nel corso dell'indagine "In bocca al lupo – La pubblicità e i comportamenti alimentari dei ragazzi", che ha analizzato in complesso 24 reti televisive in 11 paesi europei; per l'Italia sono state monitorate 6 reti televisive, le 3 reti Rai e le 3 Mediaset, nella fascia oraria 16-19.

☐ (g) Un altro aspetto considerato dalla ricerca (che ha analizzato 5563 spot, di cui 1256 in Italia) riguarda il modo in cui viene proposto lo stimolo all'acquisto e al consumo di cibo. In generale si manifesta rappresentando situazioni di svago, divertimento e affettività (per gli spot italiani nel 64% dei casi); nel 28% degli spot alimentari italiani, bambini e adolescenti sono protagonisti della narrazione, specialmente quando si ha a che fare con spot alimentari calorici.

lessico

c **Trova nei paragrafi indicati i vocaboli che hanno questo significato:**

(b) pubblicità radio-televisiva: _____

molto grandi: _____

senza esagerare: _____

(d) regole: _____

proteggere: _____

minorenni: _____

(g) spinta, impulso: _____

riposo, passatempo: _____

ricchi di calorie, energetici: _____

4

Completa la descrizione del programma televisivo scegliendo tra i vocaboli seguenti.

televisivo	fasce orarie	programmi	conduttore	conduttrice
in onda	spettatori	televisione	intrattenimento	trasmissione
edizioni	titolo	video	redazione	

Domenica In è il programma d' (1) _____ domenicale di

Rai 1 trasmesso per la prima volta nel 1976. La (2) _____

nacque dall'esigenza di fornire un intrattenimento (3) _____

agli italiani costretti a casa al tempo dell'austerity*. Il varietà andava

(4) _____ in diretta, per sei ore consecutive, inizialmente

frammezzate dalla programmazione della rete (film o telefilm, spazio

della Lotteria Italia, eventi o (5) _____ musicali vari) in

collegamento con la (6) _____ sportiva del TG1.

Fu il primo (7) _____ , Corrado, a inventarne il (8) _____ ,

proponendo di abbreviare l'iniziale *Domenica insieme*. Una trovata creativa, perché un gioco

linguistico permetteva di leggere *In* come contrario di *Out*, ed evocava varie ed eventuali sfumature di

significato (*In* poteva significare sia "a casa", sia "domenica di un certo tipo", che fa tendenza, ecc.).

Come disse l'attrice Franca Valeri, con *Domenica In* venne a crearsi uno stile, il *domenicainismo*,

che teneva inchiodati gli (9) _____ per un cospicuo

numero di ore al (10) _____ , cosa mai avvenuta prima.

Si trattò di una novità e di un fenomeno che segnò la storia della

(11) _____ .

Negli anni Novanta, *Domenica In* divenne un varietà come gli altri, diviso in

tre (12) _____ . La presenza femminile che ha condotto

più (13) _____ dello storico contenitore domenicale

è Mara Venier, probabilmente la (14) _____ simbolo

del programma (è stata soprannominata "la signora della domenica").

* Austerity: periodo (fra il 1973 e il 1974) in cui, a causa dello choc petrolifero, il governo italiano vietò la circolazione
delle automobili la domenica per risparmiare energia.

5

Abbina il genere letterario al titolo del libro. Poi trova due aggettivi che potrebbero descrivere ciascun libro/genere.

☐ romanzo giallo/poliziesco

☐ romanzo di fantascienza

☐ romanzo d'avventura

☐ romanzo rosa/sentimentale

☐ fiaba

☐ saggio

☐ biografia

☐ autobiografia

☐ poema epico

☐ fumetto

1. *L'Odissea*, di Omero

2. *I primi casi di Poirot*, di Agatha Christie

3. *Corto Maltese*, di Hugo Pratt e Milo Manara

4. *Hansel e Gretel*, dei fratelli Grimm

5. *Il Fascismo. Origini e sviluppo*, di Ignazio Silone

6. *Il giro del mondo in ottanta giorni*, di Jules Verne

7. *Il cacciatore di androidi*, di Philip K. Dick

8. *...le parole d'amor che non ti dissi*, di Liala

9. *La mia vita*, di Charlie Chaplin

10. *Big Luciano. Pavarotti, la vera storia*, di A. Mattioli

6

Rispondi a questo messaggio che hai trovato su un forum. Usa le seguenti parole chiave.

| autore | trama | personaggi | protagonista | vicenda |

| Nuovo messaggio |
| Invia | Chat | Allega | Rubrica | Font | Colori | Registra bozza |

A:

Cc:

Ccn:

Oggetto:

Firma: Nessuna

Ciao a tutti, sono costretto a stare in casa per 15 giorni perché mi sono rotto una gamba. Non mi resta che leggere... Avete qualche bel libro da consigliarmi? Niente gialli e nemmeno saggi, grazie, solo un bel romanzo piacevole e avvincente...

7

Completa le frasi con il sinonimo del verbo dire più appropriato tra i seguenti.

suggerire	esclamare	esprimere	annunciare
recitare	riferire	affermare	esporre

1. All'inizio dell'incontro l'autore ha _____ una poesia.

2. Il relatore ha _____ in modo dettagliato e preciso la sua posizione.

3. Non voglio avere ragione, ho soltanto _____ il mio parere.

4. Dopo l'incidente, alcuni testimoni hanno _____ alla polizia che l'auto viaggiava a forte velocità.

5. Oggi il direttore di RAI 1 ha _____ che in autunno sarà modificato il formato del TG1.

6. Il giornalista F. V. ha _____ che non intende assolutamente lasciare la televisione.

7. Dato che ho problemi di vista, mi hanno _____ di provare a cambiare lo schermo del PC.

8. Quando Lisa gli ha raccontato cosa dicevano i giornali suo padre ha _____: "Ma non è vero!"

8 I nomi composti

Trova i nomi composti (al singolare e al plurale) che possono essere formati a partire da verbi e nomi elencati di seguito. Controlla nella sintesi grammaticale la regola di formazione del plurale.

verbo	nome	singolare	plurale
accendere	stoviglie	1. *accendisigari*	*accendisigari*
portare (3)	carte	2. _____	_____
(s)colare	uova	3. _____	_____
aspirare	noci	4. _____	_____
parare	cenere	5. _____	_____
lavare	polvere	6. _____	_____
tagliare	ombrelli	7. _____	_____
schiacciare	fango	8. _____	_____
	sigari	9. _____	_____
	pasta	10. _____	_____

⑨ Concordanza dei tempi: la posteriorità

ⓐ **Leggi le frasi e inserisci nella parentesi il simbolo per indicare se le azioni espresse nella secondaria avvengono contemporaneamente alla principale (contemporaneità: =) o successivamente (posteriorità: →). Completa le tabelle indicando i modi e tempi usati nella secondaria.**

RAPPORTO DI POSTERIORITÀ CON VERBI CHE RICHIEDONO L'INDICATIVO		
frase principale	**frase secondaria (dipendente)**	**tempo/modo**
So che	il nuovo programma **comincia** adesso. (____)	1. _____
	il nuovo programma **comincerà** sabato prossimo. (____)	2. _____
Sapevo che	il nuovo programma **cominciava** in quel momento. (____)	3. _____
	il nuovo programma **sarebbe cominciato** sabato prossimo. (____)	4. _____

RAPPORTO DI POSTERIORITÀ CON VERBI CHE RICHIEDONO IL CONGIUNTIVO		
frase principale	**frase secondaria (dipendente)**	**tempo/modo**
Credo che	il nuovo programma **cominci/stia cominciando** adesso. (____).	5. _____
	il nuovo programma **cominci/comincerà** sabato prossimo (____)	6. _____
Credevo che	il nuovo programma **cominciasse** in quel momento. (____)	7. _____
	il nuovo programma **cominciasse** sabato prossimo. (____)	8. _____
	il nuovo programma **sarebbe cominciato** sabato prossimo. (____)	9. _____

ⓑ **Completa le frasi con i modi e i tempi più appropriati.**

1. È vero che alla televisione (*esserci*) _____ da sempre spettacoli di puro divertimento, ma non credevo che (*diventare*) _____ così noiosa e banale.

2. Ho detto ai miei colleghi che era importante che (*ascoltare*) _____ i dibattiti politici alla radio, perché penso che (*essere*) _____ più pacati e interessanti che alla televisione.

3. In un programma che ho sentito qualche giorno fa, un sociologo sosteneva che con la televisione satellitare la qualità delle trasmissioni (*migliorare*) _____, perché (*esserci*) _____ più competizione. Spero proprio che (*avere*) _____ ragione!

4. Avevo paura che la televisione non (*trasmettere*) _____ l'intervista a Beppe Grillo, invece l'hanno mandata immediatamente. Sono convinta che (*esserci*) _____ delle reazioni molto dure, perché Grillo ha fatto affermazioni molto provocatorie.

5. Molti italiani oggi leggono il giornale *on line* e qualcuno teme che i quotidiani (*potere*) _____ scomparire. Io sono convinta che invece (*resistere*) _____, perché trovo che (*essere*) _____ molto faticoso leggerli sullo schermo, penso che i giornali (*leggere*, impersonale) _____ volentieri seduti al tavolino in un momento di relax…

Leggi la prima parte dell'articolo e completala coniugando i verbi tra parentesi all'indicativo o al condizionale passato. Quando usi un condizionale passato, osserva se esprime un futuro nel passato oppure un fatto non realizzato.

Il dettaglio che potrebbe facilitarci la vita

Vi racconto due episodi che indicano quanto sia lunga la strada per migliorare l'Italia.

Qualche mese fa ho perso la mia carta di credito. Ho telefonato alla banca e una voce rassicurante mi ha detto che le carte (*bloccare*, passivo) (1) _____ immediatamente e che nel giro di qualche giorno (*ricevere*) (2) _____ quella nuova. (*Passare*) (3) _____ qualche tempo, infatti, e ho ricevuto a casa una lettera con il numero di codice della nuova carta.

Ne ho dedotto che la carta stessa (*arrivare*) (4) _____ in banca: ho telefonato e ho ricevuto conferma. (*potere*, loro) (5) _____ informarmi! Poiché (*trovarsi*) (6) _____ in un'altra regione, tuttavia, ho chiesto se (*potere*) (7) _____ mandarla in una filiale della banca nella città in cui mi trovavo. L'impiegata al telefono mi ha assicurato che l' (*spedire*) (8) _____ al nuovo indirizzo e che la banca

destinataria mi (*avvertire*) (9) _____ con una telefonata al suo arrivo, probabilmente già il giorno successivo. Sennonché passano i giorni e nessuno si fa vivo. Allora telefono di nuovo io "Avete per caso la mia carta?" Risposta: "Sì, certamente, (*arrivare*) (10) _____ da qualche giorno". Non (*potere*) (11) _____ avvertirmi prima? Forse se la (*tenere*) (12) _____ affettuosamente stretta al petto, per non perderla...

Leggi la continuazione dell'articolo e inserisci i pronomi mancanti (attenzione: se ci sono due spazi, sono necessari due pronomi). Completa la desinenza del participio passato dove necessario.

Domenica scorsa ho creduto di avere perso la patente (in realtà ho scoperto il giorno successivo che (1) _____ avevo solo dimenticat_ sul bancone dell'autonoleggio). Dovendo partire per Roma la sera stessa, sono corso in Questura, dove un carabiniere (2) _____ ha dett_ che per la patente provvisoria dovevo portar (3) _____ due fotografie. Era domenica, naturalmente: fotografi chiusi. Per fortuna esistono in qualche piazza le macchinette automatiche: (4) _____ ho scovat_ una, (5) _____ sono infilat_ dietro le tende, (6) _____ ho chius_ per bene e ho passato almeno 5 minuti a capire come funzionavano tutti quei bottoni. Alla fine, ho trovato quelli giusti, (7) _____ ho premut_ e dopo qualche minuto di fotografie (8) _____ avevo addirittura sei.

Trionfante sono tornato dal carabiniere che, dopo aver (9) _____ guardat_ con aria scettica, (10) _____ ha restituit_ dicendo laconicamente: "Non vanno bene. Perché sono in bianco e nero". Allora ho perso la calma. Non poteva dir (11) _____ prima?

Sono due episodi minimi, (12) _____ so, ma mostrano un fatto culturale: il carabiniere e gli impiegati della banca avrebbero potuto render (13) _____ un servizio semplicemente con un avvertimento (niente foto in bianco e nero) o una telefonata (la sua carta è arrivata) che non (14) _____ costavano nulla. Uno di quei servizi, però, che migliorano la qualità della vita. Quanto è lunga la strada per migliorar (15) _____ in Italia...

Leggi l'intervista a Fiorello, un famoso *showman* italiano, e trasformala al discorso indiretto utilizzando i verbi seguenti.

chiedere   voler sapere   rispondere   raccontare   affermare   dire

Fai attenzione a tutti i cambiamenti necessari (soprattutto ai pronomi).

Il giornalista ha chiesto a Fiorello quando <u>era stata</u> la <u>sua</u> prima volta davanti al pubblico. Fiorello ha raccontato che...

Quando è stata la tua prima volta davanti al pubblico?
Avevo quasi 6 anni, è stata organizzata una recita a scuola e sono stato scelto per il ruolo di Ulisse nell'*Odissea*. Ma la vera prima volta, quella in cui ero davvero cosciente di avere un pubblico davanti a me, è stata sicuramente nei villaggi turistici. Lavoravo al bar e una sera, così per gioco, ho preso in mano il microfono e ho cominciato a ballare e a fare battute. Il pubblico del villaggio mi ha applaudito entusiasta e così mi hanno chiesto di lasciare il bar o sono diventato animatore.
Hai mai pensato di fare cinema?
Ci ho provato, ma poi ho capito che non fa per me. Qualche mese fa mi hanno proposto anche delle *fiction*, ma non credo di essere adatto…
Tutti attendono il tuo *show* al Festival di Sanremo, domani sera. Che cosa ci proporrai?
Ancora non lo so, mi piacerebbe fare l'imitazione di Pippo Baudo, ma lui non ne vuole sapere…
Quel che è certo è che non farò uno *sketch* politico, perché non sono il tipo per fare quelle cose; state tranquilli, sarà comunque molto divertente!

Le interrogative indirette e il congiuntivo

 Leggi il testo e sottolinea i verbi al congiuntivo. Da quali frasi principali dipendono?

Ricordo con profondo *pathos* e grande commozione quando, circa vent'anni fa, a Parigi, entrai per la prima volta nella Bibliothèque Nationale per effettuare delle ricerche relative alla mia tesi di laurea. (…) La sala di lettura era una piazza immensa con tanti tavoli di legno scuro. Fui talmente preso da quello spettacolo che quasi dimenticai il motivo principale della mia presenza. Seduto al mio scrittoio guardavo gli altri che consultavano libroni di grande interesse e mi chiedevo chi fossero. Sembravano tutti dei grandi intellettuali, oltremodo intelligenti. (…) Mi chiedevo come mai solo io stessi guardando gli altri e nessuno invece avesse volto lo sguardo verso la mia direzione e si fosse chiesto: "Che fa qui questo strano ragazzo dai capelli lunghi? Quest'anacronistico figlio dei fiori in jeans e t-shirt?".

Le frasi **interrogative indirette** sono subordinate che esprimono, anche in modo indiretto, una domanda o un dubbio.
Sono introdotte da verbi come *chiedere/rsi, domandare, non sapere, informarsi, ignorare*, ecc., oppure da sostantivi o aggettivi che rimandano a domanda/incertezza (*domanda, dubbio, questione; incerto, perplesso*).
In genere le interrogative indirette richiedono il congiuntivo nello stile formale o quando chi parla vuole sottolineare l'incertezza.

b Leggi il fumetto e completa il racconto trasformando le domande in frasi interrogative indirette.

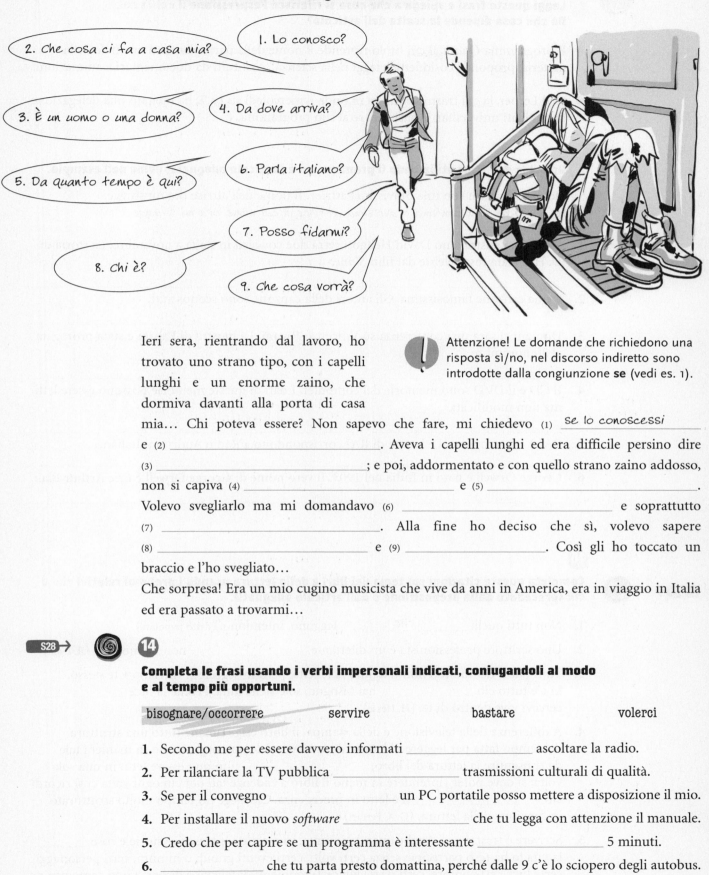

Ieri sera, rientrando dal lavoro, ho trovato uno strano tipo, con i capelli lunghi e un enorme zaino, che dormiva davanti alla porta di casa mia… Chi poteva essere? Non sapevo che fare, mi chiedevo (1) _se lo conoscessi_ e (2) _____. Aveva i capelli lunghi ed era difficile persino dire (3) _____; e poi, addormentato e con quello strano zaino addosso, non si capiva (4) _____ e (5) _____. Volevo svegliarlo ma mi domandavo (6) _____ e soprattutto (7) _____. Alla fine ho deciso che sì, volevo sapere (8) _____ e (9) _____. Così gli ho toccato un braccio e l'ho svegliato…

Che sorpresa! Era un mio cugino musicista che vive da anni in America, era in viaggio in Italia ed era passato a trovarmi…

> **Attenzione!** Le domande che richiedono una risposta sì/no, nel discorso indiretto sono introdotte dalla congiunzione **se** (vedi es. 1).

S28 → **14**

Completa le frasi usando i verbi impersonali indicati, coniugandoli al modo e al tempo più opportuni.

bisognare/occorrere	servire	bastare	volerci

1. Secondo me per essere davvero informati _____ ascoltare la radio.
2. Per rilanciare la TV pubblica _____ trasmissioni culturali di qualità.
3. Se per il convegno _____ un PC portatile posso mettere a disposizione il mio.
4. Per installare il nuovo *software* _____ che tu legga con attenzione il manuale.
5. Credo che per capire se un programma è interessante _____ 5 minuti.
6. _____ che tu parta presto domattina, perché dalle 9 c'è lo sciopero degli autobus.
7. Per comprare quel nuovo cellulare _____ almeno 300 €.

⑮ Il pronome cui come complemento di specificazione

ⓐ Leggi queste frasi e spiega a che cosa si riferisce l'espressione il cui/la cui. Da che cosa dipende la scelta dell'articolo?

● Il programma *Quark*, <u>il cui</u> titolo riprende il nome della particella fondamentale della materia, propone i cosiddetti "viaggi nella scienza", costituiti da documentari e animazioni.

● Gad Lerner, <u>la cui</u> trasmissione va in onda il mercoledì su La 7, ha invitato una delegazione di studenti universitari a partecipare al suo programma.

ⓑ Unisci le due frasi utilizzando il pronome cui e l'articolo adeguato, come nell'esempio.

Ho visto un film con una bravissima attrice. Il nome dell'attrice ora mi sfugge.
Ho visto un film con una bravissima attrice il cui nome ora mi sfugge.

1. Il pianista australiano David Helfgott terrà due concerti in Italia a novembre. La storia di D. H. è stata resa celebre dal film *Shine*.

2. È una canzone famosissima. Gli autori della canzone sono sconosciuti.

3. Domani ci sarà una conferenza su Vincenzo Pagani. La mostra di Pagani è stata prorogata al 30 novembre.

4. Il CD e il DVD sono memorie del computer. I dati di queste memorie possono essere letti, ma non modificati.

5. RAI è un acronimo. Le lettere di RAI corrispondono a Radio Audizioni Italiane.

6. George Orwell è nato in India nel 1903. Il vero nome di George Orwell è Eric Arthur Blair.

 S11 →

⑯

Completa queste citazioni sul tema dei libri e della lettura usando i pronomi relativi che o cui (preceduto dalla preposizione o dall'articolo adeguati).

1. Non tutti quelli _____ che _____ leggono, intendono. (detto popolare)

2. Uno scrittore professionista è un dilettante _____ non ha mollato. (R. Bach)

3. Tutti i libri del mondo non ti danno la felicità, però in segreto ti rinviano a te stesso. Lì c'è tutto ciò _____ hai bisogno, sole stelle luna. Perché la luce _____ cercavi vive dentro di te. (H. Hesse)

4. A differenza della televisione e della stampa, il libro esige innanzitutto una struttura del tempo fatta per leggere. Il lettore deve avere un tempo organizzato in maniera tale da consentire la lettura del libro, _____ non può essere letto in una sola volta; si deve poter riprendere in mano il libro a cadenze tali per cui ogni volta ci si ricordi ciò _____ si è letto in precedenza. Ciò esige un tempo molto strutturato in funzione della lettura. (G. A. Ferrari)

5. Scrivere è trascrivere. Anche quando inventa, uno scrittore trascrive storie e cose _____ la vita lo ha reso partecipe: senza certi volti, certi eventi grandi o minimi, certi personaggi, certe luci, certe ombre, certi paesaggi, certi momenti di felicità e disperazione, tante pagine non sarebbero nate. (C. Magris)

6. Ci si mette a scrivere di lena, ma c'è un'ora _____ la penna non gratta che polveroso inchiostro, e non vi scorre più una goccia di vita, e la vita è tutta fuori, fuori dalla finestra, fuori di te, e ti sembra che mai più potrai rifugiarti nella pagina che scrivi… (I. Calvino)

7. E se la letteratura fosse una televisione _____ guardiamo per attivare i neuroni specchio e concederci a buon mercato i brividi dell'azione? E se, peggio ancora, la letteratura fosse una televisione _____ ci mostra tutte le occasioni perdute? (M. Barbery)

8. Il Buon Lettore aspetta le vacanze con impazienza. […] Nell'approssimarsi delle ferie, il Buon Lettore gira i negozi dei librai, sfoglia, annusa, ci ripensa, ritorna il giorno dopo a comprare. […] È l'epoca _____ l'alpinista sogna la montagna _____ s'approssima a scalare, e pure il Buon Lettore sceglie la sua montagna da prendere di petto. Si tratta, per esempio, di uno dei grandi romanzieri dell'Ottocento, _____ non si può mai dire d'aver letto tutto, o _____ mole ha sempre messo un po' di soggezione al Buon Lettore, o _____ letture fatte in epoche e età disparate han lasciato ricordi troppo disorganici. Il Buon Lettore quest'estate ha deciso di leggere davvero, finalmente, quell'autore; forse non potrà leggerlo tutto nelle vacanze, ma in quelle settimane tesaurizzerà una prima base di letture fondamentali, e poi, durante l'anno potrà colmare agevolmente e senza fretta le lacune […]
Questo, s'intende, non è che il piatto principale, poi occorre pensare al contorno. Ci sono le ultime novità librarie _____ il Buon Lettore vuol mettersi al corrente… (I. Calvino)

17

a **Leggi le frasi e indica quale funzione ha la congiunzione perché.**

☐ 1. Stasera voglio guardare la TV perché c'è una trasmissione che mi interessa.
☐ 2. Il relatore parlava a voce alta perché tutti lo potessero sentire.
☐ 3. Non so perché Gianni non sia venuto, forse non stava bene.
☐ 4. Quel programma è troppo banale perché ti possa piacere.

a. finale (affinché)
b. causale (introduce una spiegazione)
c. consecutiva (introduce una conseguenza)
d. interrogativa indiretta (per quale motivo/scopo)

Rileggi le frasi. Qual è il modo usato quando *perché* ha valore finale o consecutivo, oppure introduce una interrogativa indiretta? _____

b **Rifletti sul valore di perché in queste frasi e completale con il verbo al tempo e al modo adeguato.**

1. Ha detto delle cose troppo stupide perché uno _____ crederci.

2. Non so perché _____ così fretta di finire il lavoro, la scadenza è fissata tra un mese…

2. Ti ho mandato per mail la relazione perché tu la _____ prima della riunione di domani.

4. Non capisco perché Silvia non mi _____: avremmo dovuto incontrarci alle 11, invece non si è vista.

5. Non leggo i quotidiani perché non _____ tempo, preferisco comprare una buona rivista il sabato.

6. Ci hanno assegnato una *password* perché _____ usare i computer della biblioteca.

7. Ha testimoniato davanti al giudice perché tutti _____ la verità.

8. Secondo me con i bambini è meglio avere la TV satellitare, perché ci _____ meno spot pubblicitari.

18

Leggi questo articolo sull'uso del cellulare e completa con le preposizioni mancanti.

Lo strumento che meglio rappresenta le nuove tecnologie della comunicazione è il cellulare, non solo perché meno (1) _____ 15% dichiara (2) _____ non possederlo, ma soprattutto perché non è più solo un telefono. Infatti incorpora tutte le principali funzioni (3) _____ altri strumenti e (4) _____ molti è divenuto una specie (5) _____ protesi multifunzionale, che ci accompagna ovunque, (6) _____ ogni momento. Tanto che oggi, (7) _____ coloro che lo possiedono, il 30% lo tiene sempre acceso e il 37% lo spegne solo (8) _____ notte. Naturalmente la frequenza e il modo (9) _____ uso del cellulare dipendono molto (10) _____ età e (11) _____ professione. La socializzazione culturale (12) _____ più giovani, ad esempio, è avvenuta (13) _____ contatto diretto (14) _____ il linguaggio delle nuove tecnologie. Così, i giovani e gli adolescenti usano il cellulare (15) _____ stare (16) _____ contatto ma, a differenza degli adulti che talvolta dialogano (17) _____ pubblico ad alta voce come se fossero (18) _____ privato, preferiscono dialogare (19) _____ le dita: metà (20) _____ loro riceve più (21) _____ venti messaggini (22) _____ giorno e sette (23) _____ dieci usano sistemi di composizione rapida.

S31 → **19 Punteggiatura**

Correggi gli errori nell'uso della virgola (aggiungila dove manca e toglila quando ti sembra di troppo).

CONSIGLI PER INCULCARE NEI VOSTRI FIGLI IL PIACERE DELLA LETTURA

Non aspettate, che sappiano leggere ma leggetegli ogni sera qualche pagina di un buon libro. Quando saranno addormentati potete provare, a sussurrare: "Tu ami leggere ti piace molto leggere!"

Raccontate la bellezza, delle cose che leggete magari anche inventando delle bugie per stimolare la loro curiosità.

Se i bambini, più grandi, fanno delle domande su cose che, non conoscono, spingeteli a cercare, le risposte nei libri (per esempio nei dizionari).

Portateli a scegliere, i libri da regalare agli amichetti; vi chiederanno, di comprarne uno anche per loro siatene certi!

1 CD t.17

a Ascolterai un'intervista a Paolo Virzì sul suo film *Tutta la vita davanti*. Scegli quali delle seguenti informazioni sono presenti nell'intervista.

☐ 1. Il film è appena uscito e ha ottenuto un buon incasso nel fine settimana.

☐ 2. Il film è un documentario sul precariato.

☐ 3. È ambientato a Roma.

☐ 4. Il protagonista del film è una giovane che si è appena laureata.

☐ 5. Marta Cortese accetta di lavorare come telefonista in un'azienda seria e affidabile.

☐ 6. Marta riesce a simpatizzare con le sue colleghe anche se sono ragazze con interessi molto diversi dai suoi.

☐ 7. La ragazza si lascia coinvolgere dal nuovo ambiente di lavoro perché viene valorizzata.

☐ 8. Dopo quattro anni torna in Sicilia e trova lavoro in una biblioteca.

☐ 9. Nel film si ride molto perché i fatti raccontati sono divertenti.

b Secondo te quale pronuncia regionale ha Paolo Virzì?

☐ **a.** lombarda ☐ **b.** veneta ☐ **c.** toscana ☐ **d.** romana ☐ **e.** napoletana ☐ **f.** siciliana

c Ascolta l'intervista una seconda volta per capire come Paolo Virzì descrive la protagonista del film. Scegli cinque aggettivi tra i seguenti.

☐ **a.** immatura ☐ **c.** aggressiva ☐ **e.** ingenua ☐ **g.** razzista ☐ **i.** curiosa

☐ **b.** cortese ☐ **d.** superba ☐ **f.** disponibile ☐ **h.** fiera ☐ **j.** aperta

 CD t.18

d Dettato puzzle. Riascolta questi brani dell'intervista e completa. Cosa significano le espressioni che hai inserito? Scegli tra uno dei due sinonimi che seguono.

[…] e si rende conto in breve, nel breve giro di una settimana, che la sua laurea non serve a niente e che deve (1) _____ _____ _____ e lei è disposta a farlo in qualsiasi forma, però non immaginava di (2) _____ _____ _____ _____ __ _____ _____ della sottooccupazione, ovvero fino addirittura a finire in un'azienda truffa.

1) _____
a. darsi da fare
b. fare un lavoro manuale

2) _____
a. trovare un ambiente di lavoro ostile
b. trovare delle condizioni di lavoro così terribili

[...] si intenerisce, si incuriosisce, prova persino anche una certa spontanea simpatia per questo mondo così, in fondo candido, e se ne lascia anche un pochino contagiare, tant'è vero che diventa la più brava telefonista di tutte, forse perché lì le fanno gli applausi, forse perché lì le dicono che è brava, dal momento che invece (3) _____ _____

_____ e quindi si era come sentita umiliata verso tutto ciò per il quale aveva investito la sua passione.

3) _____
a. aveva avuto risposte negative per diversi lavori
b. l'avevano licenziata più volte

Ecco così quindi in qualche maniera il ritratto di questa ragazza c'ha qualcosa anche di gentile, di disponibile verso il nostro tempo ed è lo sguardo con cui abbiamo cercato di raccontare anche un po' l'Italia di oggi, un pochino (4) _____ _____

_____ _____ .

4) _____
a. nascondendo le nostre convinzioni
b. liberandoci dai nostri preconcetti

2

a **Leggerai una recensione del film *Giorni e nuvole*. Quali informazioni ti aspetti di trovare in una recensione? Scegli tra:**

☐ **a.** l'anno di uscita del film
☐ **b.** l'incasso
☐ **c.** il regista
☐ **d.** i precedenti film del regista
☐ **e.** gli attori

☐ **f.** il genere (es. commedia)
☐ **g.** il libro da cui è tratto
☐ **h.** il tema trattato
☐ **i.** il rapporto con l'attualità
☐ **j.** alcuni cenni alla trama

☐ **k.** la colonna sonora
☐ **l.** la fotografia
☐ **m.** una valutazione critica del film
☐ **n.** le dichiarazioni del regista e/o degli attori
☐ **o.** i giudizi del pubblico

b **Leggi una prima volta la recensione seguente e indica quali degli aspetti elencati nell'esercizio 2a sono presenti.**

GIORNI E NUVOLE (Silvio Soldini, 2007) *Giorni e nuvole* è una storia molto aderente alla realtà, che con pudore e senza furbizie va alla ricerca dell'anima profonda di una società, quella italiana, allo sbando. Soldini si avventura nello spinoso terreno dell'incertezza del lavoro e della stabilità familiare: ne esce un film dolce e sofferente, un dramma borghese che è allo 5 stesso tempo universale. Elsa e Michele (Margherita Buy e Antonio Albanese), entrambi sulla quarantina, sono una coppia da pubblicità: lui simpatico e di successo, lei bella e colta, con un discreto gruzzolo in banca e gli *status symbol* giusti (un appartamento di lusso, una barca, viaggi). Lui ha una società, lei è una restauratrice che si sta laureando. Così comincia il 10 film, con un quadro quasi irritante di felicità: un pranzo tra innamorati sposati da vent'anni, una festa di laurea a sorpresa con tutti gli amici. Quelli giusti.

Ma sono gli ultimi fuochi d'artificio: lei non lo sa, ma da mesi Michele non lavora e in più sono sul lastrico. Toccherà accontentarsi di due cuori e una capanna. Lui ha avuto il torto di essere un borghese d'altri tempi, rifiutando la mancanza di etica, il cinismo e la voglia di licenziare del suo socio più spregiudicato. Lei quello di fare un lavoro intellettuale che, come si sa, in Italia viene pagato poco e spesso nulla. E così assistiamo poco a poco alla loro discesa agli inferi. La coppia è costretta a rinunciare agli agi e a trasferirsi in un quartiere popolare. Ma mentre Elsa, pur a malincuore, sembra reagire, trovando due lavori *part-time* come telefonista e segreteria, Michele non ne è capace. Dopo essere stato visto dalla figlia fare il lavoro di *pony express* e avere svolto lavoretti di manutenzione domestica con due suoi ex-dipendenti, sprofonda nella depressione e nell'apatia, allontanandosi da moglie e figlia.

«L'elemento che volevo far emergere – racconta Soldini – è lo shock che colpisce due persone che improvvisamente si trovano di fronte ad una condizione nuova. Il protagonista maschile è così stupito che non sa reagire. È una storia come se ne leggono tante nell'attualità. Ma quando capita a te, ne rimani tramortito». In *Giorni e nuvole* Soldini racconta una storia semplice, non blandisce gli stereotipi, anche se ogni tanto ingenuamente ci casca: dagli operai, che hanno in loro l'etica e l'estetica dei "buoni selvaggi", alle ipocrisie borghesi.

Con mano ferma e abile, Soldini si muove in una Genova che è quasi un personaggio aggiuntivo. Città straordinaria nel bene e nel male, piena di significati e di ricordi "politici" per diverse generazioni, qui è bella e comune anche grazie all'ottima fotografia di Ramiro Civita. Bravissimo Antonio Albanese, – sorta di Dr. Jekill del cinema italiano: l'espressione comica e surreale che gli conosciamo si sposa con grandi qualità di attore drammatico. Sa essere dolce, meschino, debole, viaggia su diversi registri con un talento fuori dal comune.

«La storia mi ha subito colpito – ha affermato –, io vengo dal mondo operaio. Il lavoro è una questione che avevo già portato al teatro con lo spettacolo *Giù al Nord*. Mi interessa molto e, peraltro ho avuto un amico che si è ritrovato a 45 anni avvolto da questo dramma, umiliato e pieno di vergogna». Sentirsi colpevoli senza ragione. Brava anche Margherita Buy, mai così caratteriale e bella, e ai tanti ottimi comprimari.

(adattato da *Liberazione*, 23 ottobre 2007)

c **Leggi una seconda volta, decidi se le affermazioni sono vere o false e correggi quelle false.**

V F

1. Soldini ambienta il film nella società italiana contemporanea. ☐ ☐
2. Il film tratta dei problemi causati dalla disoccupazione. ☐ ☐
3. L'ambiente sociale è quello del mondo degli operai. ☐ ☐
4. Il film è ambientato nel Sud dell'Italia. ☐ ☐
5. I protagonisti sono due giovani trentenni. ☐ ☐
6. Il film inizia con un ritratto felice della coppia. ☐ ☐
7. La situazione precipita perché lei perde il lavoro. ☐ ☐
8. La situazione di disoccupazione è temporanea e si risolve facilmente. ☐ ☐
9. Per il recensore la storia raccontata dal film è poco realistica e stereotipata. ☐ ☐
10. Il recensore apprezza molto la fotografia e la bravura degli attori. ☐ ☐

d **Trova nel testo, nelle righe indicate, un sinonimo di:**

1. (da r. 1 a r. 6) senza punti di riferimento _____
2. (da r. 1 a r. 6) difficile / delicato _____
3. (da r. 6 a r. 12) dei risparmi _____
4. (da r. 10 a r. 21) fastidioso _____
5. (da r. 13 a r. 21) freddezza _____
6. (da r. 13 a r. 21) controvoglia _____
7. (da r. 13 a r. 21) passività _____
8. (da r. 22 a r. 27) sconvolto _____
9. (da r. 27 a r. 35) combinarsi _____
10. (da r. 27 a r. 35) personaggi importanti ma secondari _____

Associa le espressioni metaforiche presenti nel testo al loro significato.

1. (r. 13) sono gli ultimi fuochi d'artificio
2. (r. 14) accontentarsi di due cuori e una capanna
3. (r. 17) discesa agli inferi
4. (r. 31) viaggia su diversi registri

a. alterna gli stili espressivi
b. cammino pieno di difficoltà
c. vivere d'amore e povertà
d. momenti di felicità

Hai visto recentemente un film italiano? Immagina di scriverne la recensione per il giornalino *on line* della tua scuola. Scrivi le informazioni principali che trovi elencate nell'esercizio 2a. Presenta la trama in modo da incuriosire lo spettatore e dai un giudizio sugli aspetti positivi e/o negativi del film.

3

Hai mai pensato di tradire il/la tuo/a *partner*? Sei curioso/a di sapere se sei a rischio di tradimento? Scoprilo facendo il test (per i risultati vedi Appendice, p. S34).

*"Senza l'esperienza del tradimento,
né fiducia né perdono acquisterebbero piena realtà.
Il tradimento è il lato oscuro dell'una e dell'altro,
ciò che conferisce loro significato, ciò che li rende possibili".*
(Hilmann)

Il test misura la possibilità di un passaggio all'atto del tradimento. Le domande riguardano sia fattori passati e personali individuali che potrebbero favorire il tradimento, sia fattori situazionali presenti al momento all'interno della coppia.

Segnate tutte le risposte affermative alle domande poste.

- ☐ 1 - Ricordate che, nella vostra infanzia, uno dei vostri genitori ha tradito l'altro?
- ☐ 2 - I vostri genitori non andavano molto d'accordo?
- ☐ 3 - In generale, nel vostro sistema familiare d'origine, i tradimenti erano frequenti?
- ☐ 4 - Nella vostra rete di relazioni sociali attuali, ci sono molte persone che tradiscono?
- ☐ 5 - Avete già tradito nelle vostre relazioni affettive passate?
- ☐ 6 - Siete stati già traditi nelle vostre relazioni affettive passate?
- ☐ 7 - Ritenete che, talvolta, rappresentiate per il vostro *partner* una figura genitoriale?
- ☐ 8 - Non vi soddisfano più i momenti di condivisione affettiva col vostro *partner*?
- ☐ 9 - Lamentate che il vostro *partner* nutra poca stima nei vostri confronti?
- ☐ 10 - Le circostanze lavorative, professionali o sociali, vi portano a stare spesso lontano dal *partner*?
- ☐ 11 - Sono presenti problemi nell'intimità sessuale col *partner*?
- ☐ 12 - Ricorrono spesso sogni o fantasie in cui siete in intimità sessuale con persone diverse dal vostro *partner*?
- ☐ 13 - Avete già considerato di tradire il *partner*?
- ☐ 14 - Avete già considerato di porre fine all'attuale relazione?

lessico

4

Completa il testo scegliendo tra le parole elencate.

rassegne	critica	città lagunare	si svolgono	edizione
viene assegnato	festival cinematografico	Lido di Venezia	premi	Leone d'oro

MOSTRA INTERNAZIONALE D'ARTE CINEMATOGRAFICA

Mostra internazionale d'arte cinematografica di Venezia

La Mostra internazionale d'arte cinematografica di Venezia è il (1) _____ più antico del mondo (la prima edizione si tenne nel 1932) e si svolge annualmente nella (2) _____ (solitamente tra la fine del mese di agosto e l'inizio di settembre) nello storico Palazzo del Cinema, sul Lungomare Marconi, al (3) _____ . Giunta nel 2008 alla sessantacinquesima (4) _____ , la Mostra si inquadra nel più vasto scenario della Biennale di Venezia, festival culturale che include un'esposizione di arte contemporanea.

Il premio principale che (5) _____ – assieme a diversi altri – è il (6) _____ , che deve il suo nome al simbolo della città (il leone della basilica di San Marco). Tale riconoscimento è considerato uno dei più importanti dal punto di vista della (7) _____ cinematografica, al pari di quelli assegnati nelle altre due principali (8) _____ cinematografiche europee, la Palma d'Oro del Festival di Cannes e l'Orso d'Oro del Festival di Berlino. Nel loro insieme, si tratta di tre (9) _____ ambiti e di grande impatto, spesso in controtendenza rispetto agli Oscar statunitensi, che (10) _____ abitualmente in primavera.

5

Leggi questa recensione del romanzo *La tregua* di Primo Levi e completala scegliendo tra le parole seguenti, che vanno coniugate e accordate.

VERBI: infondere, ricostruire, rievocare, raccontare
NOMI: linguaggio, stile, narrazione, descrizione, riflessione, ambientazione, messaggio
AGGETTIVI: moralmente alto, omonimo, esauriente, realistico

L'importanza del romanzo sta nella capacità letteraria di Primo Levi, che sa (1) _____ in maniera del tutto (2) _____ e naturale la situazione materiale, paesaggistica, sociale, culturale, militare e politica che egli visse dalla liberazione al rientro in Italia, cioè il periodo bellico e post-bellico che ebbe modo di attraversare nel 1945.

Levi (3) _____ l'euforia e l'entusiasmo dei russi nella vittoria contro i tedeschi. Non (4) _____ la sua vita da prigioniero in un lager nazista, ma la ventata di gioia dei vincitori russi per la vittoria sui nazisti, che è stata resa molto bene nel film (5) _____ di Francesco Rosi.

Non c'è alcunché di picaresco nel suo viaggio di ritorno e nelle disavventure, imposte dalla guerra e dalle devastanti condizioni del sistema ferroviario dell'Europa post-bellica.

La bellezza del racconto è data dal (6) _____, dalla capacità di (7) _____ dei personaggi e dei suoi sentimenti, dalla capacità di scrivere delle (8) _____ sulla vita, senza perdere mai il sentimento della speranza in una vita futura. Levi non dimentica mai di (9) _____ nei personaggi un pizzico di umanità. Il (10) _____ fondamentale del libro è senza dubbio la positività della vita e l'umanità di molti personaggi minori.

La tregua è un romanzo bello, completo, armonico, (11) _____ e istruttivo.

Il suo (12) _____ letterario è di stampo realistico-descrittivo. Si tratta infatti di una (13) _____ asciutta, sintetica ed (14) _____ quanto basta per comprendere i sentimenti e lo sfondo sociale dell' (15) _____ dell'opera.

 → **6**

a Osserva e completa la tabella, che evidenzia quali tempi del congiuntivo si devono usare quando c'è un rapporto di anteriorità tra la frase principale e la secondaria.

RAPPORTO DI ANTTERIORITÀ (←)				
frase principale	frase secondaria (dipendente)			congiuntivo
Credo	che Rino	parta oggi / domani.	(contemporaneità e posteriorità = pres.)	1. _____
		sia partito <u>ieri</u>.	(anteriorità ← pres.)	2. _____
		partisse <u>ogni sabato</u>. quando faceva l'università.	(anteriorità con azioni abituali ⇐ pres.)	*congiuntivo imperfetto*
Credevo	che Rino	**partisse** con noi.	(contemporaneità = pass.)	3. _____
		fosse partito il <u>mese scorso</u>.	(anteriorità ← pass.)	4. _____
		partisse <u>ogni sabato</u>. quando faceva l'università.	(anteriorità con azioni abituali ⇐ pass.)	*congiuntivo imperfetto*

grammatica

S23 →

b Inserisci vicino ad ogni frase il simbolo che indica l'anteriorità (←), l'anteriorità con azioni abituali (⇐) o la contemporaneità (=) nel presente (pres.) o nel passato (pass.).

1. Speravamo che non vi foste offesi. _←pass._
2. Mi sembra che Carlo si sia trasferito per amore, non per lavoro. _____
3. Le faceva rabbia che lui non l'ascoltasse mai. _____
4. Sarebbe stato meglio che Carla avesse scelto un liceo invece di una scuola tecnica. _____
5. È probabile che Mirco fumasse già a quell'età. _____
6. Era triste vedere come il paese si fosse trasformato da quando ci andavo da bambina. _____
7. C'è nebbia. È difficile che arrivi in orario. _____
8. Sperava che Sara non lo tradisse. _____
9. Credo che Lucia andasse a trovare i nonni una volta al mese. _____
10. Si dice che Marta l'abbia sposato solo perché è un riccone. _____

c Trasforma le frasi dell'esercizio precedente dal presente al passato o viceversa.

1. _Speriamo che non vi siate offesi._ _____ .
2. Mi sembrava _____ .
3. Le fa rabbia _____ .
4. Sarebbe meglio _____ .
5. Era probabile _____ .
6. È triste vedere _____ .
7. C'era nebbia. Era difficile _____ .
8. Spera _____ .
9. Credevo _____ .
10. Si diceva _____ .

7

a Completa queste frasi tratte da testi letterari di autori italiani scegliendo tra il congiuntivo imperfetto o il congiuntivo trapassato.

1. Pioveva e c'era il sole; se non (*sapere*) (1) _____ che era gennaio, avrei pensato che (*essere*) (2) _____ marzo, tanto l'aria era dolce e l'erba, nei sottoboschi, alta, folta e verde. (da A. Moravia, *Nuovi racconti romani*)

2. (IL PROTAGONISTA STA PER RECARSI AD UN APPUNTAMENTO, IN UNA GIORNATA DI PIOGGIA.) Scendevo giù per il viale di Villa Borghese che porta al museo. Pioveva e tutto ad un tratto mi sentii felice, con una gran forza nelle gambe, come se (*essere*) (3) _____ un grillo gigantesco, da poter con un salto salire in cima al tetto del museo; e feci davvero il salto aprendo la bocca verso il cielo e una goccia di pioggia mi cadde dritta nella bocca e mi parve che mi (*ubriacare*) (4) _____ come se (*essere*) (5) _____ un sorso di liquore e pensai: "C'ho ventanni… e ho ancora da vivere questa vita tanto bella almeno altri 40 o 50 anni… viva la vita". "Sono proprio felice". (da A. Moravia, *Nuovi racconti romani*)

3. (EMILIO CHE AVEVA COMINCIATO DA POCO UNA RELAZIONE CON ANGIOLINA, INCONTRA UN AMICO PER STRADA CHE GLI RACCONTA DI LEI.) Volle il caso che subito il giorno dopo egli risapesse sul conto di Angiolina ben più di quanto ella gli (*dire*) (6) _____ . S'imbatté in lei a mezzodì

nel Corso. L'inaspettata fortuna gli fece fare un saluto giocondo, un grande gesto che portò il cappello a piccola distanza da terra; ella rispose con un lieve inchino della testa, ma corretto da un'occhiata brillante, magnifica. Un certo Soriani, un omino giallo e magro, gran donnaiolo, ma certo anche linguacciuto a scapito del buon nome altrui e del proprio, si appese al braccio di Emilio e gli chiese come mai (*conoscere*) (7) _____ quella ragazza. Erano amici fin da ragazzi ma da parecchi anni non s'erano parlati. – L'ho trovata in casa di conoscenti – rispose Emilio. – A me fece l'impressione di una ragazza a modo –. – Adagio! – fece il Soriani risolutamente come se (*volere*) (8) _____ asserire il contrario, e soltanto dopo una breve pausa si corresse. – Io non ne so nulla e quando la conobbi tutti la credevano tale sebbene una volta (*trovarsi*) (9) _____ in una posizione alquanto equivoca. (da I. Svevo, *Senilità*)

4. (DORIGO HA GIÀ INCONTRATO IN UNA CASA DI APPUNTAMENTI UNA RAGAZZA, LAIDE, DI CUI POI SI INNAMORERÀ.) Ma l'incontro con la Laide gli aveva lasciato uno strano turbamento. <u>Come se</u> quella ragazza (*essere*) (10) _____ diversa dalle solite. <u>Come se</u> tra loro due (*dovere*) (11) _____ succedere molte altre cose. <u>Come se</u> lui da quell'incontro (*uscire*) (12) _____ differente. (da D. Buzzati, *Un amore*)

S22 → **b** **Rileggi le frasi precedenti in cui c'è il connettivo** come se **e completa la regola scegliendo l'opzione corretta.**

Il connettivo *come se* esprime una comparazione che si basa su un'ipotesi a. *reale* / b. *irreale* / c. *possibile*. Si usa con il congiuntivo a. *passato* / b. *imperfetto* / c. *trapassato* se il paragone riguarda un'azione successa prima di quella espressa dal verbo della frase principale.

S22 → 🌀 **8 Interrogative indirette dubitative + congiuntivo**

Trasforma le domande (interrogative dirette) in interrogative indirette cominciando la frase con il verbo tra parentesi.

⫴ Ma... Luca si è laureato? (non sapevo) → Non sapevo se Luca si fosse laureato.

1. Ma… che film avete visto ieri sera, *Il papà di Giovanna* o *Tutta la vita davanti*? (*Non ero sicuro*)

   _____

2. Sei già andata a Roma o devi ancora andarci? (*Non sapevo*)

   _____

3. Sai che lavoro faceva nel suo Paese? (*Ci domandavamo*)

   _____

4. Ma… è nata in America o ci vive da molti anni? (*Non sapevamo*)

   _____

5. Hai già telefonato tu al dentista o devo farlo io? (*Mi sono chiesto*)

   _____

6. Hanno già comprato il biglietto o doveva procurarglielo Marta? (*Mi domandavo*)

   _____

7. Ma… è sempre stato così geloso o lo era in particolar modo con te? (*Non capivo*)

   _____

8. Ma... la ami ancora? (*Non capivo*)

   _____

⑨ Congiuntivo indipendente

ⓐ Leggi gli esempi e scegli la risposta giusta.

1. - *Se solo ti decidessi a fare il grande passo!*
   • *Quale passo?*
   - *Sposarti.*

2. *Abbiamo visitato anche la periferia della città. Avessi visto quanta sporcizia e miseria c'erano per le strade!*

1. Nella frase 1 si usa il congiuntivo per esprimere:
   ☐ **a.** un desiderio/augurio improbabile.
   ☐ **b.** un comando indiretto.
   ☐ **c.** una delusione imprevista.

2. Nella frase 2 si usa il congiuntivo per esprimere:
   ☐ **a.** un desiderio che non si è realizzato.
   ☐ **b.** l'intensificazione di un fatto di fronte all'incredulità di chi ascolta.
   ☐ **c.** una speranza di difficile realizzazione.

3. I congiuntivi delle frasi 1 e 2 si trovano:
   ☐ **a.** in una frase indipendente.
   ☐ **b.** in una frase interrogativa.
   ☐ **c.** in una frase secondaria.

ⓑ Completa le frasi esprimendo dei desideri, come nell'esempio.

▌ Gli ho regalato una bicicletta nuova! (*almeno / ringraziare*) → *Almeno mi avesse ringraziato!*

1. Lo sai che la mia collega ha vinto al lotto? (*che bello se / capitare*)
   _____

2. In questi giorni c'è molto smog, l'aria è irrespirabile! (*magari / tutti andare a piedi*)
   _____

3. Sono ancora innamorata del mio ex. (*che bello se / lui ritornare con me*)
   _____

4. Lavoro dieci ore al giorno, a volte anche nel fine settimana. (*almeno / guadagnare molto*)
   _____

5. A Natale fanno un viaggio in Messico. (*che bello se / avere 15 giorni vacanza*)
   _____

6. I suoi genitori le comprano tutto quello che vuole. (*almeno / lei aiutare loro quando avere bisogno*) _____

ⓒ Completa le frasi coniugando i verbi sapere, vedere, sentire al congiuntivo imperfetto o trapassato.

1. Mio figlio ha trovato un lavoro in un *call center*, _____ che vitaccia!

2. Sono capitata per caso a casa di mia figlia. _____ che disordine c'era in giro!

3. Sono arrivati dei nuovi vicini di casa, sono tre studenti universitari. _____
   _____ che baccano fanno fino alle due di notte!

4. Una settimana fa siamo stati invitati da un nostro vecchio compagno di scuola.
   _____ che casa meravigliosa ha, con cinque bagni e dieci stanze!

5. Ieri sera Carlo e Francesca hanno di nuovo litigato. _____ che insulti sono volati!

6. In autostrada oggi si è ribaltata una cisterna di benzina. _____ che odore terribile c'era!

Correggi gli errori che riguardano l'uso del condizionale passato e, quando necessario, degli avverbi di tempo.

futuro reale	futuro nel passato
domani	il giorno dopo
l'anno prossimo	l'anno dopo / seguente /successivo
fra una settimana /mese	una settimana dopo /seguente /successiva

1. Eravamo andati a letto presto a causa di una partita di calcio importantissima che ci sarà il prossimo giorno.

2. Mi sono comportato bene perché la mattina prossima arrivava Babbo Natale e aprivamo i regali.

3. Abbiamo passato tutto il pomeriggio a preparare le cose che porteremo per il pic nic domani.

4. A scuola avevo deciso che sposavo la mia compagna di banco che mi piaceva molto.

5. Se i miei genitori mi avessero lasciato scegliere liberamente diventerei giornalista.

6. Ero eccitato perché era la prima volta che sarò andato al mare.

7. Vorrei scriverle ma non trovavo più il suo indirizzo.

8. Tutta la famiglia si era svegliata alle due di notte per iniziare il viaggio: dovremmo arrivare in Sicilia alle due del pomeriggio.

9. Se fossi partito prima arrivavi in orario.

10. Desidererei che nostro figlio si fosse trasferito con noi negli Stati Uniti, invece di rimanere con i nonni.

11

a **Leggi queste frasi e decidi per ognuna che tipo di periodo ipotetico è: della realtà (I), della possibilità (II), della irrealtà (III).**

☐ 1. Se avranno tempo verranno a trovarci nel fine settimana.
☐ 2. Sarei felicissimo se volesse accettare questo piccolo omaggio musicale.
☐ 3. Se si fosse preparato meglio per il concorso l'avrebbe vinto.
☐ 4. Se l'accordo fosse andato in porto avrebbe guadagnato fama e ricchezza.
☐ 5. Se riesco a liberarmi da un impegno vengo all'assemblea.
☐ 6. Secondo me, se venissi con noi in vacanza ti divertiresti molto di più che con i tuoi genitori.
☐ 7. Se mi avesse chiesto scusa lo avrei perdonato immediatamente.
☐ 8. Se guidavi più prudentemente non ti sospendevano la patente per un mese.

b **Perché nell'ultima frase viene usato l'imperfetto al posto del congiuntivo trapassato e del condizionale passato?**

_____

_____

_____

_____

12

Completa i periodi ipotetici tratti da *Un amore* di Dino Buzzati.

1. In quel mentre si accorse che del balletto non gliene importava più niente. Se (*essere*)
(1) _____ solo per le scene e i costumi non (*venire*) (2) _____,
probabilmente. Finito un lavoro, lui aveva l'abitudine di non interessarsene più. Lui era
venuto per la Laide.

2. Se si fosse trattato soltanto di un legame sessuale non ci sarebbe stato motivo
d'inquietudine. Ma no, del possesso fisico ad Antonio importava ben poco. Se per esempio
una malattia (*costringere*) (3) _____ la Laide a non fare mai più l'amore,
in fondo lui ne (*essere*) (4) _____ felice. Se la Laide per esempio (*andare*)
(5) _____ sotto un tram e (*perdere*) (6) _____ una gamba,
come (*essere*) (7) _____ bello. Lei inferma, tagliata fuori per sempre
dal mondo, non più insidiata da nessuno. Soltanto lui, Antonio, ad adorarla ancora.

13 Gerundio composto

S26 →

a **Leggi questa intervista a Nanni Moretti sul film *Caos calmo* in cui è attore protagonista.
Rifletti sulla differenza tra i due verbi sottolineati e completa la regola d'uso del
gerundio presente e passato che trovi sotto.**

58° nanni moretti
in Concorso

CAOS CALMO

un film di antonello grimaldi

Intervistatore: Il film, *Caos calmo*, si svolge per due terzi in esterni, in una piazza romana.
Questa scelta immagino abbia creato qualche difficoltà.

Nanni Moretti: In realtà non più di tanto. Girare in esterni è ovviamente più complicato,
non fosse altro che per ragioni climatiche, rumori esterni. Tuttavia la *location* scelta per
il film, piazza Albania, nel quartiere Aventino, pur <u>essendo</u> un luogo al centro di Roma,
è anche molto appartato e lontano dai flussi del traffico metropolitano. Così abbiamo
potuto girare con tranquillità ed <u>avendo scelto</u> per la casa di Pietro, il protagonista, un
appartamento lì vicino, anche quando il tempo ci è stato nemico, abbiamo potuto
ripiegare rapidamente per girare delle sequenze in interni, senza perdere troppo tempo.

> Il gerundio passato o composto indica un momento _____ a
> quello della frase principale; il gerundio presente o semplice indica invece un'azione
> _____ alla principale.

b **Completa le frasi scegliendo tra il gerundio presente o passato.**

1. Pur (*esibirsi*) _____ esclusivamente in mezzo all'Oceano, la notizia del
suo straordinario talento non tardò a diffondersi anche sulla terra ferma.

2. Un giorno, la stabilità e la vita agiata di Michele viene sconvolta: il marito spiega alla
moglie che ha perso il lavoro ormai da tempo, (*essere escluso*) _____
dalla società dal suo vecchio amico e dal nuovo socio.

3. (PARLA PUPI AVATI, IL REGISTA DEL FILM *Il papà di Giovanna*.) Ho avuto l'opportunità di poter
scrivere la sceneggiatura, (*individuare*) _____ prima i protagonisti della
mia storia: Silvio Orlando, Francesca Neri, Ezio Greggio e Alba Rohrwacher. Francesca
Neri, che avevo già scoperto come ottima attrice in un mio precedente film, riconferma il

suo straordinario talento (*interpretare*) _____ una madre incapace di esserlo fino in fondo.

4. (*Vincere*) _____ il premio qualche anno prima come miglior attore, non si aspettava un nuovo riconoscimento nell'ultima edizione del Festival di Venezia.

5. Negli anni Cinquanta finalmente il valore della Mostra viene riconosciuto in campo internazionale, (*concorrere*) _____ all'affermazione di nuove scuole di cinema, come quella giapponese e quella indiana.

6. *Giorni e nuvole* è un film poco convincente. Ci si chiede se Soldini abbia mai conosciuto un imprenditore, perché quello del suo film è troppo sprovveduto. Come avrà fatto a fare i soldi prima? (*Vendere*) _____ noccioline?

7. (*Crescere*) _____ in una famiglia di operai della Fiat, Calopresti ha deciso di trattare il tema delle morti bianche sul lavoro (*realizzare*) _____ un documentario, *La fabbrica dei tedeschi*, sulla tragedia avvenuta a Torino nello stabilimento della *ThyssenKrupp*.

Leggi questa lettera scritta da un ragazzo di 18 anni innamorato. Correggi gli errori sottolineati che riguardano i tempi e i modi verbali.

Cara Valentina,
forse (1) <u>giudicavi</u> _____ molto sciocco il mio comportamento di questi ultimi giorni: ti chiedo in prestito cose che ho e ti faccio domande su argomenti che conosco bene. Ma sono soltanto pretesti per poter parlare con te.
Ci sono tante cose che (2) <u>voglio</u> _____ dirti. Io credo (3) <u>che abbia cominciato</u> _____ a volerti bene. Non (4) <u>è mai successo</u> _____ prima d'ora. Fino a poco tempo fa lo studio e i libri (5) <u>avevano riempito</u> _____ la mia vita. Adesso invece non mi bastano più. Ne sono sorpreso e spaventato, ma nello stesso tempo è come se il mio treno (6) <u>cambierebbe</u> _____ binario e (7) <u>si dirige</u> _____ verso una meta sconosciuta. E provo una grande gioia!
Questa lettera ti sconcerterà. È probabile che nessun ragazzo ne (8) <u>avesse</u> _____ mai <u>scritta</u> _____ una simile. Ma io, finora, (9) <u>vivo</u> _____ in una sorta di gabbia dorata.
La vita vi è entrata solo quando mi (10) <u>accorgevo</u> _____ di te.
Non pensare che ti (11) <u>sto idealizzando</u> _____. Io sono davvero convinto che tu (12) <u>fossi</u> _____ diversa dalle altre.
Vorrei che mi (13) <u>conosca</u> _____ meglio. Ho un disperato bisogno di affetto, Valentina. Ma credimi, sono anche capace di darne! È come se lo (14) <u>tenessi</u> _____ dentro di me per troppo tempo, e ora sta venendo fuori per riversarsi finalmente su qualcuno.
Ho paura che tu mi consideri inadatto a essere il tuo ragazzo. Ma perché non mi metti alla prova? Perché non esci con me qualche volta? (15) <u>Possiamo</u> _____ andare al cinema, oppure stare a casa mia.
Se (16) <u>avessimo passato</u> _____ qualche ora assieme, credo che ti (17) <u>avresti fatta</u> _____ un'idea diversa di me. Che ne dici? Se non ti va di rispondermi, non (18) <u>lo faccia</u> _____. Ma fammi capire se sei d'accordo oppure no con la mia proposta.

Con affetto,
Giulio

Completa il testo scegliendo tra i connettivi seguenti:

quindi   infatti   invece   ma   anche se   nonostante   mentre   inoltre

L'arte rinascimentale - Il 500

Il Cinquecento è il periodo della massima diffusione in Europa dell'arte italiana, (1) _____ dal punto di vista politico la situazione era sicuramente molto sfavorevole, Questo fu (2) _____ un secolo di laceranti contrasti: la Riforma protestante, la conseguente reazione della Controriforma cattolica, la perdita dell'equilibrio politico, l'Italia divenuta ormai campo di battaglia di eserciti stranieri. (3) _____ tutto questo Roma fu un'importante centro per la diffusione delle arti e della cultura.

Nel Quattrocento l'amore per la cultura classica portò alla formazione delle prime collezioni di antichità da parte di famiglie ricche, soprattutto a Firenze, (4) _____ nel Cinquecento è a Roma che il collezionismo ha più ampia diffusione. Importanti famiglie cominciarono a collezionare opere dell'arte classica, (5) _____ più importanti furono le collezioni d'arte papali, per esempio di Giulio II e soprattutto di Paolo III Farnese.

A Roma lavorarono numerosi artisti di un certo rilievo come Raffaello e Michelangelo e i loro allievi che, fuggiti da Roma dopo il saccheggio avvenuto nel 1527, portarono nelle varie corti italiane le loro conoscenze.

(6) _____ in questo periodo la posizione dell'artista subì dei grossi cambiamenti: dal Medioevo l'artista era considerato al pari di un artigiano e (7) _____ si annoverava l'arte tra le arti manuali, adesso (8) _____ si cominciò a considerare la pittura, la scultura e l'architettura al pari della letteratura e della poesia ponendole fra le arti liberali.

(da storiadellarte.com)

Completa il testo con le preposizioni corrette.

ULTIMI FUOCHI PER I FESTIVAL: QUEST'ANNO SI SUONA, DOMANI CHISSÀ

Roma ha cancellato la Notte Bianca, Genova ridimensionato gli appuntamenti, Torino se la cava con fatica, Lampedusa ha chiuso… Così, anche se il resto dell'Italia resiste, questa rischia di diventare l'estate dell'addio ai concerti di piazza.

Un'estate piena di note. Da Nord a Sud d'Italia non c'è regione che non abbia il suo festival. Magari breve, magari (1) _____ appena due giorni, ma ce l'ha. Poi, però, (2) _____ fine estate arrivano altre note, quelle delle spese. E con i tagli (3) _____ fondi di comuni e province, annunciati (4) _____ Ministro dell'economia Giulio Tremonti, c'è poco (5) _____ fare festa.

C'è il rischio che l'estate del 2008 possa essere ricordata come l'ultima della cultura in piazza.

I segnali ci sono già tutti. Il sindaco di Roma Gianni Alemanno, per esempio, ha detto che la Notte Bianca non si farà e l'estate capitolina è stata fortemente ridimensionata. Ma la prima rassegna (6) _____ non aprire le danze è stata *O'scià* di Lampedusa. (7) _____ uno scarno comunicato, che senza l'arrivo dei finanziamenti istituzionali, i concerti sull'isola non si possono fare. Arrivederci, forse, (8) _____ prossimo anno. Che le difficoltà siano molte lo conferma Fiorenzo Alfieri, assessore alla cultura del Comune di Torino, che a luglio porterà (9) _____ molti luoghi della città la seconda edizione di *Traffic* (10) _____ eventi di cinema, design e musica.

Eppure *Traffic* ha un sostegno forte da parte di grandi sponsor: "La rassegna costa un milione 200 mila euro. La metà la mettono le aziende private, l'altra metà la Regione Piemonte e il Comune. Ma anche così non è facile andare avanti." Anche perché essendo gratuiti tutti gli eventi (11) _____ rassegna, non c'è alcun rientro di biglietti. "L'ingresso libero" dice Alfieri "per noi è una priorità. Vogliamo promuovere Torino come città della cultura e per avvicinare i giovani abbiamo bisogno (12) _____ proporre concerti aperti (13) _____ tutti".

(da *Il Venerdì di Repubblica*, 4/07/2008)

17 Punteggiatura

Completa il testo con i segni di interpunzione seguenti:

"   " (2 volte)   ( )   , (10 volte)   :   . (2 volte)

DANTE & BENIGNI
La grande poesia è arte popolare da dire a voce alta

Esce oggi (1) _____ *Il mio Dante* (1) _____ di Roberto Benigni (2) _____ Einaudi, pp. 150, 16 euro (2) _____ . Anticipiamo qui l'introduzione di Umberto Eco.

Sarà che parlare ancora l'italiano del Trecento non è un buon segno (3) _____ ma come consolazione ecco Benigni (4) _____ il quale ci può leggere Dante, perché Dante è linguisticamente attuale (5) _____ poi lui fa in modo che dal tono (6) _____ dall'enfasi (7) _____ dalla passione (per non dire dei commenti che fa precedere alla recitazione) si capiscano anche le parole lessicalmente desuete, o le costruzioni sintattiche troppo ardite; ma credo che neppure Laurence Olivier sarebbe stato capace di far capire ai suoi compatrioti Chaucer (che pure è di tre quarti di secolo più moderno di Dante).

Secondo aspetto della fortuna del Dante di Benigni: lo recita e con un accento toscano (8) _____ cioè fa esattamente quello che facevano i contemporanei di Dante e che Dante voleva facessero (9) _____ se l'avessero fatto in modo corretto. Ed infatti ecco dal "Trecentonovelle" di Sacchetti due novelle (10) _____ la 14 e la 15, in cui si racconta che Dante (11) _____ avendo sentito per strada un fabbro e un asinaio cantare e storpiare i versi della sua "*Commedia*", se la prese reagendo in modo aggressivo (12) _____ disse Dante al fabbro dopo aver lanciato per la via un suo martello (13) _____ (14) _____ *Tu canti il libro e non lo di' come io lo feci; io non ho altr'arte, e tu me la guasti* (14) _____ .

I due episodi ci dicono anzitutto che (così come si contano della "*Commedia*" moltissimi manoscritti dell'epoca, anche se non l'originale, più di quanti non ne siano sopravvissuti di altri autori) l'opera era un *best seller* popolare sin dalle origini, visto che la cantavano (15) _____ magari anche malissimo, persone che certamente non l'avevano letta, bensì udita dalle labbra di qualche miglior cantore. E dunque (16) _____ quando Benigni va per le piazze a recitare Dante, fa esattamente quello che facevano i suoi contemporanei.

(adattato da *La Repubblica*, 17 ottobre 2008)

Sintesi grammaticale

IL GRUPPO NOMINALE

	articoli	MASCHILE nomi	aggettivi
singolare	il	pomodoro	saporito
		pane	
	lo	zucchino	naturale
	l'	asparago	
plurale	i	pomodori	saporiti
		pani	
	gli	zucchini	naturali
		asparagi	

	articoli	FEMMINILE nomi	aggettivi
	la	mela	saporita
		carne	
	l'	anguria	naturale
	le	mele	saporite
		angurie	
		carni	naturali

L'ARTICOLO

L'articolo determinativo

L'articolo maschile *lo* (plurale *gli*) si usa con i nomi maschili che iniziano con:
s + consonante (*lo studente*), z- (*lo zio*), ps- (*lo psicologo*), gn- (*lo gnomo*), y- (*lo yogurt*).

Gli articoli singolari *lo* e *la* perdono la vocale e diventano *l'* davanti ai nomi singolari che iniziano con vocale: *l'amico, l'amica*.

L'articolo indeterminativo

maschile	femminile
un amico, **un** tavolo	**una** sedia
uno zio	**un'**amica

Uso L'articolo maschile *uno* si usa con i nomi maschili che iniziano con:
s + consonante (*uno studente*), z- (*uno zio*), ps- (*uno psicologo*), gn- (*uno gnomo*), y- (*uno yogurt*).

L'articolo *un'* si usa con i nomi femminili che iniziano con vocale: *un'amica* (*un amico*).

L'articolo indeterminativo non ha plurale; in genere per il plurale si usa il partitivo (*dei, degli, delle*):
Ho comprato un giornale. → *Ho comprato dei giornali.*

L'articolo indeterminativo introduce nel discorso un elemento <u>nuovo</u>, mentre l'articolo determinativo riprende un elemento già <u>noto</u>:
Nel cortile c'è un bambino. Il bambino sta giocando a palla.

L'articolo determinativo può indicare anche una classe di nomi:
Il cane è il miglior amico dell'uomo (il cane = tutti i cani).

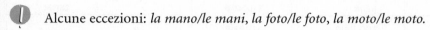 Con i nomi geografici in genere:

- non si usa l'articolo con i nomi di città: *Roma, Milano, Venezia;*
- si usa l'articolo:
  - con i nomi di montagne (*le Alpi*), laghi (*il Garda*), fiumi (*il Po, l'Adige*);
  - con i nomi di continenti (*l'Asia, l'Europa*), Stati (*la Francia, il Portogallo*), regioni (*il Lazio, la Campania*) e grandi isole (*la Sicilia, le Filippine*).

IL NOME

Genere

I nomi in -*o* (plurale -*i*) sono generalmente maschili (*il libro, i libri*).

Alcune eccezioni: *la mano/le mani, la foto/le foto, la moto/le moto.*

I nomi in -*a* (plurale -*e*) sono generalmente femminili (*la penna, le penne*).

Alcune eccezioni: *il problema/i problemi, il panorama/i panorami, il poeta/i poeti, il papa/i papi.*

I nomi in -*e* (plurale -*i*) possono essere maschili e/o femminili: *il registratore, la televisione, il/la cantante.*

Alcuni nomi maschili in -*e* formano il femminile in -*a* (*l'infermiere/l'infermiera, il signore/la signora*).
Alcuni nomi in -*a* sono maschili e femminili (*il/la collega, il/la pianista, il/la pediatra, l'artista*).
I nomi che indicano attività e professioni spesso formano il femminile con:

- il suffisso -*essa*:
  lo studente → la studentessa, il professore → la professoressa
- il suffisso -*trice* (se il maschile termina in -*tore*):
  attore → attrice, spettatore → spettatrice

Numero

I nomi maschili in -*o* formano il plurale in -*i*; i nomi femminili in -*a* formano il plurale in -*e*.

I nomi maschili e femminili in -*e* formano il plurale in -*i*: *i registratori, le televisioni, i cantanti.*

I nomi maschili in -*a* formano il plurale in -*i*: *i problemi, i farmacisti.*

I nomi in -*co*/-*ca* e -*go*/-*ga* terminano generalmente in -*chi*/-*che* e -*ghi*/-*ghe*: *fico/fichi, banca/banche; albergo/alberghi, paga/paghe.*

Alcuni nomi in -*co* terminano in -*ci*: *amico/amici, traffico/traffici* ecc.

I nomi in -*io*:

- mantengono la *i* anche al plurale se l'accento è sulla *i* (*zio/zii, rinvio/rinvii*);
- perdono la *i* negli altri casi (*raggio/raggi, coccio/cocci*).

I nomi in -cia/-gia

- mantengono la *i* anche al plurale:
  - se l'accento è sulla *i* (*farmacia/farmacie*)
  - se la *c* e la *g* sono precedute da vocale (*ciliegia/ciliegie*)
- perdono la *i*:
  - se la *c* e la *g* sono precedute da consonante (*spiaggia/spiagge*)

Alcuni nomi hanno il singolare al maschile e il plurale al femminile:
il centinaio/le centinaia, il paio/le paia, l'uovo/le uova; in particolare alcuni nomi per indicare le parti del corpo: *il braccio/le braccia, il ginocchio/le ginocchia*.

Alcuni nomi al plurale restano invariati:

- alcuni nomi maschili in -*a*: *il/i cinema, il /i vaglia*.
- alcuni nomi femminili in -*o*: *la/le radio, la/le moto*.
- nomi femminili in -*ie*: *la/le serie, la/le specie*.
- nomi in -*i*: *l'/le analisi, il/i brindisi*.
- nomi di una sola sillaba: *il/i re*.
- nomi con l'accento sulla vocale finale: *la/le città, il/i caffè*.
- nomi stranieri che finiscono in consonante: *il/i film, il/i week-end*.

Alcuni nomi si usano solo al plurale:
i pantaloni, gli occhiali, le forbici.

I nomi composti formano il plurale in modo diverso a seconda del tipo di parole da cui sono costituiti:

- nome + nome → cambia la vocale finale solo del secondo nome:
  *l'arcobaleno/**gli arcobaleni**, la banconota/**le banconote**, il cavolfiore/**i cavolfiori**.*
- nome + aggettivo → cambia la vocale finale di entrambe le parole:
  *la cassaforte/**le casseforti**.*
- aggettivo + nome → cambia la vocale finale solo del secondo elemento:
  *l'altoparlante/**gli altoparlanti**.*
- verbo + nome:
  - se il nome è singolare cambia la vocale finale del secondo elemento (se questo è maschile):
  *il parafulmine/**i parafulmini***; oppure la parola rimane invariata
  (se il secondo elemento è femminile): *l'aspirapolvere/**gli aspirapolvere**.*
  - se il nome è plurale la parola rimane invariata: *il cavatappi/**i cavatappi**.*
- verbo + verbo / verbo + avverbio → la parola rimane invariata al plurale:
  *il viavai/**i viavai**; il dormiveglia/**i dormiveglia**.*

L'AGGETTIVO QUALIFICATIVO

	maschile	femminile
singolare	bello	bella
	facile	
plurale	belli	belle
	facili	

Gli aggettivi qualificativi si accordano in genere e numero con i nomi a cui si riferiscono.
La formazione di genere e numero segue le regole di flessione del nome.

Gli aggettivi in -*e* sono maschili e femminili e formano il plurale in -*i*:
la ragazza/il ragazzo cinese; i ragazzi/le ragazze cinesi.

Quando l'aggettivo si riferisce a nomi di genere diverso, normalmente si accorda al maschile:
le ragazze e i ragazzi italiani.

Alcuni aggettivi di colore (*blu, rosa, viola, marrone*) restano invariati in genere e numero:
un cappotto viola, due maglie viola.

Gli aggettivi in -*co* e -*go* terminano generalmente in -*chi* e -*ghi*:
bianco/a - bianchi/bianche; largo/a - larghi/larghe.

 Alcuni aggettivi in -*co* terminano in -*ci*: *simpatico/a - simpatici/simpatiche.*

La posizione degli aggettivi
Per quanto riguarda gli aggettivi qualificativi, in genere l'aggettivo segue il nome, perché ha la funzione di precisare di quale nome si tratta; nei casi in cui invece l'aggettivo si trova prima del nome, può avere una sfumatura di significato diversa.

In genere
- nome + aggettivo: l'aggettivo ha funzione **distintiva**
  (cioè individua in maniera precisa il nome)
  Ho conosciuto la sorella giovane di Mario (quella giovane e non un'altra).
- aggettivo + nome: l'aggettivo ha funzione **descrittiva**
  (cioè descrive il nome, ne indica una caratteristica)
  Ho conosciuto la bella e giovane sorella di Mario.

In alcuni casi la posizione dell'aggettivo può cambiare completamente il significato del gruppo nominale:
un vecchio amico (un amico che ho da tanto tempo)   *un amico vecchio* (un amico anziano)
una certa notizia (di cui non si sa bene l'origine)   *una notizia certa* (sicura)

Si mettono sempre **prima** del nome i seguenti aggettivi:
- possessivi: *il mio cappotto grigio*
- dimostrativi: *dammi quella matita / voglio questa maglietta*
- indefiniti: *alla festa c'erano tante persone / nel negozio c'erano pochi clienti*
- numerali ordinali e cardinali: *Giulio è il terzo fratello / in famiglia siamo in tre fratelli*

I gradi dell'aggettivo
Con l'aggettivo qualificativo esprimiamo non solo la qualità, ma anche il grado della qualità:
bello, più bello, bellissimo.

Il comparativo
Generalmente si usa *più/meno* + aggettivo + **di** per comparare, cioè confrontare, due nomi
(o pronomi) rispetto a una qualità:

la mia maglietta		*più*	corta	della	tua
Marcello	è	*meno*	ricco	di	Giulio
lui			elegante	di	te

Generalmente si usa *più/meno* + aggettivo + **che** per comparare:
- aggettivi: *Il tavolo è più largo che lungo.*
- verbi: *Sciare è più divertente che camminare.*
- avverbi o espressioni di luogo: *La musica si sente meglio qui che là. /*
  Il vino costa più in Italia che in Belgio.

- nomi o pronomi con preposizione: *Il teatro piace più <u>a mia moglie</u> che <u>a me</u>. /*
Parla più <u>con me</u> che <u>con te</u>.
- numeri e quantità (con nomi): *In Italia ci sono più <u>anziani</u> che <u>bambini</u>.*

Per esprimere **uguaglianza** si usa generalmente *come* (o *quanto*):
La mia maglietta è corta quanto la tua. / Il vino in Italia costa come in Belgio.

Il superlativo relativo

Se la comparazione è tra un elemento e un gruppo di elementi, si usa:

articolo + (nome) *più/meno* + aggettivo + *di* + nome singolare / *tra* + nome plurale:
È il libro più bello di Tabucchi. / È la persona meno paziente tra i miei clienti.

articolo *più/meno* + aggettivo + (nome) + *di* + nome singolare / *tra* + nome plurale:
È il più bel libro di Tabucchi. / È il più alto tra i suoi compagni.

Per la funzione dell'aggettivo prima o dopo il nome, vedi la pagina precedente.

Il superlativo assoluto

Se non c'è comparazione, ma si vuole esprimere il massimo grado di quella qualità,
si usa il suffisso *-issimo/a/i/e*:
è un libro bellissimo, è una ragazza altissima.

Comparativi e superlativi con due forme

aggettivo	comparativo	superlativo relativo	assoluto
buono	più buono → migliore	il migliore	ottimo
cattivo	più cattivo → peggiore	il peggiore	pessimo
grande	più grande → maggiore	il maggiore	massimo
piccolo	più piccolo → minore	il minore	minimo
alto	più alto → superiore	il superiore	supremo
basso	più basso → inferiore	l'inferiore	infimo

Non si possono usare forme "miste"! (es. ~~più migliore/più ottimo/ottimissimo~~)

AGGETTIVI E PRONOMI POSSESSIVI

(io)	(tu)	(lui/lei/Lei)	(noi)	(voi)	(loro)	
il mio	il tuo	il suo	il nostro	il vostro	il loro	**vestito**
la mia	la tua	la sua	la nostra	la vostra	la loro	**giacca**
i miei	i tuoi	i suoi	i nostri	i vostri	i loro	**pantaloni**
le mie	le tue	le sue	le nostre	le vostre	le loro	**scarpe**

In italiano gli aggettivi e i pronomi possessivi si accordano con il numero e il genere della cosa
posseduta:
è la sua casa (di Mario/di Paola/del sig. Bianchi).

Il pronome e aggettivo di 3ª persona plurale è invariabile:
il loro vestito/la loro giacca.

Normalmente gli aggettivi possessivi si usano con l'articolo: <u>la mia</u> scuola, <u>i miei</u> amici.

 Con i nomi di parentela si usano

- senza articolo: generalmente quando il nome è singolare: *mio padre, tua cugina*
- con l'articolo:
  - quando il nome singolare di parentela è qualificato da altri aggettivi o suffissi:
    la mia sorella maggiore, la tua cugina preferita, il mio nonno paterno, la tua sorellina
  - quando il nome è plurale: *i suoi fratelli, i tuoi cugini*
  - con l'aggettivo di 3ª persona plurale: *il loro fratello, i loro zii*

I pronomi possessivi hanno la stessa forma degli aggettivi possessivi e si usano sempre con l'articolo: *Questo è mio fratello, il tuo dov'è?*

AGGETTIVI E PRONOMI DIMOSTRATIVI

	maschile	femminile
questo	questo-questi	questa-queste
quello	quello-quelli*	quella-quelle

Questo indica vicinanza a chi parla, *quello* indica lontananza da chi parla:
È tuo questo libro? No, il mio è quello sulla scrivania.

* Gli aggettivi e i pronomi dimostrativi hanno la stessa forma di base, ma <u>l'aggettivo</u> *quello* modifica la desinenza seguendo le regole dell'articolo determinativo:
*Non voglio mettere **quei** pantaloni, preferisco **quelli**.*

il tavolo → **quel** tavolo
lo zaino → **quello** zaino
l'albero → **quell'**albero   **i** maglioni → **quei** maglioni
la tenda → **quella** tenda   **gli** scarponi → **quegli** scarponi
l'amaca → **quell'**amaca   **le** magliette → **quelle** magliette

AGGETTIVI E PRONOMI INDEFINITI

Gli indefiniti indicano oggetti, persone o quantità non specificate.
Alcuni hanno la funzione di aggettivi e pronomi, altri sono solo aggettivi o solo pronomi.

aggettivi e pronomi	aggettivi	pronomi
alcuno/a/i/e	troppo/a/i/e	qualcuno
altro/a/i/e	qualche	qualcosa
certo/a/i/e	qualunque/qualsiasi	niente
ciascuno/ciascuna	ogni	ognuno/ognuna
nessuno/nessuna		chiunque
tutto/a/i/e		
parecchio/a/i/e		
poco/a/i/e		
molto/a/i/e		
tanto/a/i/e		

Aggettivi e pronomi

- **alcuno/a/i/e**: *Ci sono alcune cose da fare.*
   Hanno preso tutti i fogli per scrivere, ne restano solo alcuni.

Se la frase è negativa, l'aggettivo *alcuno*, usato al singolare, ha lo stesso significato di *nessuno*:
Non ho alcuna voglia di uscire.
In questo caso, se precede il nome, segue le forme dell'articolo indeterminativo:
   Ho deciso, non ho più alcun dubbio.

- **altro/a/i/e**: *Vorrei un altro biscotto. Mi spiace, sono finiti, non ce ne sono altri.*

- **certo/a/i/e**: *Certi (=alcuni) pensano che bere bevande gassate faccia male allo stomaco.*
   Ha telefonato un certo Signor Rossi. (al singolare accompagnato dall'articolo *un/una*)

- **ciascuno/ciascuna**: (solo <u>singolare</u>, segue la forma dell'articolo indeterminativo):
   Distribuisci una caramella a ciascun bambino. (ciascuno = ogni)
   Ciascuno sa che cosa è meglio per sé. (ciascuno = ogni persona)

- **nessuno/nessuna**: (solo <u>singolare</u>, quando è aggettivo segue la forma dell'articolo
   indeterminativo): *Non c'è nessun divieto.*

Nessuno è usato con la negazione:
Non ho nessun amico in questa città. / Non mi ha telefonato nessuno.
Solo se ha la funzione di soggetto e viene messo prima del verbo, si usa senza la negazione:
Nessuno mi ha telefonato. / Nessun bambino ha visto quel film.

- **tutto/a/i/e**: *Ho visto tutto il film. / Tutti devono iscriversi all'esame.*

Quando è aggettivo, è seguito dall'articolo determinativo: *Ho mangiato tutta la torta.*

- **poco/a/i/e**, **molto/a/i/e**, **tanto/a/i/e**, **parecchio/a/i/e**, **troppo/a/i/e**:

   Parto tra pochi giorni.
   Non esco, ho troppe cose da fare.
   Basta cioccolatini: me ne hanno regalati parecchi per Natale e ne ho mangiati troppi.

Poco, molto, tanto, troppo possono essere anche avverbi. In questo caso sono invariabili:
Sono stanco, ho lavorato troppo. / Questo posto mi piace molto/poco.

Solo aggettivi
Sono <u>invariabili</u> e usati solo alla forma <u>singolare</u>.

- **qualche**: *Vado al mare per qualche giorno.* (qualche giorno = alcuni giorni)

- **qualunque/qualsiasi**: *Mi piace qualsiasi genere di musica.* (non importa quale)

- **ogni**: *Ogni volta che esco, dimentico qualcosa.* (ogni volta = tutte le volte)

Solo pronomi
Sono usati solo alla forma <u>singolare</u>.

- **qualcuno** (= una persona): *Qualcuno ha suonato.*

- **qualcosa** (inv.): *Prendi qualcosa da bere?*

- **niente/nulla**: *Niente potrà farmi cambiare idea.*

   Come *nessuno*, *niente* è usato con la negazione:
   Preferisco non bere niente. / Non è stato ancora deciso niente.
   Se ha la funzione di soggetto e si trova prima del verbo, si usa senza la negazione:
   Niente è stato ancora deciso. / Niente potrà farmi cambiare idea.

- **ognuno/ognuna** (= ogni persona): *Ognuno deve scrivere qui il suo indirizzo.*

- **chiunque**: *Chiunque può entrare: la porta è sempre aperta.*

PRONOMI PERSONALI

I pronomi personali sostituiscono un nome e si usano con riferimento a persone, animali e cose.

I pronomi personali soggetto

	singolare	plurale
1ª persona	io	noi
2ª persona	tu	voi
3ª persona maschile	lui*	loro*
3ª persona femminile	lei*	

* I pronomi di 3ª persona hanno anche le forme *egli/ella* e *esso/a/i/e*, che non sono più usate nella lingua parlata, mentre possono essere usate nello stile formale o letterario.

Il pronome soggetto è quasi sempre implicito, perché la desinenza del verbo indica la persona (parl-*o* = io parlo); viene però espresso quando si vuole mettere in rilievo il soggetto (per contrasto o quando non c'è il verbo):

> *Io e mio marito non usciamo mai insieme: io esco alle 7, lui esce alle 7:30.*
> *Io vengo da Roma, loro da Bari.*
> *Chi è stato? Lui.*
> *Non l'ho detto io, l'hanno detto loro.*

I pronomi personali complemento
Forme atone

pronomi diretti			pronomi indiretti	
I pronomi diretti si usano con i verbi transitivi e sostituiscono un complemento oggetto diretto (*chi? che cosa?*).			I pronomi indiretti si usano con i verbi intransitivi e transitivi e sostituiscono un complemento indiretto (*a chi?*).	
(io)	**mi**			
	*Paolo **mi** invita al suo matrimonio.*		*Paolo **mi** telefona stasera.*	
(tu)	**ti**			
	Ti invito al mio matrimonio.		*Ti telefono stasera.*	
(Lei di cortesia)	**La**	*Signor Rossi, **La** invito al mio matrimonio.*	**Le**	*Signor Rossi, **Le** telefono stasera.*
(lui)	**lo**	*Se vedo Mario, **lo** invito.*	**gli**	*Se non vedo Mario, **gli** telefono.*
(lei)	**la**	*Se vedo Maria, **la** invito.*	**le**	*Se non vedo Maria, **le** telefono.*
(noi)	**ci**			
	*Paolo **ci** invita al suo matrimonio.*		*Paolo **ci** telefona stasera.*	
(voi)	**vi**			
	*Paolo **vi** invita al suo matrimonio.*		*Paolo **vi** telefona stasera.*	
(loro)	**li**	*Se vedo Mario e Ugo, **li** invito.*	**gli**	*Se non vedo Mario e Ugo, **gli** telefono (telefono loro*)*
	le	*Se vedo Ada e Maria, **le** invito.*		*Se non vedo Ada e Maria, **gli** telefono (telefono loro*)*

*stile formale e uso scritto

accordo con participio passato	
Con i tempi composti **si deve accordare il participio passato** con i pronomi diretti.	Con i tempi composti **non si accorda il participio passato** con i pronomi indiretti.
L'ho invitato al mio matrimonio. (Mario) *L'ho invitata al mio matrimonio. (Maria)* *Li ho invitati al mio matrimonio. (Mario e Ugo)* *Le ho invitate al mio matrimonio. (Ada e Maria)*	*Gli ho telefonato. (a Mario)* *Le ho telefonato. (a Maria)* *Gli ho telefonato. (a Mario e a Ugo)* *Gli ho telefonato. (ad Ada e a Maria)*

Forme toniche

		singolare	plurale
1ª persona		me	noi
2ª persona		te	voi
3ª persona	maschile	lui	loro
	femminile	lei	

Questi pronomi sono usati per altri complementi indiretti (preceduti da preposizione) o per mettere in rilievo il pronome:

> Vieni in macchina con **me** o con **lui**?
> È a **lui** che ho prestato il CD di Battiato.
> Cercano **te**, non **me**.
> Vengo anch'**io**.

I pronomi combinati (doppi)

INDIRETTI	mi	ti	gli /le/Le	ci	vi
D I R E T T I lo	me lo	te lo	glielo	ce lo	ve lo
la	me la	te la	gliela	ce la	ve la
li	me li	te li	glieli	ce li	ve li
le	me le	te le	gliele	ce le	ve le
ne	me ne	te ne	gliene	ce ne	ve ne

I pronomi combinati di terza persona si scrivono come una sola parola: *gli-e-lo / gli-e-la / gli-e-ne*:
> *Chi porta i fiori alla mamma? Glieli porto io.*

La forma *gli* è usata sia per il maschile che per il femminile e con la forma di cortesia:
> *È il compleanno di Piera: **le** regalo un libro, **glielo** compro oggi.*
> *Signora Bianchi, **Le** faccio una fotocopia, **gliela** faccio subito.*

Con i pronomi combinati, il participio passato si accorda con il pronome diretto:
> *Hai preparato tu la merenda ai bambini? Sì, **gliel'**ho preparata (**la merenda**) io.*

Il pronome *ci*

Il pronome *ci* sostituisce
- un complemento di luogo:
> *Vai spesso al cinema? Sì, ci vado una volta alla settimana.*

- un complemento indiretto, generalmente introdotto dalla preposizione *a*:
> *Pensi ancora a Cecilia? Sì, ci penso sempre.*
> *Conti su Ettore per il trasloco? Sì, ci conto, ha detto che mi aiuterà.*

Ci può sostituire una proposizione:
> *Hai vinto 1000 euro? Non ci credo!* (*ci* = a questo)
> *Hanno detto che mi aumenteranno lo stipendio: ci conto!* (*ci* = su questo)

Il pronome *ne*

Il pronome *ne* si usa

- come pronome partitivo per indicare una quantità:
  Vuoi delle caramelle? Sì, ne prendo una. No, non ne mangio mai. No, ne ho già mangiate molte. (è obbligatorio indicare la quantità: ~~Sì, ne prendo~~.)
  Con *tutto/a/i/e* si usano i pronomi diretti *lo/la/li/le*: *Sì, le prendo tutte.*

- per sostituire un complemento indiretto introdotto dalla preposizione *di*.

  Bruno parla spesso di sport? No, non ne parla mai.
  Ne può sostituire una proposizione:
  Sai qualcosa della riunione che c'è stata ieri sera? No, non ne so niente. (*ne* = di questo)

  Con il participio passato il *ne* partitivo si comporta come un pronome diretto, cioè il participio passato si accorda con il nome a cui *ne* si riferisce:
  Hai letto i libri di Camilleri? Sì, ne ho letti due.

La posizione dei pronomi

I pronomi diretti, indiretti e combinati si usano in genere **prima** del verbo:
  Hai fatto tu questa torta? No, l'ho comprata.
  Se ti presto l'auto, me la riporti domani?

Si usano **dopo** il verbo:

- con l'imperativo affermativo alla 2ª persona singolare e plurale e alla 1ª persona plurale.

  C'è un cagnolino!   Portalo in casa!   Portatemelo in casa!   Portiamolo in casa!

  Con i verbi irregolari *andare, dare, dire, fare, stare* alla 2ª persona singolare si raddoppia la consonante iniziale del pronome, ma non c'è raddoppiamento con il pronome *gli*.

  Si scivola, dammi la mano. Dammela subito, altrimenti cadi!
  Quando vedi Claudia, dille di telefonarmi. Diglielo gentilmente!

  Con la 3ª persona di cortesia (*Lei*) il pronome va sempre prima del verbo.

  C'è un cagnolino. Lo porti in casa / Non lo porti in casa.

- con l'imperativo negativo, il pronome si può mettere prima o dopo il verbo.

  Non parlargli!   Non gli parlare!
  Non dirglielo!   Non glielo dire!

- con il verbo all'infinito:

  È il compleanno di Marina. Vado a comprarle un regalo. (comprarXle)

  Quando il verbo all'infinito è preceduto da un verbo modale (*potere, dovere, volere, sapere*), il pronome può essere usato anche prima del verbo modale.

  Quel film è molto triste. Non voglio vederlo! Non lo voglio vedere!

- con il verbo al gerundio:

  È un bel libro: leggendolo scoprirai cose molto interessanti.
  Pur avendolo visto, non ricordo niente di quel film.

PRONOMI RELATIVI

I pronomi relativi sostituiscono un nome (o un pronome personale) mettendo in relazione due frasi.
Ho visto il professore /Il professore entrava in classe → *Ho visto il professore* **che** *entrava in classe.*

invariabili	variabili *	
che	il quale	i quali
cui	la quale	le quali
chi	(*si accorda in genere e numero con il nome a cui si riferisce)	

- **che** può essere usato come soggetto o come complemento oggetto:

  Ho conosciuto una ragazza **che** *vive in Groenlandia. / Hai letto il libro* **che** *ti ho prestato?*

- **il/la quale** e **i/le quali** possono essere usati come soggetto, ma mai come complemento oggetto:

  Ho conosciuto <u>una ragazza</u> **la quale** *vive in Groenlandia.*
  Hai letto <u>il libro</u> ~~il quale~~ → *che ti ho prestato?*

- **cui** è preceduto da preposizione e si usa per tutti gli altri complementi:

  La città **in cui** *vivo è molto grande. / Ho letto il libro* **di cui** *mi hai parlato. / È una persona* **su cui** *puoi contare.*

  Che e *cui* possono essere sostituiti dalle forme composte *il/la quale, i/le quali* in testi scritti e formali (*La città* **nella quale** *vivo...*), oppure quando i pronomi *che/cui* sono ambigui:
  Ho conosciuto il fratello della vicina di casa, **il quale** *ha accettato la mia proposta.*

  Quando *cui* si trova nella costruzione **nome1 + articolo + cui + nome2** esprime un complemento di specificazione.
  Ho visto un film con un'<u>attrice</u> (N1) <u>il cui nome</u> (N2) (= il nome della quale) *ora mi sfugge.*
  Si tratta di un <u>fatto</u> (N1) <u>le cui conseguenze</u> (N2) (= le conseguenze del quale) *sono molto gravi.*
  L'articolo si accorda sempre con il nome che segue **cui**.

- **chi** (= la persona/le persone che) vuole il verbo al <u>singolare</u> e non è mai preceduto da un nome, perché è un pronome "doppio", cioè unisce le funzioni di due pronomi diversi:

  C'è **chi** (= qualcuno che) *pensa che sia giusto fare così.*
  Chi (= la persona che) *rompe paga.*

IL VERBO

IL PRESENTE

	lavor-are	vend-ere	part-ire	fin-ire
io	lavor-o	vend-o	part-o	fin-isc-o
tu	lavor-i	vend-i	part-i	fin-isc-i
lui/lei/Lei	lavor-a	vend-e	part-e	fin-isc-e
noi	lavor-iamo	vend-iamo	part-iamo	fin-iamo
voi	lavor-ate	vend-ete	part-ite	fin-ite
loro	lavor-ano	vend-ono	part-ono	fin-isc-ono

Forme irregolari

ANDARE →	vado	vai	va	andiamo	andate	vanno
AVERE →	ho	hai	ha	abbiamo	avete	hanno
DARE →	do	dai	dà	diamo	date	danno
DIRE →	dico	dici	dice	diciamo	dite	dicono
DOVERE →	devo	devi	deve	dobbiamo	dovete	devono
ESSERE →	sono	sei	è	siamo	siete	sono
FARE →	faccio	fai	fa	facciamo	fate	fanno
POTERE →	posso	puoi	può	possiamo	potete	possono
RIMANERE →	rimango	rimani	rimane	rimaniamo	rimanete	rimangono
SALIRE →	salgo	sali	sale	saliamo	salite	salgono
SAPERE →	so	sai	sa	sappiamo	sapete	sanno
SCEGLIERE →	scelgo	scegli	sceglie	scegliamo	scegliete	scelgono
STARE →	sto	stai	sta	stiamo	state	stanno
SPEGNERE →	spengo	spegni	spegne	spegniamo	spegnete	spengono
TENERE →	tengo	tieni	tiene	teniamo	tenete	tengono
USCIRE →	esco	esci	esce	usciamo	uscite	escono
VENIRE →	vengo	vieni	viene	veniamo	venite	vengono
VOLERE →	voglio	vuoi	vuole	vogliamo	volete	vogliono

Con i verbi in *-care/-gare* alla seconda persona singolare e alla prima persona plurale si aggiunge una *h* alla radice:

 cercare → (tu) *cerchi* / (noi) *cerchiamo*
 pagare → (tu) *paghi* / (noi) *paghiamo*

Con i verbi in *-ciare/-giare* alla seconda persona singolare e alla prima persona plurale si mette solo una *i*:

 cominciare → (tu) *cominc-i*, (noi) *cominc-iamo*
 mangiare → (tu) *mang-i*, (noi) *mang-iamo*

Il tempo presente indica spesso anche azioni future:
 Domani vado a Milano. / A settembre mi iscrivo all'università.

IL PARTICIPIO PASSATO

Il participio passato serve a formare i tempi composti.

infinito	participio passato
cerc-are	cerc-**ato**
vend-ere	vend-**uto**
usc-ire	usc-**ito**

Alcune forme irregolari

essere → stato*   venire → venuto   vivere → vissuto   nascere → nato

* Il participio di *essere* è uguale al participio di *stare*.

-rto	
accorgersi	→ accorto
aprire	→ aperto
coprire	→ coperto
morire	→ morto
offrire	→ offerto

-sso	
discutere	→ discusso
mettere	→ messo
muovere	→ mosso
permettere	→ permesso
succedere	→ successo

-tto	
correggere	→ corretto
cuocere	→ cotto
dire	→ detto
fare	→ fatto
leggere	→ letto
rompere	→ rotto
scrivere	→ scritto
tradurre	→ tradotto

-nto	
aggiungere	→ aggiunto
piangere	→ pianto
spegnere	→ spento
vincere	→ vinto

-so	
accendere	→ acceso
chiudere	→ chiuso
correre	→ corso
decidere	→ deciso
dividere	→ diviso
offendere	→ offeso
perdere	→ perso
ridere	→ riso
scendere	→ sceso

-sto	
chiedere	→ chiesto
proporre	→ proposto
rimanere	→ rimasto
rispondere	→ risposto
vedere	→ visto

-lto	
raccogliere	→ raccolto
risolvere	→ risolto
rivolgere	→ rivolto
scegliere	→ scelto
togliere	→ tolto

IL PASSATO PROSSIMO

Il passato prossimo esprime fatti e azioni passate, puntuali e compiute.

Paolo è arrivato stamattina.   L'anno scorso sono andato in vacanza in Sicilia.

È composto da:

ausiliare *essere* o *avere* al presente + participio passato: *ho parlato, sono andato.*

verbi con ausiliare AVERE		
io	ho	
tu	hai	parlato
lui/lei/Lei	ha	venduto
noi	abbiamo	finito
voi	avete	
loro	hanno	

verbi con ausiliare ESSERE		
io	sono	
tu	sei	andato/a
lui/lei/Lei	è	
noi	siamo	
voi	siete	andati/e
loro	sono	

 Se il verbo ha l'ausiliare *essere* bisogna accordare il participio passato con il soggetto.

Mario è tornato a casa.
Silvia è tornata a casa.
I miei amici sono tornati a casa.
Le mie amiche sono tornate a casa.

Avere o essere?

Il passato prossimo si forma con l'ausiliare ***avere*** se il verbo è transitivo, cioè può essere seguito dal complemento oggetto (chi? che cosa?):

Ieri ho incontrato Paola.   Ho perso le chiavi.

Il passato prossimo si forma con l'ausiliare ***essere*** con quasi tutti i verbi intransitivi, cioè i verbi che sono seguiti da un complemento indiretto (a chi? dove? quando?):

Sono nato nel 1978.   Il film non mi è piaciuto.
Ieri siamo andati in discoteca e ci siamo divertiti molto: siamo rimasti lì fino alle 3.

In particolare si usa il verbo *essere* con:

- i verbi riflessivi: *divertirsi, vestirsi, salutarsi, annoiarsi, conoscersi.*

- i verbi che indicano un cambiamento, una trasformazione: *nascere, morire, crescere, diventare, ingrassare, dimagrire.*

- i verbi che indicano stato in luogo: *essere, stare, rimanere, restare.*

- i verbi impersonali: *piacere, succedere, capitare, sembrare, durare, bastare, mancare, servire.*

- i verbi di movimento*: *andare, venire, partire, tornare, entrare, uscire, scendere, salire.*

*Fanno eccezione i verbi che indicano attività fisiche/sportive, come per es. *ballare, sciare, nuotare, passeggiare, camminare, viaggiare, guidare*, che vogliono l'ausiliare *avere*.

Alcuni verbi, (come *cominciare/finire*, *salire/scendere*, *girare*, *cambiare*, *aumentare/diminuire*, *vivere*) possono essere usati in modo transitivo (con l'ausiliare *avere*) o intransitivo (con l'ausiliare *essere*), a seconda del contesto o del significato:

Ieri sera ho finito di lavorare alle otto.   *Il film è finito alle otto.*

L'IMPERFETTO

	studiare	vivere	sentire
(io)	studi-av-o	viv-ev-o	sent-iv-o
(tu)	studi-av-i	viv-ev-i	sent-iv-i
(lui/lei/Lei)	studi-av-a	viv-ev-a	sent-iv-a
(noi)	studi-av-amo	viv-ev-amo	sent-iv-amo
(voi)	studi-av-ate	viv-ev-ate	sent-iv-ate
(loro)	studi-av-ano	viv-ev-ano	sent-iv-ano

Forme irregolari

ESSERE: **er**o, eri, era, eravamo, eravate, erano
BERE: **bevev**o, bevevi, beveva, bevevamo, bevevate, bevevano
DIRE: **dicev**o, dicevi, diceva, dicevamo, dicevate, dicevano
FARE: **facev**o, facevi, faceva, facevamo, facevate, facevano

Uso   L'imperfetto è un tempo del passato usato per:
- descrivere persone (stati fisici e psicologici), luoghi e condizioni generali; si usa tipicamente con verbi stativi, che non indicano un'azione ma uno stato, come *essere*, *avere*, *sapere*, *sembrare*: *era triste, aveva sonno, faceva freddo*.
- descrivere azioni in corso, azioni che durano, di cui non si vede l'inizio e la fine: *C'era una bella atmosfera, molti ragazzi giovani che ballavano e ridevano.*
- raccontare fatti passati che si ripetono con abitudine: *Quand'ero piccolo andavo al mare in Calabria. / Di sera uscivo sempre con i miei amici.*
- per fare richieste cortesi: *Vorrei un litro di latte.*

PASSATO PROSSIMO O IMPERFETTO?

Il passato prossimo e l'imperfetto si usano per parlare del passato: l'imperfetto ha un valore durativo ed è come una ripresa con la videocamera, in cui si vede l'azione in corso, mentre il passato prossimo è un momento puntuale come lo scatto di una fotografia.

passato prossimo	imperfetto
raccontare eventi del passato: *Stamattina mi sono alzato alle 7. / Ho comprato un'auto nuova.*	descrivere situazioni, stati fisici e psicologici: *Ieri il tempo era brutto. / Alla festa mi sentivo un po' a disagio perché non conoscevo nessuno.*
raccontare fatti che avvengono in successione: *Quando Carlo ha finito l'università, è andato a vivere in Cina.*	esprimere azioni del passato che si stanno svolgendo in modo parallelo: *Mentre facevo colazione, ascoltavo la radio.*
raccontare un fatto che si inserisce in una situazione descritta all'imperfetto o in un'azione che sta per iniziare: *Mentre stiravo ho visto un bel film. / Stavo per uscire quando mi ha chiamato Silvio.*	esprimere un'azione già incominciata in cui si inserisce un'azione puntuale al passato prossimo: *Mentre passeggiavo* (situazione: quando?) *ho incontrato Sandro* (fatto: che cosa è successo?).
raccontare fatti del passato delimitati nel tempo: *Sono rimasto in Francia dal 2002 al 2004. / Ti ho aspettato per mezz'ora. / Sabato notte abbiamo ballato fino alle tre.*	raccontare fatti passati che si ripetono con abitudine: *Da giovane, il sabato ballavo fino alle tre.*

In alcuni casi la scelta tra imperfetto e passato prossimo dipende dall'intenzione di chi parla:

Ieri pioveva. → descrivo il tempo di ieri

Ieri è piovuto. → racconto qualcosa che è successo ieri

Con i verbi modali

- si usa l'imperfetto per indicare un'intenzione, un'azione che si può/deve/vuole fare (ma non si sa con certezza se l'azione si è realizzata):
  Volevo cambiare l'auto ma non avevo abbastanza soldi.

- si usa il passato prossimo per indicare un'azione che si è sicuramente realizzata:
  Ho dovuto comprare un'auto nuova perché ho avuto un incidente.

I verbi *conoscere* e *sapere* usati all'imperfetto indicano una condizione che dura (*conoscere/sapere* da tempo), mentre al passato prossimo indicano un evento (*conoscere* = incontrare qualcuno per la prima volta; *sapere* = venire a conoscenza di qualcosa):

All'inizio dell'università non conoscevo nessuno, ma poi ho conosciuto altri studenti stranieri.

Lo sapevi che Rita si è sposata? No, l'ho saputo ieri.

IL PASSATO REMOTO

	lavor-are	vend-ere	part-ire
(io)	lavor-**ai**	vend-**ei** (vend-**etti**)	part-**ii**
(tu)	lavor-**asti**	vend-**esti**	part-**isti**
(lui/lei/ Lei)	lavor-**ò**	vend-**è** (vend-**ette**)	part-**ì**
(noi)	lavor-**ammo**	vend-**emmo**	part-**immo**
(voi)	lavor-**aste**	vend-**este**	part-**iste**
(loro)	lavor-**arono**	vend-**erono** (vend-**ettero**)	part-**irono**

Alcuni verbi irregolari

ESSERE: fui, fosti, fu, fummo, foste, furono

AVERE: ebbi, avesti, ebbe, avemmo, aveste, ebbero

1ª coniugazione

DARE: diedi, desti, diede, demmo, deste, diedero

FARE: feci, facesti, fece, facemmo, faceste, fecero

STARE: stetti, stesti, stette, stemmo, steste, stettero

2ª coniugazione

Molti verbi della 2ª coniugazione sono irregolari.

Spesso le irregolarità riguardano la 1ª persona singolare e la 3ª persona singolare e plurale; per queste persone si aggiungono alla radice irregolare le desinenze *-i, -e, -ero.*

METTERE: misi, mettesti, mise, mettemmo, metteste, misero

NASCERE: nacqui, nascesti, nacque, nascemmo, nasceste, nacquero

SAPERE: seppi, sapesti, seppe, sapemmo, sapeste, seppero

SCRIVERE: scrissi, scrivesti, scrisse, scrivemmo, scriveste, scrissero

VOLERE: volli, volesti, volle, volemmo, voleste, vollero

verbi che terminano in *-dere*:

- CHIEDERE: chiesi, chiese, chiesero
- PRENDERE: presi, prese, presero
- RISPONDERE: risposi, rispose, risposero
- SORRIDERE: sorrisi, sorrise, sorrisero

verbi in *-ncere, -ngere, -nguere, -gnere*:
- DISTINGUERE: distinsi, distinse, distinsero
- RAGGIUNGERE: raggiunsi, raggiunse, raggiunsero
- SPEGNERE: spensi, spense, spensero
- VINCERE: vinsi, vinse, vinsero

verbi in *-scere*:
- CONOSCERE: conobbi, conobbe, conobbero
- CRESCERE: crebbi, crebbe, crebbero

3ª coniugazione

DIRE: dissi, dicesti, disse, dicemmo, diceste, dissero
VENIRE: venni, venisti, venne, venimmo, veniste, vennero

Uso Il passato remoto ha tipicamente un aspetto perfettivo, cioè considera i fatti nel momento in cui sono conclusi; quindi ha un valore analogo al passato prossimo.

L'uso del passato remoto nella lingua parlata varia in base alla regione: nel Nord è usato raramente (perché prevale il passato prossimo), mentre nel Sud è più diffuso. In Toscana e in Italia centrale passato prossimo e passato remoto sono usati con valori diversi.

Nella lingua scritta, soprattutto di tipo letterario e storico, il passato remoto si usa per parlare di fatti passati lontani dal presente (nella realtà o psicologicamente). Il passato remoto viene spesso usato nei romanzi (*Angelica sgranò gli occhi e si allontanò*), nei testi di storia (*Garibaldi arrivò in Sicilia nel 1860*), nelle favole e nelle leggende (*Biancaneve mangiò una mela avvelenata*), nelle biografie di personaggi storici (*Michelangelo affrescò la Cappella Sistina*).

IL TRAPASSATO PROSSIMO

Il trapassato prossimo indica un'azione del passato che è successa prima di un'altra azione passata:

Ho chiamato Roberto, ma era già partito.
Ho perso l'orologio che mi aveva regalato Bianca.

È composto da:
ausiliare *essere* o *avere* all'imperfetto + participio passato

verbi con ausiliari AVERE		
io	avevo	
tu	avevi	parlato
lui/lei/Lei	aveva	venduto
noi	avevamo	finito
voi	avevate	
loro	avevano	

verbi con ausiliari ESSERE		
io	ero	
tu	eri	andato/a
lui/lei/Lei	era	
noi	eravamo	
voi	eravate	andati/e
loro	erano	

 Se il verbo ha l'ausiliare *essere* bisogna accordare il participio passato con il soggetto.

IL FUTURO

Il futuro semplice

°	compr-are	mett-ere	fin-ire
(io)	compr-er-ò	mett-er-ò	fin-ir-ò
(tu)	compr-er-ai	mett-er-ai	fin-ir-ai
(lui, lei, Lei)	compr-er-à	mett-er-à	fin-ir-à
(noi)	compr-er-emo	mett-er-emo	fin-ir-emo
(voi)	compr-er-ete	mett-er-ete	fin-ir-ete
(loro)	compr-er-anno	mett-er-anno	fin-ir-anno

I verbi della 1ª coniugazione cambiano la vocale tematica in -e (*comprare* → *comprerò*).

I verbi in -*care* e -*gare* prendono una *h* in tutte le persone (*cercherò, pagherai*).
I verbi in -*ciare* e -*giare* perdono la *i* in tutte le persone (*comincerò, mangerò*).

Forme irregolari

ESSERE: sarò, sarai, sarà, saremo, sarete, saranno
AVERE: avrò, avrai, avrà, avremo, avrete, avranno
DARE: darò, darai, darà, daremo, darete, daranno
FARE: farò, farai, farà, faremo, farete, faranno
STARE: starò, starai, starà, staremo, starete, staranno

Verbi che perdono la vocale tematica	Verbi che cambiano la radice
ANDARE: andrò	BERE: berrò
POTERE: potrò	RIMANERE: rimarrò
DOVERE: dovrò	TENERE: terrò
SAPERE: saprò	VENIRE: verrò
VEDERE: vedrò	VOLERE: vorrò
VIVERE: vivrò	

Uso Per parlare di azioni future in italiano non è obbligatorio l'uso del tempo futuro, in genere, si usa più spesso il presente: *Il 26 maggio traslochiamo. / Il mese prossimo vado alle Maldive.*

Il tempo futuro si usa per parlare di azioni future soprattutto quando:
- si esprime l'intenzione di fare qualcosa (progetti, promesse):
  Partiremo alle dieci. / Ti prometto che sarò sempre fedele.

- si esprime incertezza (spesso con espressioni di dubbio come *forse, probabilmente, non so*, ecc.):
  Qui forse metteremo una credenza. / Se ci rimarranno soldi compreremo l'armadio nuovo.

- si fanno previsioni (oroscopo, previsioni del tempo):
  Domani farete degli incontri interessanti.

L'uso del futuro è molto frequente nel parlato per fare supposizioni che riguardano la situazione presente: *Non trovo più le chiavi. Le avrai nella borsa.* (= probabilmente le hai)

Il futuro composto

Verbi con ausiliare AVERE			Verbi con ausiliare ESSERE		
io	avrò		io	sarò	
tu	avrai	parlato	tu	sarai	andato/a
lui/lei/Lei	avrà	venduto	lui/lei/Lei	sarà	
noi	avremo	finito	noi	saremo	
voi	avrete		voi	sarete	andati/e
loro	avranno		loro	saranno	

Il futuro composto si usa per parlare di un'azione futura che viene prima di un'azione a sua volta futura, quindi viene in genere usato in frasi secondarie.
Quando Marco arriverà a casa, io sarò già tornata dal lavoro.

Uso L'uso del futuro composto non è molto frequente nella lingua parlata colloquiale, dove può essere sostituito dal presente: *Ti telefonerò quando è andato via.*

Oltre che per indicare un riferimento al tempo futuro, sia il futuro semplice che quello composto possono essere usati per:

- fare una supposizione: *Che ore saranno? Saranno* (= probabilmente sono) *le tre.* / *A quell'ora sarà stato* (probabilmente era) *a scuola.*

- esprimere un dubbio: *Saprà* (= non so se è capace di)/*Avrà saputo* (non so se è stato capace di) *darle l'affetto che lei cerca?*

- esprimere un'ammissione: *Sarà* (= anche se è) *pure antipatico, ma io lo trovo molto bravo.* / *Sarà pure stato* (anche se è stato) *antipatico, ma io l'ho trovato molto bravo.*

IL MODO IMPERATIVO

	gir-are	prend-ere	sent-ire
(tu)	gir-**a**	prend-**i**	sent-**i**
(Lei)	gir-i	prend-a	sent-a
(noi)	gir-**iamo**	prend-**iamo**	sent-**iamo**
(voi)	gir-**ate**	prend-**ete**	sent-**ite**

 Per la forma negativa della 2ª persona singolare si usa il verbo all'infinito: *Non salire, è pericoloso!*

Le forme in grassetto si coniugano come l'indicativo presente (*Tu senti / Senti!*). La terza persona dell'imperativo è uguale alle forme singolari del congiuntivo presente.

Per la posizione dei pronomi usati con l'imperativo vedi p. S10.

Forme irregolari

	TU	LEI	VOI			TU	LEI	VOI
ANDARE	vai/và	vada	andate		SALIRE	sali	salga	salite
AVERE	abbi	abbia	abbiate		SAPERE	sappi	sappia	sappiate
DARE	dai/dà	dia	date		STARE	stai/stà	stia	state
DIRE	dici	dica	dite		TENERE	tieni	tenga	tenete
ESSERE	sii	sia	siate		VENIRE	vieni	venga	venite
FARE	fai/fà	faccia	fate					

 L'imperativo si usa per:

- dare istruzioni, consigli e ordini: *Giri a destra.* / *Se ha la febbre prenda un'aspirina.* / *Stia zitto!*

- dare il permesso / invitare a fare qualcosa: *Posso chiudere la porta? Sì chiudila.* / *C'è della torta: prendine un po'!*

- richiamare l'attenzione: *Senta, scusi, sa dirmi l'ora?*

IL MODO CONDIZIONALE

Il condizionale presente

	parl-are	prend-ere	part-ire
(io)	parl-**er**-ei	prend-**er**-ei	part-**ir**-ei
(tu)	parl-**er**-esti	prend-**er**-esti	part-**ir**-esti
(lui/lei/Lei)	parl-**er**-ebbe	prend-**er**-ebbe	part-**ir**-ebbe
(noi)	parl-**er**-emmo	prend-**er**-emmo	part-**ir**-emmo
(voi)	parl-**er**-este	prend-**er**-este	part-**ir**-este
(loro)	parl-**er**-ebbero	prend-**er**-ebbero	part-**ir**-ebbero

La radice dei verbi al condizionale è la stessa dei verbi al futuro:
- *parlare* → (*parlerò*) → *parlerei*
- *giocare* / *pagare* → (*giocherò* / *pagherò*) → *giocherei* / *pagherei*
- *cominciare* / *viaggiare* → (*comincerò* / *viaggerò*) → *comincerei* / *viaggerei*

Forme irregolari

Le forme irregolari del condizionale hanno la radice uguale a quella dell'indicativo futuro (vedi p. S17).

Uso Il condizionale **presente** si usa per:

- fare richieste cortesi: *Mi daresti il tuo numero di telefono?*

- esprimere desideri o intenzioni: *Vorrei andare in Sardegna. / Quest'estate mi piacerebbe imparare a nuotare.*

- esprimere incertezza o ipotesi legate a una condizione: *Sonia dovrebbe arrivare con il treno delle 18. / Se vincessi il premio, mi comprerei un'auto nuova.*

- dare consigli e suggerimenti: *Al tuo posto eviterei di fare il bagno dopo pranzo. / Non dovresti mettere i CD vicino al calorifero, si rovinano.*

Il condizionale passato

Verbi con ausiliare AVERE		
io	avrei	
tu	avresti	parlato
lui/lei/Lei	avrebbero	venduto
noi	avremmo	finito
voi	avreste	
loro	avrebbero	

Verbi con ausiliare ESSERE		
io	sarei	
tu	saresti	andato/a
lui/lei/Lei	sarebbe	
noi	saremmo	
voi	sareste	andati/e
loro	sarebbero	

Uso Il condizionale **passato** (o composto) si usa per indicare che qualcosa non si è realizzato nel passato e/o non è realizzabile; può quindi esprimere:

- dubbi o ipotesi legati ad una condizione nel passato: *Sonia <u>sarebbe dovuta arrivare</u> con il treno delle 18. / Se avessi vinto il premio, mi <u>sarei comprato</u> un'auto nuova* (cfr. periodo ipotetico, p. S23-S24).

- disappunto/rimpianto per azioni passate che non si sono realizzate: *<u>Avresti potuto pulire</u> la casa mentre ero al lavoro! / Non <u>avresti dovuto dare</u> tutto quel cioccolato ai bambini!*

- un desiderio che sappiamo non si realizzerà (in questo caso può essere sostituito dal condizionale presente): *Domani <u>sarei venuto</u> volentieri alla festa, ma purtroppo devo studiare. / Domani <u>verrei</u> volentieri alla festa, ma purtroppo devo studiare.*

Il condizionale presente viene usato anche per indicare un'azione futura rispetto a un momento nel passato:

Mi avevi promesso che <u>saresti venuto</u>.

In genere il condizionale passato, che esprime un futuro nel passato, si trova nella frase **secondaria**:

Valentina ha deciso in una notte che <u>avrebbe cambiato</u> lavoro.

Spesso, nello stile colloquiale, il condizionale passato viene sostituito dall'imperfetto indicativo:

Mi avevi promesso che <u>venivi</u> (invece di Mi avevi promesso che <u>saresti venuto</u>) / <u>Volevo</u> chiamarti, ma non ci sono riuscito.

IL MODO CONGIUNTIVO

Il congiuntivo ha due tempi semplici (**presente** e **imperfetto**) e due tempi composti (**passato** e **trapassato**).

In generale il congiuntivo è usato in frasi secondarie:

Penso che   Karl sia tedesco.
(principale)   (secondaria)

 Il congiuntivo si usa solo se il soggetto della principale e della secondaria sono diversi; se sono uguali si usa la costruzione verbo + *di* + infinito:
(io) Sono contento che tu sia qui. / Ero contento che tu fossi lì.
Sono contento di (io) essere qui. / Ero contento di essere lì.

Il congiuntivo viene usato per esprimere significati di carattere **soggettivo** legati ad esempio ad opinioni (*Penso che venga*), incertezza e dubbio (*Non so se avesse visto il film*), desiderio o timore (*Speravo che venisse*).

Con queste funzioni il congiuntivo presente e passato si usano in dipendenza da verbi al presente, mentre il congiuntivo imperfetto e trapassato in dipendenza da verbi al passato.
<u>*Penso*</u> *che Marco* **venga** *alla festa.*
<u>*Penso*</u> *che Marco ieri* **sia venuto** *alla festa.*
<u>*Pensavo*</u> *che Marco* **venisse** *alla festa, invece è rimasto a casa.*
<u>*Pensavo*</u> *che Marco ieri* **fosse venuto** *alla festa, invece era rimasto a casa.*

Per la concordanza dei tempi composti al congiuntivo vedi a p. S23.

Il congiuntivo presente

	parl-are	perd-ere	apr-ire	cap-ire
io/tu/lui/lei/Lei	parl-i	perd-a	apr-a	cap-isc-a
noi	parl-iamo	perd-iamo	apr-iamo	cap-iamo
voi	parl-iate	perd-iate	apr-iate	cap-iate
loro	parl-ino	perd-ano	apr-ano	cap-isc-ano

 Il congiuntivo si costituisce dalla radice dell'indicativo presente, anche nel caso di molti verbi irregolari (quelli indicati di seguito con *).

Forme irregolari

ESSERE (sono): sia
AVERE (ho): abbia
ANDARE* (vado): vada
BERE* (bevo): beva
DARE (do): dia
DIRE* (dico): dica
DOVERE (devo): debba

FARE* (faccio): faccia
POTERE* (posso): possa
RIMANERE* (rimango): rimanga
SALIRE* (salgo): salga
SAPERE (so): sappia
SCEGLIERE* (scelgo): scelga
STARE (sto): stia

TENERE* (tengo): tenga
TOGLIERE* (tolgo): tolga
TRADURRE* (traduco): traduca
USCIRE* (esco): esca
VENIRE* (vengo): venga
VOLERE* (voglio): voglia

Il congiuntivo imperfetto

	parl-are	perd-ere	apr-ire
io/tu	parl-a-ssi	perd-e-ssi	apr-i-ssi
lui/lei/Lei	parl-a-sse	perd-e-sse	apr-i-sse
noi	parl-a-ssimo	perd-e-ssimo	apr-i-ssimo
voi	parl-a-ste	perd-e-ste	apr-i-ste
loro	parl-a-ssero	perd-e-ssero	apr-i-ssero

Forme irregolari

ESSERE: fossi, fossi, fosse, fossimo, foste, fossero
BERE: bevessi, bevessi, bevesse, bevessimo, beveste, bevessero
DARE: dessi, dessi, desse, dessimo, deste, dessero
DIRE: dicessi, dicessi, dicesse, dicessimo, diceste, dicessero
FARE: facessi, facessi, facesse, facessimo, faceste, facessero
STARE: stessi, stessi, stesse, stessimo, steste, stessero
TRADURRE: traducessi, traducessi, traducesse, traducessimo, traduceste, traducessero

Il congiuntivo passato

	ausiliare *avere*	ausilare *essere*
io/tu/lui/lei/Lei	abbia studiato	sia partito/a
noi	abbiamo studiato	siamo partiti/e
voi	abbiate studiato	siate partiti/e
loro	abbiano studiato	siano partiti/e

Il congiuntivo trapassato

	ausiliare *avere*	ausilare *essere*
io/tu	avessi studiato	fossi partito/a
lui/lei/Lei	avesse studiato	fosse partito/a
noi	avessimo studiato	fossimo partiti/e
voi	aveste studiato	foste partiti/e
loro	avessero studiato	fossero partiti/e

 Uso Il congiuntivo si usa con verbi ed espressioni che indicano:

- opinioni (es. *pensare, credere, immaginare*):
  Credo che sia ora di andare a letto. / Pensavo che fosse ormai tardi.

- dubbio e incertezza (es. *sembrare, dubitare, temere*):
  Mi sembra che ci sia il sole. / Temevo che fosse arrivato tardi.

- sentimenti e stati d'animo (es. *aver paura, dispiacersi, essere contento/triste/soddisfatto*):
  Mi dispiace che tu non venga stasera. / Ero contento che finalmente fosse ritornato.

- desiderio, volontà (es. *sperare, desiderare, augurarsi*):
  Spero che Paola mi chiami. / Desideravo che Marco mi scrivesse.

Si usa inoltre con l'espressione *è* + aggettivo/avverbio: *È importante che tu finisca il lavoro per domani. / Era impaziente che tornasse lo zio. / È meglio che Paolo non sia venuto.*

Congiuntivo e connettivi

Alcuni connettivi richiedono il congiuntivo:

- concessivi (*benché / nonostante / sebbene / malgrado*): *Benché Xavier sia spagnolo, parla benissimo l'italiano. / Malgrado fosse in Italia da anni, non parlava ancora l'italiano.*
- finali (*affinché, perché* – con valore finale): *Ti avevo portato qui perché tu potessi conoscere la mia famiglia. / Ti ho scritto affinché tu sia al corrente della situazione.*
- condizionali (*a patto che, purché, a condizione che*): *Mi dia un formaggio qualsiasi, purché sia fresco. / Giulia lasciava uscire la figlia a patto che tornasse per le 11.*
- modali (*come se*): *Nel sonno parlava come se fosse sveglio.*
- ipotetici (*se, nel caso in cui*): *Se fossi l'uomo più ricco al mondo, dove vorresti vivere?*
- temporali (*prima che*): *Prima che inizi il film, devi riordinare la tua camera.*

Congiuntivo e frasi relative

Il congiuntivo può essere usato in alcune frasi relative:

- quando il nome a cui si riferisce il pronome relativo *che* ha un significato non chiaramente indentificabile:
  Cerco un cane che abbia il pelo morbido.
- quando il nome a cui si riferisce il pronome relativo *che* è un superlativo relativo:
  Questa è la storia più romantica che abbia mai sentito.
- con gli indefiniti *chiunque, qualunque/qualsiasi, ovunque, comunque*: <u>*Chiunque*</u> (= ogni persona che) *veda Silvia, me la saluti;* <u>*Qualunque cosa*</u> (= ogni cosa che) *tu decida di fare, io ti aiuterò;* <u>*Comunque*</u> (= in ogni modo in cui) *vadano le cose, domani partirò; Vado* <u>*ovunque*</u> (= in ogni posto in cui) *ci sia bisogno di me.*

Congiuntivo e interrogative indirette

Nello stile formale con le interrogative indirette introdotte da un verbo che esprime incertezza, non conoscenza, si tende ad usare il congiuntivo: *Marco non sapeva se Ravenna fosse in Emilia o nelle Marche. / Mi chiedo se Ravenna sia in Emilia o nelle Marche.*

Congiuntivo e forme impersonali

Il congiuntivo si usa con:

- alcuni verbi ed espressioni impersonali (*basta che, bisogna che, può darsi che, occorre che*): *Bisogna che tu stia più attento a quello che fai. / Può darsi che tu debba ripetere l'esame.*
- espressioni che indicano incertezza, indefinitezza, come *si dice* o espressioni simili: *Si dice che Marta non stia molto bene. / Si raccontava che avesse perso i suoi soldi al gioco.*

Il congiuntivo indipendente

Il congiuntivo, che normalmente si trova in frasi secondarie, può essere usato anche in frasi indipendenti per:

- esprimere un desiderio: *Se ti decidessi finalmente a sposarti! / Magari vincessi al Totocalcio!*
- intensificare un fatto di fronte all'incredulità dell'interlocutore:
  Avessi visto in che brutto posto ci hanno alloggiati!

LA CONCORDANZA VERBALE

La concordanza verbale indica la relazione temporale che esiste tra la frase principale e la frase secondaria attraverso l'uso dei tempi e dei modi verbali.

Concordanza con l'indicativo

frase principale	frase secondaria	rapporto temporale
Monica sa (presente o futuro)	*che ieri sono andato/andavo a Milano.* (passato prossimo/imperfetto)	anteriorità
	che adesso vado a Milano. (presente)	contemporaneità
	che domani andrò/vado a Milano. (futuro semplice/presente)	posteriorità
Monica sapeva (imperfetto o altro tempo passato)	*che il giorno prima ero andato a Milano.* (trapassato prossimo)	anteriorità
	che quel giorno sono andato/andavo a Milano. (passato prossimo/imperfetto)	contemporaneità
	che il giorno dopo sarei andato a Milano. (condizionale passato)	posteriorità

Concordanza con il congiuntivo

frase principale	frase secondaria	rapporto temporale
Monica pensa (presente o futuro)	*che ieri io sia andato a Milano.* (congiuntivo passato)	anteriorità
	che io vada/stia andando a Milano. (congiuntivo presente)	contemporaneità
	che vada/andrò a Milano domani. (congiuntivo presente/futuro semplice)	posteriorità
Monica pensava (imperfetto o altro tempo passato)	*che fossi andato a Milano il giorno prima.* (congiuntivo trapassato)	anteriorità
	che quel giorno andassi/stessi andando a Milano. (congiuntivo/imperfetto)	contemporaneità
	che sarei andato a Milano. (condizionale passato)	posteriorità
	che sarei andato/andassi a Milano. (condizionale passato/congiuntivo imperfetto)	posteriorità

 Il congiuntivo imperfetto ha usi paralleli all'imperfetto indicativo:
Monica crede che andassi a Milano, quando ci siamo visti in centro. (aspetto durativo)
Monica credeva che andassi a Milano tutti i giorni, quando frequentavo l'università.
(aspetto abituale)

IL PERIODO IPOTETICO

Il **periodo ipotetico** è formato da una frase principale e da una frase secondaria introdotta da *se*. La frase secondaria esprime la condizione da cui dipende il contenuto della frase principale. I tre tipi principali di periodo ipotetico sono:

- periodo ipotetico del 1° tipo (**realtà**): la condizione è presentata come un fatto reale (la cui realizzazione è certa), il parlante la sente come realistica e sicura.
  Se studi, passi l'esame.

- Periodo ipotetico del 2° tipo (**possibilità**): la condizione è presentata come possibile, ma difficile da realizzare. *Se studiassi, passeresti l'esame.*
- Periodo ipotetico del 3° tipo (**irrealtà**): la condizione espressa nella frase secondaria non si è mai realizzata. *Se avessi studiato, avresti passato l'esame.*

FRASE SECONDARIA	FRASE PRINCIPALE
Periodo ipotetico della realtà	
Se + indicativo	indicativo
Se studi/studierai,	*passi/passerai l'esame.*
Periodo ipotetico della possibilità	
Se + congiuntivo imperfetto	condizionale presente
Se studiassi,	*passeresti l'esame.*
Periodo ipotetico dell'irrealtà	
Se + congiuntivo trapassato,	condizionale passato
Se avessi studiato,	*avresti passato l'esame.*

L'ipotesi espressa nella frase secondaria può essere espressa anche in altri modi (es. *con un po' più di studio, studiando un po' di più…*).
Nel parlato colloquiale, il periodo ipotetico del 3° tipo tende, per semplicità, ad essere espresso con l'imperfetto indicativo: *Se studiavi, passavi l'esame.*

IL DISCORSO INDIRETTO

DISCORSO DIRETTO
Cristina ha detto: "Me ne vado".

DISCORSO INDIRETTO
Cristina ha detto che se ne andava.

Il **discorso indiretto** riferisce in modo indiretto ciò che qualcuno ha detto.
La frase principale può essere costruita con verbi come *dire, domandare, chiedere, rispondere, affermare, sostenere.*
Nel passaggio al discorso indiretto cambiano:
- le persone dei verbi: *Cristina ha detto: "Vado in vacanza".* → *Cristina ha detto che andava in vacanza.*
- gli aggettivi dimostrativi e i pronomi: *Cristina ha detto: "Questo maglione è troppo piccolo"* → *Cristina ha detto che quel maglione era troppo piccolo / Cristina ha detto: "Ti aiuterò io"* → *Cristina ha detto che mi avrebbe aiutato lei.*
- le modalità di formazione delle domande chiuse: *Cristina ha chiesto: "Vai in vacanza?"* → *Cristina ha chiesto se andavo in vacanza.*
- i tempi dei verbi, che nella frase secondaria si modificano in base al tempo della frase principale:
  - se nella principale c'è un tempo presente o futuro, i tempi non cambiano nel passaggio al discorso indiretto: *Cristina dice: "Vado in vacanza"* → *Cristina dice che va in vacanza. / Cristina dice "Sono andata in vacanza"* → *Cristina dice che è andata in vacanza.*
  - se nella principale c'è un tempo passato i tempi cambiano nel modo seguente:

Discorso diretto →	Discorso indiretto
Cristina ha detto...	**Cristina ha detto che...**
presente ... *"La borsa costa troppo"*	indicativo presente/imperfetto ... *la borsa costa/costava troppo*
un tempo passato dell'indicativo (passato prossimo, passato remoto, trapassato prossimo) ... *"La borsa mi è costata troppo"*	indicativo trapassato prossimo ... *la borsa le era costata troppo*
indicativo imperfetto ... *"La borsa costava troppo"*	indicativo imperfetto ... *la borsa costava troppo*
indicativo futuro ... *"La borsa mi costerà troppo"*	condizionale passato ... *la borsa le sarebbe costata troppo*
condizionale presente / passato ... *"La borsa mi costerebbe / sarebbe costata troppo"*	condizionale passato ... *la borsa le sarebbe costata troppo*
congiuntivo presente ... *"Penso che la borsa costi troppo"*	congiuntivo imperfetto ...*pensava che la borsa costasse troppo*
congiuntivo imperfetto ... *"Pensavo che la borsa costasse troppo"*	congiuntivo imperfetto ...*pensava che la borsa costasse troppo*
congiuntivo passato ... *"Penso che la borsa sia costata troppo"*	congiuntivo trapassato ...*pensava che la borsa fosse costata troppo*
congiuntivo trapassato ... *"Pensavo che la borsa fosse costata troppo"*	congiuntivo trapassato ...*pensava che la borsa fosse costata troppo*

Nello stile formale, se nel discorso diretto è presente una domanda, nel discorso indiretto il verbo della frase secondaria si trasforma in congiuntivo. *Gli ha chiesto "Dove vai?"* → *Gli ha chiesto dove andasse. / Gli ha chiesto "Dove sei andato?"* → *Gli ha chiesto dove fosse andato.* Per la concordanza dei tempi vedi p. S23.

 Il tempo presente viene mantenuto nel discorso indiretto quando riguarda verità o opinioni che sono sentite come "fuori dal tempo": *Marco ha detto "Tutti amano i propri genitori"* → *Marco ha detto che tutti amano i propri genitori.*

L'INFINITO

infinito semplice	infinito passato
	avere / essere + participio passato
cerc-**are** / and-**are**	**avere** cercato / **essere** andato
sap-**ere** / cresc-**ere**	**avere** saputo / **essere** cresciuto
dorm-**ire** / usc-**ire**	**avere** dormito / **essere** uscito

L'infinito si usa spesso in frasi secondarie, quando hanno soggetto uguale a quello della frase principale. L'infinito semplice indica un'azione che si svolge contemporaneamente alla principale: *Dice di conoscerlo bene. / Diceva di conoscerlo bene.*

L'infinito passato (composto) indica un'azione che si è svolta prima di quella espressa nella principale: *Dice di averlo conosciuto l'anno scorso. / Diceva di averlo conosciuto due anni prima. / Dopo averla conosciuta, se ne è innamorato.*

L'infinito può avere la funzione di nome all'interno della frase: *Lavorare stanca. / Nel dire queste parole si è molto arrabbiata.*

 Con l'infinito i pronomi seguono il verbo, con cui formano un'unica parola; nel caso dell'infinito passato, i pronomi vanno dopo il verbo ausiliare: *Lo vidi prendersi il suo carrello e portarselo via. / Dopo essermi sfogato, mi misi a ridere anch'io.*

IL GERUNDIO

gerundio semplice	gerundio passato
	(gerundio di *essere* / *avere* + participio passato)
(cercare) cerc-**ando**	**avendo** cercato
(sapere) sap-**endo**	**avendo** saputo
(uscire) usc-**endo**	**essendo** uscito

 Uso Il gerundio può avere valore:

- **temporale** (*quando*): *Andando al cinema ho incontrato un amico.*

- **modale** (*come*): *Leggendo si impara molto.*

- **causale** (*siccome*): *Essendo una persona molto precisa, Laura detesta il disordine.*

- **concessivo** (*pur* = anche se): *Pur venendo da un piccolo paese, amo molto la città.*

- **ipotetico** (*se*): *Sapendo quando arrivi, potrei venirti a prendere.*

- **consecutivo** (*e quindi*): *Ha camminato per ore, stancandosi molto.*

Il gerundio semplice indica un'azione che si svolge contemporaneamente alla principale: *Leggendo ho imparato molte cose.*

Il gerundio passato indica un'azione che è svolta prima della principale: *Avendo studiato in Francia, conosco bene il francese.*

Il gerundio passato si può usare nelle frasi secondarie solo quando il soggetto della frase secondaria è uguale al soggetto della frase principale.

(io) Ho visto Mario (io) uscendo dall'ufficio. / *Io ho visto Mario che (Mario) usciva dall'ufficio.*

 I pronomi vanno sempre dopo il gerundio, con cui formano un'unica parola;
nel caso del gerundio passato i pronomi vanno dopo il verbo ausiliare:

*È un bel libro: leggendo**lo**, ho imparato molto.*

*Essendo**si** fatto molto male, ha deciso di andare al pronto soccorso.*

I VERBI PRONOMINALI

Forme riflessive

Nelle forme riflessive il soggetto è anche l'oggetto dell'azione: l'azione espressa "si riflette" sul soggetto.

	lavar-si
io	**mi** lavo
tu	**ti** lavi
lui/lei/Lei	**si** lava
noi	**ci** laviamo
voi	**vi** lavate
loro	**si** lavano

*Io **mi** lavo* = *Io lavo (chi?) me.*
*Io **mi** lavo le mani* = *Io lavo le mani (a chi?) a me.*
*Mario e Paola **si** amano* = *Mario ama Paola e Paola ama Mario.*

 Alcuni verbi intransitivi, come per es. *accorgersi*, *pentirsi*, *vergognarsi* sono sempre preceduti da una particella pronominale: *Mi vergogno di quello che ho fatto.* / *Non si è accorto dell'incidente.*

Verbi idiomatici

Nella lingua parlata si usano spesso alcuni verbi, costruiti con un doppio pronome, che hanno un significato idiomatico, diverso dal significato del verbo usato senza il pronome.

Alcuni esempi:

cavarsela = riuscire in qualcosa, uscire da una situazione difficile
prendersela = arrabbiarsi, offendersi
andarsene = andar via
farcela = riuscire
fregarsene = essere indifferenti a qualcosa

Nella coniugazione di questi verbi il secondo pronome è invariabile, mentre il primo si accorda con la persona soggetto, tranne con il verbo *farcela*:
Me la *cavo bene in matematica, mentre Paolo* **se la** *cava meglio in italiano.*
Ce la *fai ad arrivare per le tre? Se non* **ce la** *faccio ti chiamo.*

 Nei verbi costruiti con il pronome *la*, il participio passato si accorda con il femminile singolare: *Se l'è presa con Sandro perché non ce l'ha fatta a finire il lavoro.*

LA FORMA PASSIVA

Nella forma attiva, il soggetto compie l'azione: <u>*Mio padre*</u> *ha costruito questa casa nel 1960.*
Nella forma passiva, l'oggetto diventa il soggetto dell'azione: <u>*Questa casa*</u> *è stata costruita* <u>*da mio padre*</u> *nel 1960.*

La forma passiva mette in maggiore evidenza l'azione o l'oggetto rispetto a chi compie l'azione. In particolare si usa quando il soggetto non è definito o non è rilevante. Il nome di chi svolge l'azione (se c'è) è introdotto dalla preposizione **da**: *Il ladro è stato arrestato dai carabinieri. / Mi è stata rubata l'automobile.*
Possono essere usati nella forma passiva i verbi transitivi; si costruiscono con l'ausiliare **essere** (al tempo del verbo principale nella corrispondente frase attiva) + **participio passato** accordato con il soggetto della frase:
Hanno letto *la poesia in classe.* → *La poesia* **è stata letta** *in classe.*

Si può costruire la forma passiva anche con ausiliari diversi da *essere*, in particolare:
- *venire*: si usa solo con verbi dinamici che indicano azioni nei tempi semplici (presente, imperfetto, futuro, ecc.): *Il pranzo viene servito alle 12.*
- *andare*: esprime obbligo e necessità; si usa solo con i tempi semplici (presente, imperfetto, futuro, ecc.): *Questo lavoro va fatto* (→ *deve essere fatto*) *subito.*

Il verbo ausiliare è allo stesso tempo del verbo nella corrispondente forma attiva:
Mirko organizza (presente) *la festa* → *La festa è organizzata da Mirko.*
Mirko ha organizzato (pass. prossimo) *la festa* → *La festa è stata organizzata da Mirko.*

 Il passivo con i verbi modali si costruisce con verbo modale (al tempo del verbo nella corrispondente frase attiva) + *essere* + participio passato:
Dobbiamo consegnare i libri entro questa settimana. → *I libri devono essere consegnati entro questa settimana.*
Ho dovuto leggere la poesia in classe. → *La poesia ha dovuto essere letta in classe.*

LA COSTRUZIONE IMPERSONALE

Tutti i verbi possono essere usati alla forma impersonale per indicare azioni generali, comuni a molte persone. La forma impersonale si costruisce con
- *si* + verbo alla 3ª persona singolare + nome singolare:
  D'estate si conosce gente nuova.
- *si* + verbo alla 3ª persona plurale + nome plurale:
  In vacanza si conoscono nuovi amici.

Il pronome *si* ha il significato di "la gente, tutti":
  In Brasile si parla portoghese. / A Capodanno si fanno i fuochi d'artificio.

In alcuni casi *si* sostituisce *noi*: *Andiamo, è tardi, domattina si parte alle 6.*
L'uso del *si* con il valore di *noi* è molto usato nell'italiano regionale toscano.

La costruzione impersonale può avere anche valore di **passivo**: *In questo ufficio si sono persi molti documenti.* → *In questo ufficio sono stati persi molti documenti.*

 I verbi riflessivi e pronominali, che hanno già il pronome riflessivo *si*, aggiungono nella forma impersonale la particella *ci*, a cui segue il verbo alla 3ª persona singolare: *Ci si lava / Ci si sveglia.*

I verbi impersonali

I verbi impersonali non hanno un soggetto determinato e si coniugano solo alla 3ª persona singolare: *Per guidare la macchina bisogna avere 18 anni.*
Sono impersonali:

- i verbi che indicano condizioni meteorologiche (*piovere, nevicare, grandinare, fare caldo/freddo*): *Oggi piove e fa freddo.*
- *bisogna* (+ infinito): *È tardi, bisogna andare.*
- *è* + avverbio/aggettivo + infinito: *È necessario restituire le chiavi entro le 10.* / *È bello alzarsi la mattina presto.*

Sono in genere usati alla forma impersonale i verbi *bastare, capitare, convenire, occorrere, sembrare, servire, succedere, volerci*: *Per lo spettacolo, conviene prenotare una settimana prima.*

 Alcuni di questi verbi alla forma personale hanno il soggetto sintattico dopo il verbo e quindi bisogna fare attenzione a coniugare al singolare o al plurale a seconda del nome:
Per fare questo lavoro **mi bastano** *dieci minuti.* / **Basta** *un po' di pazienza.*
Per fare le lasagne **occorrono** (**ci vogliono**) *quattro uova.* / **Occorre** (**ci vuole**) *la besciamella.*
Mi servono *dei vestiti nuovi.* / **Mi serve** *un cappotto.*

LE PREPOSIZIONI SEMPLICI E ARTICOLATE

Le preposizioni semplici sono: *di, a, da, in, con, su, per, tra (fra)*.
Le preposizioni hanno la funzione di collegare tra loro diverse parti del discorso per formare dei complementi: *Vado a casa.* / *È il libro di Davide.* / *Esco con Gianna.*
Le preposizioni *di, a, da, in, su*, quando sono seguite da un articolo, si uniscono in una sola parola e formano una preposizione articolata: *I documenti sono nel cassetto, vicino al passaporto.*

	il	lo	la	l'	i	gli	le
di	del	dello	della	dell'	dei	degli	delle
a	al	allo	alla	all'	ai	agli	alle
da	dal	dallo	dalla	dall'	dai	dagli	dalle
in	nel	nello	nella	nell'	nei	negli	nelle
su	sul	sullo	sulla	sull'	sui	sugli	sulle

preposizioni di luogo	
a	con nomi di città e isole piccole: *Vivo a Termoli / a Capri.*
in*	con nomi di continenti, nazioni regioni e isole grandi: *Vivo in Europa, in Inghilterra, in Galles. / Vado in Corsica.*
di	con nomi di città e paesi per indicare il luogo di provenienza: *Sono di Barcellona* (= vengo da Barcellona).
da*	- con nomi o pronomi di persona: *Vieni a cena da me/da Antonio* (= a casa mia/a casa di Antonio) - con le espressioni *venire da, tornare da, lontano da*, la preposizione *da* è semplice con i nomi di città; è invece articolata con i nomi di continenti, nazioni e regioni: *Vengo dalla Germania, da Monaco.*
per	con il verbo *partire* indica la destinazione: *Domani parto per Roma.*

* Con i nomi di nazioni al plurale, le preposizioni *in* e *da* devono essere articolate:
   Vengo dagli Stati Uniti e vado nelle Filippine.

preposizioni di tempo	
da da ... a...	- esprime un tempo continuato e indica un'azione (del passato) che dura ancora nel presente: *Vivo in Italia* **da** *due anni.* / *Lavoro qui* **dal** *2002.* - indica un periodo di tempo determinato: *Lavoro* **da** *giugno* **a** *settembre,* **dalle** *8* **alle** *12.*
per	esprime un tempo determinato e indica la durata di un'azione finita: *Ho vissuto in Italia* **per** *due anni (e non ci vivo più).*
fa	indica un momento preciso del passato: *Sono arrivato in Italia due anni* **fa.**
tra (fra)	indica un momento preciso nel futuro: *Parto* **tra** *due ore.*

Altri usi delle preposizioni

DI

del pane e dei biscotti (partitivo), *la città di Milano* (denominazione), *parlare di filosofia* (argomento), *un maglione di lana* (materiale), *di notte* (tempo), *un ragazzo di 20 anni* (età), *la casa di mio padre* (possesso), *qualcosa di carino* (pron. indefinito + aggettivo), *ridere di gusto* (modo), *cintura di sicurezza* (fine), *piangere di gioia* (causa).

Verbi + *di* + infinito: *accorgersi di, augurare di, decidere di, dire di, essere l'ora di, fare a meno di, finire di, pensare di, ricordarsi di, scegliere di, smettere di, sperare di, temere di.*

Locuzioni: *prima di, a causa di, di frequente, dopo di che, di modo che, di solito.*

A

dare a qualcuno (termine), *tessuto a quadretti* (qualità), *a mezzogiorno / al tramonto* (tempo), *al mese / all'anno* (frequenza), *a cento metri da qui* (distanza), *parlare a voce bassa* (modo), *a cento chilometri all'ora* (misura).

Verbi + *a* + infinito: *abituarsi a, aiutare a, andare a, cominciare a, continuare a, far bene/male a, imparare a, mettersi a, provare a, restare a, riuscire a.*

Locuzioni: *fino a, vicino a, a poco a poco.*

DA

occhiali da sole/spazzolino da denti (scopo), *parlare da amico/vivere da solo* (modo), *conosciuto da tutti* (agente), *carte da gioco* (fine), *da ragazzo* (età), *un auto da 40.000 €* (prezzo), *la casa da pulire/un libro da leggere* → "che deve essere pulita/che deve essere letto" (nome + *da* + infinito), *qualcosa da bere/niente da fare* (pron. indefinito + infinito).

Verbi: *dipendere da.*

Locuzioni : *da parte di, diversamente da.*

IN

Essere in dubbio (modo), *bravo in inglese* (limitazione), *andare in treno* (mezzo), *tenere in considerazione* (stima).

Verbi: *trasformarsi in.*

Locuzioni: *in cima a, in relazione a, in breve, nel senso che, in fretta e furia, in carne e ossa.*

CON

Lavorare con impegno (modo), *uscire con lui* (compagnia).

Locuzioni: *alle prese con.*

SU

Una mostra sul Rinascimento (argomento), *un uomo sui cinquanta* (età), *un abito su misura* (modo), *tre su quattro* (distributivo).

Locuzioni: *sulla base di, sulle prime.*

PER

Comunicare per telefono (mezzo), *tremare per il freddo* (causa), *combattere per la libertà* (fine).

Locuzioni: *per il momento, per tempo, per sempre, per caso.*

TRA e FRA

Torna tra noi (moto a luogo), *tra due chilometri c'è un bar* (distanza), *una gita tra amici* (relazione), *sei il più piccolo tra i miei amici* (partitivo).

Locuzioni: *tra capo e collo.*

LE CONGIUNZIONI

Le congiunzioni collegano due o più parole oppure due o più frasi. Possono indicare:

- un semplice collegamento (*e, anche*): *Vado e torno. / Ho comprato tutto, anche il giornale.*

- un'opposizione (es. *ma, però, tuttavia, eppure, invece, anzi, mentre*):
  Vorrei uscire, ma/però devo studiare. / Dovevo partire alle 6, invece ho preso il treno delle 7.

- tempo (es. *mentre, quando, poi, in seguito*):
  Sono rientrato quando si è fatto buio. / È arrivato mentre cenavo.

- una causa (es. *perché, siccome*): *Devo comprare un telefono nuovo perché il mio si è rotto. / Siccome il mio telefono si è rotto, devo comprarne uno nuovo.*

- conseguenza (es. *quindi, così, perciò*): *Devo studiare, perciò non esco.*

- una spiegazione (es. *infatti, cioè, appunto*): *Tino è mio cognato, cioè ha sposato mia sorella.*

- una condizione (es. *se*): *Chiamami, se hai bisogno.*

- una concessione (es. *anche se, benché, sebbene, nonostante, pur*): *Ho deciso di uscire anche se dovrei studiare. / Nonostante debba studiare, ho deciso di uscire. / Pur dovendo studiare, ho deciso di uscire.*

- una relazione tra due elementi (es. *sia... sia, né... né*):
  Mi piace sia il mare sia la montagna. / Non voglio né carne né pesce.

- un fine (es. *affinché, perché*): *Perché ci sia il frigo pieno bisogna ricordarsi di fare la spesa.*

- una modalità (es. *come se*): *Mi ha guardato come se fossi pazza.*

Alcune congiunzioni si usano per **argomentare**, cioè per esprimere in modo coerente le proprie opinioni. Tra queste, alcune servono per:

- iniziare un discorso (es. *innanzi tutto, dato che, poiché, perché, in primo/secondo luogo*):
  Innanzitutto è necessario tenere presente che per produrre il Pet si utilizza molta energia.

- introdurre la propria conclusione (es. *quindi, dunque*): *La bandiera è il simbolo del popolo e, dunque, della nazione stessa.*

- aggiungere informazioni (es. *anche, inoltre*): *Ti comunico, inoltre, che la data del concorso è stata rinviata.*

- introdurre una condizione (es. *se, se non, a meno che*). *Se domani sera sarà bel tempo, andremo al mare.*

- introdurre un'opinione diversa o una contro argomentazione (es. *tuttavia, anzi, nonostante*). *Non credo nel tuo progetto, tuttavia ti aiuterò.*

PUNTEGGIATURA

Il punto / . /	Indica una pausa forte.
La virgola / , /	Indica una pausa "breve". Si usa:

- per separare le frasi principali in un periodo: *Paolo studia, io vado al cinema.* / *Marco diceva di essere felice, ma io non gli credevo.*
- nelle liste: *Ho incontrato Paola, Mario, Silvia e Daniela.*
- negli incisi (cioè informazioni supplementari e secondarie che si inseriscono in una frase): *Paola, la sorella di Silvia, ha 18 anni.*
- per separare le frasi secondarie, in particolare con il participio o il gerundio: *Il professore, chiusa la porta, si è seduto e ha cominciato la lezione.* / *Avendo ottenuto il massimo dei voti, ha diritto alla borsa di studio.*

Non si usa:

- tra soggetto e verbo: *L'iniziativa delle associazioni ambientaliste ha avuto un grande successo.*
- tra verbo e complemento oggetto: *Ho visto ieri sera alla TV una bella trasmissione sulle energie rinnovabili.*
- tra aggettivo e nome: *È stata una bella manifestazione.*
- con le frasi secondarie introdotte da *che*: *So che Marco ha fatto tardi.*

Il punto e virgola / ; /	Indica una pausa "più forte" della virgola. Si usa per:

- separare in un elenco frasi lunghe e complesse: *sono stati trattati diversi temi: innanzitutto l'aspetto sociologico, in particolare l'inserimento del bambino nelle strutture scolastiche; poi quello relazionale, in riferimento alla socializzazione con i coetanei e gli adulti; in conclusione sono state evidenziate alcune proposte operative.*
- concludere, prima di un connettivo, un periodo ampio ed articolato: *Aveva combattuto molte battaglie e aveva vinto; tuttavia si sentiva stremato.*

Due punti / : /	Si usano:

- per spiegare meglio qualcosa che è stato detto in precedenza, al posto di alcuni connettivi. *Ho passato tutta la mattina in piscina: faceva davvero caldo.* → (*Ho passato tutta la mattina in piscina **perché** faceva davvero caldo.*) / *È così maturo e preparato: salterà l'ultimo anno del liceo.* → (*È così maturo e preparato **che** salterà l'ultimo anno del liceo.*) / *L'ho interrotto nel momento meno indicato: mentre guardava la fine di un film giallo.* → (*L'ho interrotto nel momento meno indicato, **cioè** mentre guardava la fine di un film giallo.*)
- per introdurre un elenco: *Il nostro centro offre diversi servizi: corsi di orientamento, stage di formazione professionale e consulenze personalizzate.*

Virgolette /" …"/	Si usano:

- per introdurre il discorso diretto → *Marco ha detto: "Perché non andiamo in pizzeria?"*

- per segnalare una citazione (si usano anche per titoli, ad es. di libri): *Il professore ha introdotto il concetto di "lingua standard" per introdurre l'argomento del corso.*
- per enfatizzare una parola o un'espressione → *La punteggiatura ha un "impatto" stilistico importante.*
- per indicare il significato di una parola → *La parola inglese* week-end *"fine settimana" è ormai usata normalmente in italiano.*

Punto esclamativo /!/	Si usa alla fine della frase per segnalare un'esclamazione. La parola che segue ha la lettera maiuscola. *Non ne posso più di tutto questo lavoro!*
Punto interrogativo /?/	Si usa alla fine della frase, per segnalare una domanda. La parola che segue ha la lettera maiuscola. *Sei andato a scuola?*
Parentesi tonde /(…)/	Si usano per separare una frase secondaria poco importante, una spiegazione o un esempio. *Possiamo individuare poi campanilismi di diverso tipo, più "romantici" (ad esempio in Romeo e Giulietta).*

Appendici

● **Unità 3, Produzione libera, attività 2, p. 54 del manuale.**

Padre: sei un *fan* dei centri commerciali perché puoi comprare tutto in un solo luogo, il parcheggio è comodo e l'orario è continuato e prolungato. Oltretutto c'è una grande varietà di scelta e prezzi per tutte le tasche. Oltre che ai familiari stretti, vorresti fare un regalo a tua madre (e quindi anche ai tuoi suoceri) e a tua sorella (e dunque ai tuoi due cognati), mentre lasceresti perdere i regali ai nipoti, che sono troppi e hanno già molti giocattoli. Vorresti decidere anticipatamente che cosa regalare, perché non ti va di gironzolare senza avere le idee chiare.

Madre: detesti i centri commerciali, perché c'è troppo caos e troppi negozi che ti confondono le idee, ti senti persa e frastornata. Vuoi mettere l'atmosfera natalizia che c'è in centro, con i mercatini di Natale! E poi preferisci frequentare i negozi che conosci, perché hai un rapporto di fiducia con il negoziante e sei sicura di trovare prodotti di miglior qualità. Al contrario di tuo marito, vorresti fare solo i regali ai bambini e a ai tuoi genitori. Per i bambini penseresti ai giocattoli, naturalmente, e per tua madre un cesto di cose da mangiare.

Figlia: pensi che il Natale sia diventato una festa troppo consumistica. Vorresti fare pochi regali utili, come libri, dolci natalizi per i nonni e per tutta la famiglia una fotocamera digitale. Se fosse per te acquisteresti il più possibile prodotti nelle botteghe del mercato equo e solidale, perché solo il consumo etico (prodotti biologici che non inquinano la terra, beni che non sfruttano chi li produce) ti mette in pace con i tuoi principi. Forse non la spunterai su tutta la linea, ma almeno…

● **Unità 3, Dossier, es. 2a, p. 58 del manuale.**

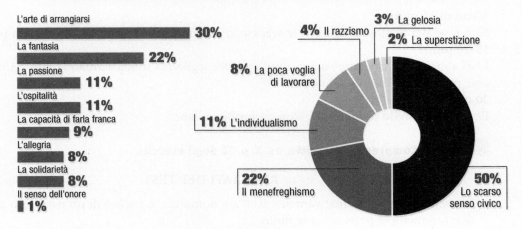

Quale considera la migliore qualità degli italiani?

- L'arte di arrangiarsi — 30%
- La fantasia — 22%
- La passione — 11%
- L'ospitalità — 11%
- La capacità di farla franca — 9%
- L'allegria — 8%
- La solidarietà — 8%
- Il senso dell'onore — 1%

Qual è il peggior difetto degli italiani?

- 4% Il razzismo
- 3% La gelosia
- 2% La superstizione
- 8% La poca voglia di lavorare
- 11% L'individualismo
- 22% Il menefreghismo
- 50% Lo scarso senso civico

(da sondaggio Swg / *Il Venerdì di Repubblica*, 11/13 febbraio 2008)

● **Unità 4, Dossier, es. 1e, p. 75 del manuale.**

> **italiano**
> *Nel 50 a.C. la Gallia è interamente occupata dai Romani. Beh, non interamente… Un piccolo villaggio dell'Armorica di irriducibili Galli resiste all'invasore. E la vita non è facile per le guarnigioni legionarie romane negli accampamenti fortificati di Babaorum, Aquarium, Laudanum e Petibonum…*

Unità 6, Per capire, es. 2d, p. 101 del manuale.

STUDENTE A

a. Per convincere Francesca a sposarsi, la famiglia dei Malatesta mandò Paolo, il fratello più giovane e bello di Gianciotto, a chiedere la sua mano. Francesca s'innamorò di Paolo, credendo che fosse lui il vero sposo.

b. Paolo e Francesca sono due figure di amanti entrate nell'immaginario popolare sentimentale attraverso la letteratura, ma realmente esistite.

STUDENTE B

c. Questo loro amore li condusse alla morte per mano del brutto marito di Francesca, che uccise sia lei che il fratello Paolo, diventato suo amante.

d. La storia racconta che i due giovani appartenevano a nobili famiglie della Romagna del 1300, che per ragioni politiche decisero di allearsi. Il patto avvenne attraverso un matrimonio che coinvolse Francesca da Polenta e Gianciotto, il più anziano e storpio figlio dei Malatesta.

Unità 6, Produzione libera, attività 1, p. 111 del manuale.

STUDENTE A

1. Se potessi scegliere il tuo *partner* ideale, come sarebbe?
2. Se avessi qualche milione di euro, cosa ne faresti?
3. Se potessi cambiare qualcosa del tuo fisico, cosa cambieresti?

STUDENTE B

4. Se potessi cambiare qualcosa della tua vita, che cambiamenti faresti?
5. Se potessi richiamare in vita una persona scomparsa, chi vorresti riavere con te?
6. Se potessi trascorrere una serata con uno scrittore, un regista, un attore, un cantante, chi inviteresti?

Unità 1, Comprensione orale, es. 1d, p. 3 degli esercizi.

Risposte

1. a.1, b.2, c.3; 2. a.2, b.1, c.3; 3. a.1, b.2, c.3; 4. a.2, b.1, c.3; 5. a.2, b.1, c.3; 6. a.1, b.2, c.3; 7. a.2, b.3, c.1; 8. a.1, b.3, c.2; 9. a.1, b.3, c.2; 10. a.2, b.3, c.1; 11. a.2, b.3, c.1; 12. a.2, b.1, c.3.

Meno di 15 punti

Non è/sei per niente italiano: forse svedese, o comunque sa/sai come cambiare un pannolino.

15-20 punti

È/sei abbastanza "al dente", ma in modo giusto: segue/i la moda e ama/i la vita, ha/hai tutte le cose migliori dell'essere italiano.

20 o più

È/sei il vero "figlio di mamma". Non c'è molto da fare.

Unità 6, Comprensione scritta, es. 3, p. 72 degli esercizi.

RISULTATI DEL TEST

a) Se avete risposto affermativamente da 0 a 6 domande, il rischio di un passaggio all'atto del tradimento è praticamente nullo.

b) Se avete risposto affermativamente fra 7 e 10 domande, il rischio di un passaggio all'atto esiste, ma è ancora relativamente lontano e dipenderà dall'evoluzione della coppia e degli eventi.

c) Se avete risposto affermativamente a più di 10 domande, il rischio di tradimento è elevato e la stessa relazione è a rischio.

d) In generale il rischio aumenta man mano che da 7 risposte affermative passiamo a 14 risposte affermative.

Il risultato del test non è da intendere come verdetto assoluto, ma come spunto di riflessione sul proprio passato e presente affettivo e relazionale e sull'attuale momento di vita della coppia.

Unità 1

1 (a) Risposta libera. **(b)** a; c; e; f; h; j. **(c)** 1. impacciati, senza *appeal*, intimoriti; 2. vanesi; 3. sicure di sé. **(d)** Risposta libera.

2 1. Ma sicuramente; 2. una visione; 3. che potrei dire abbastanza; 4. nel senso che; 5. questa immagine; 6. viene generalmente comunicata; 7. appunto abbastanza romantica; 8. in realtà mi sembra; 9. talvolta gli americani; 10. sugli italiani e sull'Italia; 11. Perché come torno a dire; 12. gli vengono proposte; 13. piuttosto che dalla; 14. studenti soprattutto; 15. non abbiano; 16. la situazione effettiva.

3 (a) 1. b; 2. c; 3. b; 4. b; 5. b; 6. b; 7. c; 8. a; 9. b. **(b)** 1. stilare; 2. altrettanto; 3. banale; 4. bizzarria; 5. entro; 6. costume; 7. connotato; 8. tormentato; 9. frammentazione.

4 1. vivamente; 2. assiduamente; 3. decisamente; 4. diametralmente; 5. profondamente; 6. attentamente; 7. certamente; 8. chiaramente; 9. lentamente.

5 1. a crepapelle; 2. in seguito; 3. all'improvviso; 4. a squarciagola; 5. per tempo; 6. di malavoglia; 7. per sempre; 8. alla buona; 9. all'antica; 10. di quando in quando; 11. alla rinfusa; 12. fino a; 13. in tempo; 14. all'insaputa; 15. in un attimo; 16. a poco a poco.

6 1. affascinante; 2. scherzoso; 3. sensuale; 4. fredde; 5. inventivo; 6. allegri; 7. socievoli; 8. pesanti; 9. seri; 10. sofisticati.

7 1. la mano; 2. sorriso raggiante; 3. esemplare; 4. braccia forti; 5. mani; 6. riccioli castani, 7. collo; 8. uno sguardo vivace; 9. occhi verdissimi; 10. paio; 11. testa incassata; 12. le spalle; 13. le orecchie; 14. le labbra; 15. le sopracciglia; 16. il naso corto; 17. le spalle; 18. ombra minacciosa; 19. nella voce; 20. le dita.

8 1. ho visto; 2. mi sono formato; 3. abbiamo avuto; 4. si succedevano; 5. presentavano; 6. ho capito; 7. aveva guardata; 8. si era accorto; 9. aveva cercato; 10. ha scritto; 11. ha condotto/aveva condotto; 12. si è limitato; 13. ha soggiornato; 14. ha scoperto e ha visitato; 15. ha offerto.

9 1. si trovava; 2. ha scoperto; 3. tradiva/aveva tradito; 4. ha deciso; 5. era arrivato; 6. vedeva; 7. si è accorto; 8. era; 9. aveva; 10. era; 11. riusciva; 12. aveva perso; 13. aveva lasciato; 14. si era data; 15. ha preso; 16. si è occupato; 17. è riuscito.

10 1. sono/vengono spedite; 2. sono stati effettuati; 3. veniva/era mangiata; 4. erano stati avvisati; 5. saranno inviati; 6. sia stato investito; 7. sono visitati; 8. sono state invitate; 9. è stato eseguito.

11 1. A Roma vengono venduti molti *souvenir*. 2. È stato stabilito di aprire i musei anche la domenica. 3. Il 25 aprile viene festeggiata la fine della II guerra mondiale. 4. Quell'anno degli appartamenti in via Ozanam venivano affittati a studenti. 5. È stato deciso che a marzo verranno fatte le elezioni. 6. Le TV verranno riparate non appena il tecnico tornerà al lavoro. 7. In Italia le lingue straniere non vengono studiate molto. 8. In Italia viene prodotto molto vino.

12 1. abbia, a; 2. possa, b; 3. riesca, d; 4. vengano, c; 5. continui, d; 6. vada, c; 7. diano, c; 8. sappia, b; 9. debba, a; 10. sia, a.

13 1. lo era; 2. lo conoscevo ; 3. lo incontravo; 4. vederla; 5. l'ho vista; 6. l'ho incontrato; 7. lo tiene; 8. lo porta; 9. gli avevano creato; 10. ne avevo saputo; 11. l'ho vista; 12. le ho chiesto; 13. Le è successo?; 14. avesse aiutato; 15. lo ha riconosciuto; 16. gli aveva dato; 17. lo aveva fatto finire; 18. picchiandolo.

14 1. gliela; 2. glielo; 3. telo; 4. me lo; 5. gliele; 6. te le; 7. ve lo; 8. me ne; 9. melo; 10. ce la.

15 1. a cui; 2. di cui; 3. che; 4. in cui; 5. a cui; 6. che; 7. da cui; 8. di cui; 9. con cui; 10. che.

16 1. agli; 2. di; 3. in; 4. agli; 5. per; 6. da; 7. alla; 8. alle; 9. per le; 10. di; 11. al.

17 1. quando; 2. ma; 3. anche; 4. appunto; 5. mentre; 6. poi; 7. ma; 8. dunque; 9. anche se; 10. in seguito.

18 2. giù; 3. là; 7. dà; 8. Sì; 11. né, né.

19 1. un'altra; 2. Sant'Anna; 3. bell'amico; 5. un'eccezione; 6. cos'è; 9. c'è; 10. da'; 12. senz'altro.

20 Una storia americana, quella di Giorgio Armani (1), che è cominciata trent'anni fa solo con un desiderio: cambiare il guardaroba alla modernità. Oggi non può attraversare a piedi una strada di New York senza bloccare il traffico (2). Molti lo fermano o lo fotografano senza sapere chi è: "Una faccia famosa, uno del cinema" dicono.
Sulla Quarantaduesima strada, da Cipriani (3), stasera il *Fashion Group International* gli ha conferito il premio "Superstar", che è un Oscar alla carriera, senza i lustrini di Los Angeles (4), ma con gli stessi protagonisti, perché se Armani in America è un mito (5), è soprattutto grazie a Hollywood: "Da quando Giorgio ha vestito Richard Gere in *American Gigolò*, nel cinema americano è tornato il glamour" ci ha detto Robert De Niro.
New York lo ha accolto con i giornali che danno il benvenuto all'uomo che "ha griffato vent'anni della nostra storia" (6). Michelle Pfeiffer racconta che quindici anni fa le proposero di indossare gli abiti di un certo Armani, che aveva solo due negozi Oltreoceano (oggi sono settantadue tra boutique, (7) Empori e negozi per la linea *Exchange*). "Da allora non ho mai smesso di dire: io vesto Giorgio Armani. Lui ha scoperto le donne americane, le ha fatte parlare con il loro corpo" (8). Il regista americano Martin Scorsese confida: "Parla la lingua della bellezza, ecco perché può anche permettersi di non parlare inglese: gli americani lo amano perché non appartiene al mondo del superfluo (9). Lo amano perché è classico, italiano e soprattutto perché si è fatto con le sue mani".

Unità 2

1 (a) 1. V; 2. F; 3. V; 4. F; 5. F; 6. F; 7. V. **(b)** Ponti. 4; Colaceci. 2. **(c)** a. 19; b. più di 20.000; c. circa 5.000; d. circa 5 tonnellate; e. 0-30 minuti: gratuita, 30-60 minuti: 50 centesimi.

2 1. ci vediamo; 2. per andare alla mostra; 3. come mi passi; 4. 'sto blocco del traffico; 5. almeno le domeniche; 6. si riduce; 7. per un giorno; 8. ormai è impossibile; 9. non questo; 10. cercare di ridurre; 11. industrie; 12. riscaldamento; 13. percentuale bassa; 14. arriviamo da nessuna parte; 15. non mi potenzi; 16. e va be'; 17. darti ragione; 18. e ho capito; 19. mi aspetto almeno; 20. portarsi dietro; 21. per te è facile parlare che.

3 1. per te è facile parlare; 2. almeno; 3. tra l'altro; 4. almeno; 5. non ce la faccio più, non si arriva da nessun parte.

4 (a) Risposta libera.
(b)
Da 0 a 12 punti ECOLOGICO: B
Da 13 a 28 punti ABBASTANZA ECOLOGICO: D
Da 29 a 40 punti PIUTTOSTO INQUINANTE: A
Da 41 a 58 punti INQUINANTE: C

5 1. prezzo; 2. sfruttamento; 3. impatto ambientale; 4. emissioni; 5. mercato; 6. usa e getta; 7. sostenibile; 8. etico; 9. pesticidi; 10. ingiustizie; 11. eco-compatibile; 12. normative; 13. danni; 14. cancerogene; 15. tossiche.

6 (a) 1. sensibilizzazione; 2. colpevolizzazione.
1. banalizzare, banalizzazione; 2. legalizzare, legalizzazione; 3. acutizzare, acutizzazione, 4. polverizzare, polverizzazione; 5. privatizzare, privatizzazione; 6. razionalizzare, razionalizzazione; 7. valorizzare, valorizzazione.
(b) 1. globalizzare; La globalizzazione dei mercati non è possibile senza …; 2. industrializzare; L'industrializzazione delle aree agricole può …; 3. occidentalizzare; … ha portato all'occidentalizzazione di alcuni …; 4. responsabilizzare; … è necessaria la responsabilizzazione di tutti…; 5. pedonalizzare; … la pedonalizzazione delle strade …

7 1. inquinamento; 2. sprechi; 3. imballaggio; 4. riciclabili; 5. plastica; 6. consumo; 7. risparmio; 8. riduzione; 9. rifiuti; 10. differenziata; 11. contenitori; 12. riciclare; 13. discarica; 14. smaltire.

8 1. f; 2. d; 3. c; 4. b; 5. e; 6. a.

9 1. me la sento; 2. farcela; 3. se la sono cavata; 4. se ne infischia; 5. se ne approfittano; 6. me ne intendo; 7. me la sbrigo; 8. ce l'hai; 9. te la prenda; 10. te la sei cercata.

10 1. in coda; 2. semaforo; 3. ingorgo; 4. bloccato; 5. traffico; 6. circonvallazione; 7. parcheggio; 8. a piedi; 9. isola pedonale; 10. incidente; 11. piste ciclabili.

11 1. sarei; 2. dovrebbe; 3. farebbe; 4. darebbe; 5. direi; 6. farebbero; 7. potrebbero; 8. scoprirebbero; 9. beneficerebbero; 10. sarebbero; 11. vorrei.

12 1. potrebbero; riciclando; con il riciclo di; 2. avremmo; facendo; con una vita meno sedentaria; 3. risparmieremmo; installando; con l'installazione dei; 4. migliorerebbe; coltivando; con la coltivazione dei; 5. ci sarebbero; diffondendo; con la diffusione dei.

13 1. fossi; 2. avesse; 3. facessi; 4. studiasse; 5. dessero; 6. foste; 7. andassimo; 8. dicessi.

14 (a) 1. c; 2. b; 3. a. **(b)** congiuntivo; condizionale; futuro semplice. **(c)** 1. sia; 2. dovremmo/dovreste; 3. si iscriverà; 4. abbia; 5. faresti; 6. sia; 7. torneremo; 8. dovresti.

15 1. reagirebbero; 2. dicessero; 3. rifarebbero; 4. venissero; 5. vorrebbero/vogliono; 6. sopporterebbero; 7. direbbero; 8. si sentirebbero; 9. hanno radunato; 10. è stata autorizzata; 11. darebbe/dà; 12. è stato fermato; 13. è cominciato; 14. finisce; 15. sia annullata; 16. sia resa; 17. possa/potrebbe.

16 Possibili risposte: 2. I giardini devono essere innaffiati di sera, non nelle ore più calde. 3. Per bagnare le piante di casa si deve sfruttare l'acqua con cui si è lavata la verdura. 4. Quando ci si lava, il rubinetto va tenuto aperto solo se necessario. 5. I lavaggi in lavatrice vanno fatti solo a pieno carico. 6. Prima del lavaggio si devono mettere i piatti in ammollo. 7. Per evitare perdite inutili, i rubinetti vanno controllati regolarmente. 8. L'automobile non deve essere lavata spesso. 9. Ai rubinetti dei lavandini devono essere applicati dei riduttori.

17 1. sindaci, incarichi; 2. farmaci, obblighi, farmacisti; 3. raggi; 4. paia; 5. oasi, specie; 6. rinvii, gas; 7. funzionari, principi.

18 1. dei; 2. alla; 3. in; 4. nel; 5. sugli; 6. a; 7. delle; 8. con; 9. a; 10. a/al; 11. in/con; 12. agli; 13. di; 14. in; 15. alla; 16. a; 17. per; 18. a; 19. sul.

19 1. Innanzitutto; 2. Benché; 3. inoltre/anche; 4. Infatti; 5. In secondo luogo; 6. infatti; 7. Tuttavia; 8. anzi; 9. invece; 10. anche/inoltre; 11. quindi; 12. se; 13. oppure.

20

> **Il Fondo per l'Ambiente Italiano: salvate i "luoghi del cuore" vittime del degrado ambientale**
> Sono già stati segnalati edifici orripilanti, spiagge piene di spazzatura, parabole televisive, parcheggi di motorini, file di cassonetti. Il quarto censimento nazionale dei "luoghi del cuore" promosso dal FAI, il Fondo per l'Ambiente Italiano, non chiede quest'anno di segnalare, come in passato, i luoghi più belli e magici del paese, ma le brutture che li minacciano, ciò che più rovina il paesaggio che amiamo. In altre parole i "corpi estranei", come li definiva Pier Paolo Pasolini, a cui si ispira la nuova iniziativa in difesa dell'ambiente e dell'arte.
> "Sono sbigottita perché nell'ultima campagna elettorale nessun politico, né di destra né di sinistra, ha mai parlato del nostro paesaggio da difendere. Né della nostra arte, della nostra cultura - denuncia G. M. Mozzoni Crespi, presidente del FAI. - Con questa nuova campagna, che prenderà il via la prossima settimana, vogliamo invitare gli italiani a non essere ciechi, a fermarsi e guardare con attenzione quello che li circonda".

Unità 3

1 (a) d, f, a, g, c, b, h, e. **(b)** 1. b; 2. c; 3. a; 4. a; 5. c. **(c)** 1. 1661,4, 1646,8; 2. 145,98; 3. 1.56, 1.60,38, 3,8%, 3,6%.

2 1. praticanti; 2. religioso; 3. vi capisco; 4. in contraddizione; 5. nel senso che; 6. posizione; 7. punto di vista; 8. fa comodo; 9. periodo di prova; 10. adattando; 11. piuttosto che; 12. coscienza individuale.

3 (a) Risposta libera. **(b)** 1. V; 2. F solo l'1% dei bisogni delle famiglie con difficoltà; 3. F più nei servizi (55,2%); 4. V; 5. F perché gli immigrati occupano posti di lavoro che gli italiani non vogliono più fare; 6. F le vittime straniere sul lavoro sono circa il doppio degli italiani; 7. V; 8. V. **(c)** 1. retta; 2. indispensabile; 3. precariato; 4. fatturato; 5. istantanea; 6. fannulloni; 7. edilizia. **(d)** 1. e; 2. d; 3. b; 4. a; 5. c.

4 1. fede; 2. indagine ; 3. convivenza ; 4. coppie di fatto ; 5. emerge; 6. divorzio; 7. omosessuali; 8. riconoscimento; 9. adozione; 10. aborto; 11. gravidanza; 12. si intrometta.

5 1. sono al verde; 2. piangono sempre miseria; 3. essere una formica; 4. ha le mani bucate; 5. stringere la cinghia; 6. sbarcare il lunario.

6 Risposta libera.

7 +: egemone, marcato, considerevole, consistente; +/–: discreto, certo; –: contenuto, limitato. 1. consistente/considerevole; 2. certa; 3. discreto; 4. contenuto; 5. egemone; 6. considerevole/consistente; 7. marcato/consistente; 8. limitata.

8 1. usino; 2. sia; 3. abbia avuto; 4. risultino; 5. abbia deciso; 6. siano duplicati; 7. lasci; 8. sia riuscita; 9. investa; 10. voglia.

9 1. Mi chiedo se Carlo abbia telefonato. 2. Non so perché Laura non sia venuta alla nostra festa. 3. Non capiamo perché tu non ci voglia andare. 4. Non sono certo di che nazionalità sia. 5. Non so che facoltà abbia scelto all'università. 6. Mi domando dove tu abbia trovato un cellulare così piccolo. 7. Non sono certa se Giulia si sia sposata o conviva. 8. Non capisco perché tu non faccia la spesa nel *discount* che hanno appena aperto.

10 1. non è che sia; 2. non è che non sia voluta uscire; 3. non è che non mi fidi; 4. non è che sia diventata; 5. non è che non mi sia piaciuto; 6. non è che abbiano/abbia.

11 1. meno; 2. più; 3. di; 4. le più; 5. che; 6. la maggiore; 7. inferiore; 8. rispetto a; 9. maggioranza; 10. superiore; 11. che; 12. maggiori; 13. inferiore.

12 1. La regione più povera d'Italia è il Molise. / La più povera regione d'Italia è il Molise. 2. La regione che ha i Parchi nazionali più estesi è l'Abruzzo. 3. La Sardegna ha la percentuale più bassa di immigrati in relazione alla popolazione. / La Sardegna ha la più bassa percentuale di immigrati in relazione alla popolazione. 4. Le tre città più popolose dell'Italia sono Roma, Milano e Napoli. 5. La regione con il numero maggiore di province è la Lombardia che ne ha 12. / La regione con il maggiore numero di province è la Lombardia che ne ha 12. 6. La Campania ha il più alto tasso di natalità e di matrimoni tra tutte le regioni italiane. 7. Il Piemonte è la regione con la rete stradale più lunga. / Il Piemonte è la regione con la più lunga rete stradale. 8. La Valle d'Aosta è la regione con il minor numero di imprese. / La Valle d'Aosta è la regione con il numero minore di imprese. 9. Il Veneto è la regione con il maggior numero di supermercati. / Il Veneto è la regione con il numero maggiore di supermercati. 10. Le regioni con i migliori servizi sociali (ospedali, scuole, biblioteche, ecc.) si trovano nel Nord-Est. / Le regioni con i servizi sociali migliori (ospedali, scuole, biblioteche, ecc.) si trovano nel Nord-Est.

13 (a) 1. b (un'ipotesi possibile ma di difficile realizzazione); 2. il congiuntivo imperfetto; 3. il condizionale presente. **(b)** 1. sarebbe; 2. mi accontenterei; 3. ricevessi; 4. prenderei; 5. pagherei; 6. andrei; 7. potrei; 8. riuscissi; 9. migliorerebbe; 10. farei; 11. andrei; 12. mi regalerei.

14 (a) Nelle frasi 1 e 2 si usa *di* + infinito perché il soggetto della frase principale e quello della frase secondaria sono uguali. Nelle frasi 3 e 4 si usa il congiuntivo perché il soggetto della frase principale e quello della frase secondaria sono diversi. **(b)** 1. Per il pranzo di Natale credo di avere speso un centinaio di euro; 2. Negli ultimi due anni mi sembra di dover tirare la cinghia per arrivare alla fine del mese; 3. Ci spiace che Franca non ti possa aiutare/possa aiutarti; 4. Leo è molto spiaciuto di essersi separato; 5. Paola pensa che la sua amica abbia fatto una buona scelta a sposarsi in comune; 6. Siamo contenti di aver comprato casa 3 anni fa perché oggi i prezzi sono triplicati; 7. Spero di essere assunto/a a tempo indeterminato; 8. Non sono sicura di riuscire a venire all'appuntamento; 9. Sono contenta che mia madre riesca ad andare in Canada; 10. Hanno paura di aver fatto un mutuo troppo alto per l'acquisto della casa.

15 1. aver finito; 2. mettere; 3. suonasse; 4. si atteggiasse; 5. aver scrutato; 6. aver espletato; 7. parlasse; 8. essersi girata; 9. aver chiuso.

16 1. certa attenzione; 2. certa importanza; 3. certo livello; 4. danni certi; 5. certo impegno; certa disponibilità; 6. vittoria certa; 7. reddito certo.

17 1. qualche; 2. tanti; 3. ciascuno/ognuno; 4. alcuni; 5. altri; 6. certe; 7. ognuno/ciascuno; 8. qualche; 9. troppi.

18 prima lettera: 1. mi; 2. dirmelo; 3. metterci; 4. me lo; 5. si; 6. me; 7. lo; 8. ce la; 9. perdonarlo; 10. prendermela; 11. lui; **seconda lettera:** 1. se la; 2. la si; **terza lettera:** 1. mi; 2. li; 3. mi; 4. ne; 5. ci/mi; 6. ci/mi.

19 1. a, al, al, ai; 2. degli, a/ad, delle, a; 3. a/ad; 4. su, da; 5. ad, dall', al, di; 6. alla, agli.

20 (a) *anche se* + indicativo; *nonostante, benché, sebbene* + congiuntivo; *pur* + gerundio. **(b)** 1. anche se incassano; 2. sebbene/nonostante/benché abbia ordinato; 3. anche se resistono; 4. pur continuando; 5. sebbene/nonostante/benché si stiano laicizzando; 6. pur essendo; 7. sebbene/benché non siano.

Unità 4

1 (a) Risposta libera. **(b)** 1. c; 2. a; 3. Napoli, vitale; 4. di non essere mai abbastanza italiana; 5. b; 6. a. **(c)** 1. Perché vive anche di notte. 2. Perché il suo territorio è indifendibile. 3. Perché sono riusciti a rimanere inespugnabili. Anzi a forzare i vincitori, i regnanti, gli invasori a diventare un po' napoletani. 4. Perché ha versato moltissimo sangue (suo e altrui) e perché venera i sangui. 5. Perché è piena di cavità sotterranee. 6. La tarantella. 7. È una via di fuga dal vulcano e dalla fame.

2 1. F; 2. V; 3. F; 4. V; 5. V; 6. F; 7. V.

3 1. territorio è; 2. tra montagne, pianura; 3. parte settentrionale; 4. zona meridionale, sul mar; 5. Pianura Padana; 6. il corso d'acqua; 7. al confine con; 8. capoluogo regionale; 9. più piccola provincia italiana; 10. numero di comuni; 11. dagli Appennini al mare; 12. monte più alto; 13. la regione della; 14. è ovviamente.

4 (a) 1. c; 2. e; 3. a; 4. b; 5. d. **(b)** 1. a; 2. c; 3. b; 4. b; 5. a; 6. c; 7. a. **(c)** 1. e; 2. h; 3. b; 4. a; 5. f; 6. i; 7. g; 8. c; 9. d. Menefreghismo → me ne frego (non mi importa) *Gli italiani sono un popolo menefreghista.* Pressappochista → pressappoco (all'incirca, approssimativamente). *Marco è un pressappochista: non porta mai a termine quello che inizia.*

5 1. costa; 2. arcipelago; 3. penisola; 4. flora; 5. affluente; 6. foce; 7. golfo; 8. collina; 9. vetta; 10. fauna; 11. valle.

6 (a) 1. veneziano; 2. padovano; 3. milanese; 4. veronese; 5. napoletano; 6. vicentino; 7. meridionale; 8. settentrionale. **(b)** 1. agrigentino; 2. bergamasco; 3. bolognese; 4. brindisino; 5. cremasco; 6. genovese; 7. perugino; 8. torinese; 9. romano; 10. barese; 11. bresciano; 12. comasco; 13. cremonese; 14. pisano; 15. siracusano.

7 (a) 1. f; 2. d; 3. a; 4. k; 5. g; 6. j; 7. i; 8. e; 9. h; 10. l; 11. n; 12. c; 13. b; 14. m. **(b)** 1. mozzarella di bufala campana; 2. parmigiano emiliano; 3. pomodoro di Pachino siciliano; 4. taleggio lombardo; 5. fontina valdostana; 6. pesto al basilico ligure; 7. speck trentino; 8. prosciutto di San Daniele friulano; 9. Chianti toscano; 10. tartufo umbro; 11. pecorino sardo; 12. riso piemontese; 13. Bardolino veneto; 14. pecorino romano laziale.

8 1. una cima; 2. d'oro; 3. della domenica; 4. un'oca; 5. a pezzi; 6. a posto; 7. alla mano; 8. un libro aperto; 9. un pezzo di pane.

9 1. arrivò; 2. passò; 3. dissi; 4. sorrise; 5. sbocciò; 6. si mise; 7. lanciò; 8. baciò; 9. spuntò; 10. si riversò; 11. sorrise.

10 (a) 1. c; 2. a; 3. d; 4. b; 5. e. **(b)** 1. chiunque; 2. ovunque; 3. qualunque; 4. chiunque; 5. comunque; 6. ovunque; 7. qualunque; 8. qualunque; 9. ovunque; 10. chiunque; 11. comunque.

11 1. decida, f; 2. i, fosse; 3. decida, d; 4. h, voglia; 5. si comportasse, g; 6. cucini, e; 7. b, debba; 8. a, succeda; 9. sia, c.

12 1. si può visitare; 2. si prende; 3. si arriva; 4. ci si ferma; 5. si può imboccare; 6. ci si può fermare; 7. ci si dirige; 8. si imbocca; 9. si può raggiungere; 10. si passerà; 11. ci si troverà; 12. si giungerà; 13. si potrà visitare.

13 1. sarà; 2. si prosciugherà; 3. partirà; 4. ci saranno; 5. finirà; 6. esporranno; 7. avrà; 8. sarà.

14 Diverse risposte possibili. Un esempio di risposte possibili: 1. avranno litigato; 2. si sarà commossa guardando un film; 3. le si sarà rotto un tacco; 4. avrà segnato un goal.

15 1. ti/vi; 2. ne; 3. Io; 4. loro; 5. lo; 6. glielo/glieli; 7. ti; 8. mi/lei; 9. voi; 10. la; 11. la.

16 1. ha avuto; 2. fa; 3. era venuto; 4. hanno deciso; 5. abbiano partecipato; 6. erano stati offerti; 7. siano diventati; 8. siano stati sostituiti; 9. sono arrivate; 10. si svolgeva; 11. percorreva; 12. riposa; 13. sono rimasti/rimangono; 14. sia arrivata; 15. sia rimasta.

17 1. a; 2. b; 3. c; 4. b; 5. a; 6. c; 7. c; 8. c; 9. e; 10. d; 11. a; 12. e.

18

Il divertente Carnevale Dauno di Manfredonia rappresenta una (1) delle tradizioni più colorate e affascinanti del sud Italia. La manifestazione si inaugura il 17 gennaio e i festeggiamenti proseguono fino (2) alla fine di febbraio. Come a Viareggio, tutto ruota attorno (3) a una sfilata di carri allegorici (4) di cartapesta. La maschera tipica è "Ze Pèppe", un allegro contadino che viene in città per divertirsi: durante il carnevale lo zio esagera (5) con i bagordi, si ammala (6) di influenza e muore. Il suo corpo, come vuole la tradizione, viene cremato il giorno di martedì grasso. Impossibile non riconoscere, in questa allegoria, tutta la filosofia del Meridione, fatta (7) di un continuo mescolarsi di ironia e disperazione.
(8) Da qualche anno a questa parte la manifestazione è impreziosita dalla "Sfilata delle meraviglie". Si tratta di una parata originalissima, che vede i bambini della zona sfilare (9) per le strade della città, vestiti di sorrisi e colori vivacissimi. Il dolce tipico carnevalesco qui è la "farrata", un rustico di grano (10) con ricotta pecorina, menta, cannella e pepe.

19 1. dalla…alla; 2. dal…all'; 3. in; 4. in…in; 5. in; 6. tra; 7. a; 8. dalla…alla.

20 1. frecce; 2. minacce; 3. farmacie; 4. audacie; 5. ciliegie; 6. gocce; 7. arance; 8. frange; 9. camicie; 10. piogge; 11. pronunce.

21

> *Che cos'è il campanilismo (1) ?*
>
> Per campanilismo si intende il cieco attaccamento alla propria città, (2) ai suoi usi e alle sue tradizioni che può determinare uno spirito di rivalità con i centri vicini. Normalmente il campanilismo si manifesta nell'odiare o invidiare, spesso senza motivazione (3), gli usi dei "vicini di casa".
>
> Il termine deriva dalla parola (4) "campanile" ed ha un significato importante, in quanto è proprio il campanile a determinare la divisione tra paesi (5); il campanilismo dunque caratterizza soprattutto le divisioni culturali (6), sociali e sportive tra piccoli paesi o province (7); oppure anche tra quartieri della stessa città.
>
> Esempi di campanilismi storici sono quelli tra le contrade che partecipano al (8) Palio di (9) Siena (10); ci sono poi campanilismi di diverso tipo, più "romantici" e spesso utilizzati nella letteratura (11) (ad esempio in *Romeo e Giulietta*), come quelli tra famiglie che sono sfociati in guerre e faide (12). Di importanza storica il campanilismo nella città di Firenze tra guelfi e ghibellini.
>
> Tra i campanilismi contemporanei, anche essi spesso con profonde radici storiche (13), rientrano le rivalità tra le città vicine, soprattutto legate alle competizioni sportive.

Unità 5

1 (a) 1. b; 2 c. **(b)** 1. 57; 2. 1; 3. 5-10; 4. 7; 5. sale; 6. diminuisce; 7. restare vicini ai propri lettori; 8. Internet; 9. Torino; 10. permettono ai lettori di incontrare i propri autori e di avere uno scambio di idee.

2 (a) Risposta libera. **(b)** 2, 4, 6, 7, 9, 11. **(c)** 1. anzi ne direi; 2. strumento di facile ascolto; 3. lo voglio sminuire; 4. proprio; 5. vincoli spaziali; 6. superare le barriere; 7. temporali; 8. scaricare; 9. di approfondimento; 10. in qualche modo; 11. non venga percepita; 12. un punto di vista; 13. vengono percepite; 14. piuttosto che.

3 (a) b. **(b)** a; f; e; b; c; g; d. **(c)** b. spot, enormi, con moderazione; d. norme, tutelare, minori; g. stimolo, svago, calorici.

4 1. intrattenimento; 2. trasmissione; 3. televisivo; 4. in onda; 5. programmi; 6. redazione; 7. conduttore; 8. titolo; 9. spettatori; 10. video; 11. televisione; 12. fasce orarie; 13. edizioni; 14. conduttrice.

5 2; 7; 6; 8; 4; 5; 10; 9; 1; 3.

6 Risposta libera.

7 1. recitato; 2. esposto; 3. espresso; 4. riferito; 5. annunciato; 6. affermato/annunciato; 7. suggerito; 8. esclamato.

8 accendisigari (s. e pl.); portauova (s. e pl.); portacenere (s. e pl.); portaombrelli (s. e pl.); (s)colapasta (s. e pl.); aspirapolvere (s. e pl.); parafango/parafanghi; lavastoviglie (s. e pl.); tagliacarte (s. e pl.); schiaccianoci (s. e pl.).

9 (a) 1. =, indicativo presente; 2. →, indicativo futuro; 3. =, indicativo imperfetto; 4. →, condizionale passato; 5. =, congiuntivo presente; 6. →, congiuntivo presente; 7. =, congiuntivo imperfetto; 8. →, congiuntivo imperfetto; 9. →, condizionale passato. **(b)** 1. ci sono, sarebbe diventata; 2. ascoltassero, siano; 3. sarebbe migliorata, ci sarebbe stata, abbia; 4. trasmettesse, ci saranno; 5. possano, resisteranno, sia, si leggano.

10 1. venivano bloccate; 2. avrei ricevuto; 3. è passato; 4. era arrivata; 5. avrebbero potuto; 6. mi trovavo; 7. potevano; 8. avrebbe spedita; 9. avrebbe avvertito; 10. è arrivata; 11. poteva/potevano; 12. tenevano/teneva.

11 1. l', a; 2. mi, o; 3. gli; 4. ne, a; 5. mi, o; 6. le, e; 7. li, i; 8. ne; 9. mi, o/le, e; 10. me, le, e; 11. melo; 12. lo; 13. mi; 14. gli; 15. la.

12 Il giornalista ha chiesto a Fiorello quando era/fosse stata la sua prima volta davanti al pubblico. Fiorello ha raccontato che aveva quasi sei anni, era stata organizzata una recita a scuola e lui era stato scelto per il ruolo di Ulisse nell'*Odissea*. Ma la prima vera volta, quella in cui era davvero cosciente di avere un pubblico davanti a sé, era stata nei villaggi turistici. Lavorava al bar e una sera, per gioco, aveva preso in mano il microfono e aveva cominciato a ballare e a fare battute. Il pubblico del villaggio l'aveva applaudito entusiasta e così gli avevano chiesto di lasciare il bar ed era diventato animatore. Il giornalista gli ha poi domandato se aveva/avesse mai pensato di fare cinema. Fiorello ha risposto che ci aveva provato, ma poi aveva capito che non faceva per lui. Qualche mese prima gli avevano proposto anche delle *fiction*, ma non credeva di essere adatto. Infine il giornalista gli ha ricordato che tutti attendevano il suo nuovo show al Festival di Sanremo la sera successiva e gli ha chiesto che cosa avrebbe proposto. Fiorello ha detto che ancora non lo sapeva, che gli sarebbe piaciuto fare l'imitazione di Pippo Baudo ma che lui non ne voleva sapere … Ha poi aggiunto che certamente non avrebbe fatto uno *sketch* politico, perché non era/è il tipo per fare quelle cose; ha aggiunto di stare tranquilli, che sarebbe stato comunque molto divertente.

13 (a) mi chiedevo chi <u>fossero</u>; mi chiedevo come mai <u>stessi</u> (…) e nessuno <u>avesse volto</u> (…) e <u>si fosse chiesto</u> …. **(b)** 1. se lo conoscessi; 2. che cosa ci facesse a casa mia 3. se fosse un uomo o una donna; 4. da dove arrivasse; 5. da quanto tempo fosse lì; ; 6. se parlasse italiano; 7. se potessi fidarmi; 8. chi fosse; 9. che cosa volesse.

14 1. bisogna/bisognerebbe/basta; 2. servono/servirebbero/ci vogliono; 3. servisse; 4. basta/occorre; 5. bastino; 6. bisogna; 7. ci vogliono.

15 (a) La scelta dell'articolo dipende dal soggetto della frase secondaria, cioè dal nome che segue *cui*. **(b)** 1. Il pianista australiano David Helfgott, la cui storia è stata resa celebre dal film *Shine*, terrà due concerti in Italia a novembre. 2. È una canzone famosissima i cui autori sono sconosciuti. 3. Domani ci sarà una conferenza su Vincenzo Pagani la cui mostra è stata prorogata al 30 novembre. 4. Il CD e il DVD sono delle memorie del computer i cui dati possono essere letti ma non modificati. 5. RAI è un acronimo le cui lettere corrispondono a Radio Audizioni Italiane. 6. George Orwell, il cui vero nome è Eric Arthur Blair, è nato in India nel 1903.

16 1. che; 2. che; 3. di cui, che; 4. che, che; 5. di cui; 6. in cui; 7. in cui, che; 8. in cui, che, di cui, la cui, le cui, di cui.

17 (a) 1. b; 2. a; 3. d; 4. c. Congiuntivo. **(b)** 1. potesse/possa; 2. abbia/ha; 3. leggessi; 4. abbia/ha chiamato; 5. ho; 6. potessimo; 7. sapessero/sappiano; 8. sono.

18 1. del; 2. di; 3. degli; 4. per; 5. di; 6. in; 7. tra; 8. di; 9. d'; 10. dall'; 11. dalla; 12. dei; 13. a; 14. con; 15. per; 16. in; 17. in; 18. in; 19. con; 20. di; 21. di; 22. al; 23. su.

19 Consigli per inculcare nei vostri figli il piacere della lettura.
Non aspettate <u>c</u>he sappiano leggere, <u>m</u>a leggetegli ogni sera qualche pagina di un buon libro. Quando saranno addormentati, <u>p</u>otete provare <u>a</u> sussurrare: "Tu ami leggere, <u>t</u>i piace molto leggere!"
Raccontate la bellezz<u>a d</u>elle cose che leggete, <u>m</u>agari anche inventando delle bugie per stimolare la loro curiosità.
Se i bambin<u>i p</u>iù grandi <u>f</u>anno delle domande su cos<u>e c</u>he non conoscono, spingeteli a cercare <u>le</u> risposte nei libri (per esempio nei dizionari).
Portateli a scegliere <u>i</u> libri da regalare agli amichetti; vi chiederann<u>o</u> <u>di</u> comprarne uno anche per lor<u>o, s</u>iatene certi!

Unità 6

1 (a) 1; 3; 4; 6; 7. **(b)** c. **(c)** b; f; h; i; j. **(d)** 1. rimboccarsi le maniche = a; 2. scendere così in basso i gradini fino all'inferno = b; 3. aveva solo ricevuto porte in faccia = a; 4. spogliandoci delle nostre convinzioni pregiudiziali = b.

2 (a) Risposta libera. **(b)** il regista; gli attori;. il genere; il tema trattato; il rapporto con l'attualità; alcuni cenni alla trama; la fotografia; una valutazione critica del film; dichiarazioni del regista e/o degli attori. **(c)** 1. V; 2. V; 3. F La famiglia di cui si parla appartiene ad una borghesia agiata e colta; 4. F È ambientato a Genova, nel nord-ovest dell'Italia; 5. F I protagonisti sono una coppia sposata di quarantenni; 6. V; 7. F È il marito a perdere il lavoro; 8. F Elsa si adatta e trova due lavori *part-time*, lui, Michele, dopo alcuni tentativi cade in una depressione; 9. F Il film tratta di una storia semplice, aderente alla realtà, con alcuni stereotipi; 10. V. **(d)** 1. allo sbando; 2. spinoso; 3. gruzzolo; 4. irritante; 5. cinismo; 6. a malincuore; 7. apatia; 8. tramortito; 9. si sposa; 10. comprimari. **(e)** 1. d; 2. c; 3. b; 4. a. **(f)** Risposta libera.

3 Risposta libera.

4 1. festival cinematografico; 2. città lagunare; 3. Lido di Venezia; 4. edizione; 5. viene assegnato; 6 Leone d'Oro; 7. critica; 8. rassegne; 9. premi; 10. si svolgono.

5 1. rievocare/raccontare; 2. realistica; 3. ricostruisce/rievoca; 4. racconta/rievoca; 5. omonimo; 6. linguaggio; 7. descrizione; 8. riflessioni; 9. infondere; 10. messaggio; 11. moralmente alto; 12. stile; 13. narrazione; 14. esauriente; 15. ambientazione.

6 (a) 1. congiuntivo presente; 2. congiuntivo passato; 3. congiuntivo imperfetto; 4. congiuntivo trapassato. **(b)** 1. (← pass.); 2. (← pres.); 3. (= pass.); 4. (← pass.); 5. (⇐ pres.); 6. (← pass.); 7. (= pres.); 8. (= pass.); 9. (⇐ pres.); 10. (← pres.). **(c)** 1. Speriamo che non vi siate offesi. 2. Mi sembrava che Carlo si fosse trasferito per amore, non per lavoro. 3. Le fa rabbia che lui non l'ascolti mai. 4. Sarebbe meglio che Carla avesse scelto un liceo invece di una scuola tecnica. 5. Era probabile che Mirco fumasse già a quell'età. 6. È triste come il paesaggio si sia trasformato da quando ci andavo da bambina. 7. C'era nebbia. Era difficile che arrivasse in orario. 8. Spera che Sara non lo tradisca. 9. Credevo che Lucia andasse a trovare i nonni una volta al mese. 10. Si diceva che Marta l'avesse sposato solo perché era un riccone.

7 (a) 1. avessi saputo; 2. fosse/fosse stato; 3. fossi stato/fossi; 4. ubriacasse; 5. fosse; 6. avesse detto; 7. conoscesse; 8. volesse/avesse voluto; 9. si fosse trovata; 10. fosse; 11. dovessero; 12. fosse uscito. **(b)** b. (ipotesi) irreale; c. (congiuntivo) trapassato.

8 1. Non ero sicuro se ieri sera aveste visto *Il papà di Giovanna* o *Tutta la vita davanti*. 2. Non sapevo se fossi già andata a Roma o se dovessi ancora andarci. 3. Ci domandavamo che lavoro facesse nel suo Paese. 4. Non sapevamo se fosse nata in America o se ci vivesse da molti anni. 5. Mi sono chiesto se avessi già telefonato tu al dentista o se dovessi farlo io. 6. Mi domandavo se avessero già comprato il biglietto o se dovesse procurarglielo Marta. 7. Non capivo se fosse sempre stato così geloso o se lo fosse in particolar modo con te. 8. Non capivo se la amassi/amasse ancora.

9 (a) 1. a; 2. b; 3. a. **(b)** 1. Che bello se capitasse anche a me / Che bello se fosse capitato a me! 2. Magari andassero tutti a piedi! 3. Che bello se ritornasse con me! 4. Almeno guadagnassi molto! 5. Che bello se avessi anch'io 15 giorni di vacanza! 6. Almeno li aiutasse quando hanno bisogno! **(c)** 1. sapessi; 2. avessi visto; 3. sentissi; 4. vedessi/avessi visto; 5. avessi sentito; 6. avessi sentito.

10 1. Eravamo andati a letto presto a causa di una partita di calcio importantissima che *ci sarebbe stata il giorno dopo*. 2. Mi sono comportato bene, perché la mattina *dopo sarebbe arrivato* Babbo Natale e *avremmo aperto* i regali. 3. Abbiamo passato tutto il pomeriggio a preparare le cose che *avremmo portato* per il picnic il giorno dopo. 4. A scuola avevo deciso che *avrei sposato* la mia compagna di banco, che mi piaceva molto. 5. Se i miei genitori mi avessero lasciato scegliere liberamente, *sarei diventato* giornalista. 6. Ero eccitato, perché era la prima volta che *sarei andato* al mare. 7. *Avrei voluto* scriverle, ma non trovavo più il suo indirizzo. 8. Tutta la famiglia si era svegliata alle due di notte per iniziare il viaggio: *avremmo dovuto* arrivare in Sicilia alle due del pomeriggio. 9. Se fossi partito prima, *saresti arrivato* in orario. 10. *Avrei desiderato* che nostro figlio si fosse trasferito con noi negli Stati Uniti, invece di rimanere con i nonni.

11 (a) 1. 1° tipo (futuro - futuro); 2. 2° tipo (condizionale presente – congiuntivo imperfetto); 3. 3° tipo (condizionale passato – congiuntivo trapassato); 4. 3° tipo (condizionale passato – congiuntivo trapassato); 5. 1° tipo (presente – presente); 6. 2° tipo (condizionale presente – congiuntivo imperfetto). 7. 3° tipo (condizionale passato – congiuntivo trapassato); 8. 3° tipo (imperfetto – imperfetto). **(b)** Perché nel <u>parlato colloquiale</u> si tende ad usare l'imperfetto modale in quanto è più pratico e più semplice.

12 1. fosse stato; 2 sarebbe venuto; 3. avesse costretto; 4. sarebbe stato; 5. fosse andata; 6. avesse perduto/perso; 7. sarebbe stato.

13 (a) anteriore; contemporanea. **(b)** 1. esibendosi; 2. essendo stato escluso; 3. avendo individuato, interpretando; 4. avendo vinto; 5. concorrendo; 6. vendendo; 7. essendo cresciuto, realizzando.

14 1. giudicherai/giudichi; 2. vorrei; 3. di aver cominciato; 4. era successo; 5. riempivano; 6. avesse cambiato/cambiasse; 7. dirigesse/fosse diretto; 8. scriverebbe/abbia scritta; 9. ho/sono vissuto; 10. sono accorto; 11. stia idealizzando; 12. sia; 13 conoscessi; 14. avessi tenuto; 15. potremmo; 16. passassimo; 17. faresti; 18. farlo.

15 1. anche se, 2. infatti; 3. nonostante; 4. mentre; 5. ma/anche se; 6. inoltre; 7. quindi/infatti; 8. invece.

16 1. di; 2. a; 3. ai/dei; 4. dal; 5. da; 6. a; 7. con; 8. al; 9. in; 10. con; 11. della; 12. di; 13. a.

17 1. "" 2. ( ) 3. , 4. , 5. . 6. , 7. , 8. , 9. , 10. , 11. , 12. . 13. : 14. "" 15. , 16. ,